Todos los libros de Linkgua Ediciones cuentan con modelos de Inteligencia Artificial entrenados por hispanistas. Pregúntale al chat de tu libro lo que desees acerca de la obra o su autor/a.

Para ebooks: Accede a nuestro modelo de IA a través de este enlace.

Para libros impresos: Escanea el código QR de la portada con tu dispositivo móvil.

Obtén análisis detallados de nuestros libros, resúmenes, respuestas a tus preguntas y accede a nuestras ediciones críticas generativas para una experiencia de lectura más enriquecedora.
La transparencia y el respeto hacia la autoría de las fuentes utilizadas son distintivos básicos de nuestro proyecto. Por ello, las respuestas ofrecen, mediante un sistema de citas, las fuentes con las que han sido elaboradas.

José María Luis Mora

Revista política de las diversas administraciones que la República Mexicana

Barcelona 2024
Linkgua-ediciones.com

Créditos

Título original: Revista política de las diversas administraciones que la República Mexicana.

© 2024, Red ediciones S.L.

e-mail: info@linkgua.com

Diseño de cubierta: Michel Mallard.

ISBN rústica ilustrada: 978-84-9897-400-3.
ISBN tapa dura: 978-84-9953-651-4.
ISBN ebook: 978-84-9953-440-4.

Sumario

Brevísima presentación

La vida

José María Luis Mora (1794-1850). México.
Nació en Guanajuato y en 1818 se graduó de bachiller en la real y pontificia Universidad de México y más tarde fue doctor en teología.

Escribió mucha en la prensa a favor de los principios liberales.

Fue diputado del congreso mexicano y asesor del presidente. La ideología del partido liberal está inspirada en su pensamiento.

Creía que la educación debía ser laica. Al caer el gobierno liberal fue encarcelado y después deportado a Estados Unidos. En 1835 se fue a Europa, murió en la pobreza en 1850.

Advertencia preliminar

Las obras sueltas que se publican en esta colección no tienen otro objeto por mi parte que presentar al pueblo mexicano el total de mis ideas políticas y administrativas. Ellas son la historia de mis pensamientos, de mis deseos y de mis principios de conducta, y se reimprimen tales como se publicaron en los períodos diversos que corresponden a la revolución constitucional de mi patria. Nada he creído podía variarse en el fondo de las ideas, y si se han hecho correcciones, ellas se han limitado a los innumerables defectos de estilo de que se hallaban plagadas mis primeras producciones, que no dejan tampoco de notarse en las últimas. Aun en esto no ha podido hacerse cuanto se debía: yo no tengo paciencia para ocuparme de palabras una vez que haya logrado exponer claramente mi pensamiento.

La colección se divide en cuatro partes:

1.ª Programa de la revolución administrativa que en sentido del progreso empezó a formarse en 1830, y que se pretendió plantear desde principios de 1833 hasta fines de mayo del año siguiente de 1834; con una vista rápida sobre la marcha política que la precedió y la que la ha sucedido hasta el presente año.

2.ª Discursos, disertaciones y otras producciones de menos monta sobre asuntos de todo género, publicadas en periódicos diarios y semanarios.

3.ª Producciones inéditas o publicadas fuera de los periódicos.

4.ª Trabajos parlamentarios y administrativos en desempeño de los encargos que se me han hecho como funcionario público.

El primer tomo comprende la 1.ª parte, que se divide en seis secciones. 1.ª Revista política de las diversas administraciones que ha tenido la República hasta 1837. 2.ª Escritos del obispo Abad y Queipo. 3.ª Disertación sobre bienes eclesiásticos presentada al gobierno de Zacatecas. 4.ª Diversos proyectos para arreglo del crédito público. 5.ª Posibilidad de pagar los gastos del culto, e intereses de la deuda interior con los bienes del clero. 6.ª Deuda interior y esterior de México.

La administración de 1833 a 1834 pertenece ya a la historia; el conjunto de aquella época en hombres y cosas no volverá ya a presentarse sobre la escena. Es pues necesario que la posteridad la conozca, y este resultado ciertamente no se obtendrá por la pintura que de ella han hecho en tres años consecutivos los hombres del retroceso, que nadie puede desconocer, son partes muy interesadas en su descrédito. La justicia exige que se oiga a todos para formar un juicio si no exacto, que a lo menos se aproxime a la verdad; y aunque yo no esté en todos los pormenores de la administración de aquella época, conozco perfectamente lo que se deseaba y los medios por los cuales se pretendía lograrlo. Será cierto si se quiere, como pretenden los hombres del retroceso, que el pueblo mexicano no ha nacido para gozar los beneficios sociales, ni recibir las instituciones políticas que los producen en Europa y los Estados Unidos; pero éste no es un motivo para calumniar a hombres que así lo creyeron, e inflamar contra ellos pasiones que no hacen honor a ningún pueblo. Estos hombres son mexicanos, y para hacerse escuchar de sus conciudadanos tienen a lo menos tanto derecho como los que hoy han tomado por su cuenta y riesgo el penoso trabajo de dar a la patria una constitución que no pedía.

Para evitar disputas de palabras indefinidas, debo advertir desde luego que por marcha política de progreso entiendo aquella que tiende a efectuar, de una manera más o menos rápida, la ocupación de los bienes del clero; la abolición de los privilegios de esta clase y de la milicia; la difusión de la educación pública en las clases populares, absolutamente independiente del clero; la supresión de los monacales; la absoluta libertad de las opiniones; la igualdad de los extranjeros con los naturales en los derechos civiles; y el establecimiento del jurado en las causas criminales. Por marcha de retroceso entiendo aquella en que se pretende abolir lo poquísimo que se ha hecho en los ramos que constituyen la precedente. El statu quo no tiene sino muy pocos partidarios, y con razón, pues cuando las cosas están a medias, como en la actualidad en México, es absolutamente imposible queden fijas en el estado que tienen.

Los escritos del obispo Abad y Queipo, hombre de talento claro, de comprensión vastísima y de profundos conocimientos sobre el estado moral y político del país, son el comprobante más decisivo de la antigua y ruinosa bancarrota de la propiedad territorial; del mal estar de las clases populares y de su número excesivo; en una palabra, de los elementos poderosos que el trascurso de los siglos y una administración imprevisiva han acumulado en México para determinar la crisis política en que hoy se halla envuelto este país. Su calidad de eclesiástico y el tiempo en que escribió explican por qué defendió en 1799 los privilegios del clero, contra los cuales se declaró en España en 1821. Esta defensa se ha publicado con el resto de sus obras porque así lo exigía la imparcialidad, y porque además es una excelente pieza literaria.

Las otras producciones que se hallan en este tomo son conducentes a fijar el concepto del público sobre el espíritu de la marcha política de 1833, especialmente en el ramo de crédito público. El dictamen de la comisión de la camara de diputados sobre arreglo de este ramo es una de las producciones parlamentarias más perfectas y cabales que se han presentado en México; y ha sido extendido por don Juan José Espinosa de los Monteros, una de las primeras notabilidades del país. Todo lo demás es obra mía, sin otra excepción que el catálogo de curatos de don Fernando Navarro, unas proposiciones de don Lorenzo Zavala sobre crédito público y la liquidación de la deuda extranjera, formada por don Guillermo O-Brien conforme a los vastos conocimientos que de ella tiene hasta 1827 y los que yo le he ministrado por lo que dice relación a los años siguientes.

París, 27 de enero de 1837

J. M. L. Mora

Revista política de las diversas administraciones que la República mexicana ha tenido hasta 1837

Quaeque ipse misscrrima vidi et quorum pars magna fui.
Virgilo, Eneida

Desde que apareció por segunda vez la Constitución española en México a mediados de 1820, se empezó a percibir en esta república, entonces colonia, un sentimiento vago de cambios sociales, el cual no tardó en hacer prosélitos, más por moda y espíritu de novedad, que por una convicción íntima de sus ventajas, que no se podían conocer, ni de sus resultados, que tampoco era posible apreciar. Este sentimiento, débil en sus principios, empezó a ser contrariado por una resistencia bien poderosa en aquella época, que, combinada con otras causas, produjo la independencia. Efectuada ésta, nada se omitió para contener el movimiento social y la tendencia a los cambios políticos que empezaba a ser más viva, pero que no salía todavía de la esfera de un deseo. Se quiso comprometer en el partido de la resistencia al general Iturbide, pero nada o muy poca cosa se logró en esto, a pesar de que el partido escocés que derribó el trono era el núcleo de semejantes deseos. La voz república vino a sustituir a la de imperio en la denominación del país; pero una y otra eran poco adecuadas para representar, mientras se mantuviesen las mismas instituciones, una sociedad que no era realmente sino el virreinato de Nueva España con algunos deseos vagos de que aquello fuese otra cosa.

A la voz república se añadió la palabra federal, y esto ya empezó a ser algo; pero este algo estaba tan envuelto en dificultades, tan rodeado de resistencias y tan en oposición con todo lo que se quería mantener, que no se necesitaba mucha perspicacia para prever la lucha no muy remota entre el progreso y el retroceso, y la ruina de una constitución que sancionaba los principios de ambos. El empeño irracional de amalgama entre elementos refractarios pasó del congreso al gobierno: de don Miguel Ramos Arispe al Presidente Victoria. El primero pretendió unir en un solo cuerpo de leyes la libertad del pensamiento y de la imprenta con la intolerancia religiosa, la igualdad legal con los fueros de las clases privilegiadas, Clero y Milicia; el segundo estableció por regla de gobierno repartir por iguales partes los ministerios entre los dos grandes partidos que contendían por la posesión del poder. ¿Qué resultó de un tal estado de cosas? Un sistema de estira y afloja que pudo mantenerse por algún tiempo, pero que no podía ser duradero. Los Estados, instalados apenas, entraron en disputa con las clases privilegiadas, especialmente con el Clero. El Congreso general decidía la cuestión con arreglo a las circunstancias, es decir, arbitrariamente. Ni podía ser otra cosa, pues no había regla precedente para el caso, y la decisión era determinada casi siempre por la relación que el pro y el contra podría tener con la tranquilidad pública, según las aprensiones de los miembros del Congreso.

Otro tanto sucedía en el gabinete: los ministros sin principios fijos que reglasen anticipadamente su marcha en algún sentido, exponían su opinión al presidente sobre las ocurrencias del momento; éste resolvía lo que debía hacerse, y no dejaba de ser común que estos funcionarios después autorizasen con su firma una resolución contraria a la opinión que habían explicado y mantenían. Así se mantuvo hasta fines de 1826 el gabinete; no representando ningún principio político, tampoco era formado ni destituido de una vez. Como en el plan del presidente no entraba que los que componían el gabinete se hallasen acordes en la marcha administrativa, los ministros eran reemplazados sucesivamente y a proporción que se retiraban como cualquier empleado público, sin consulta y aun con repugnancia de los que quedaban. Entre tanto, el partido de los cambios y el de la inmobilidad por solo la fuerza de las cosas se iban regularizando; pero ni el primero tenía un sistema arreglado para avanzar, ni el segundo conocía todavía bien los medios de mantenerse; el primero hablaba de libertad y progreso, el segundo de orden público y religión. Estas voces vagas eran entendidas de diversa manera por cada uno de los afiliados en ambos lados, que no cuidaban mucho de darles un sentido preciso, en razón de que las cosas por entonces eran de una importancia secundaria respecto de las personas.

La misma falta de plan en el cuerpo legislativo y el gobierno, y aun la versatilidad con que a la vez apoyaban o contrariaban el ataque o la resistencia, que tampoco versaban sobre puntos capitales, contribuyeron a mantener la paz. El partido que se veía desairado una vez conservaba la esperanza de ser apoyado en otra, y esto lo obligaba a ser más cauto y a combinar mejor los medios de adelantar su marcha o apoyar su resistencia.

A fines de 1826, el progreso estaba en lo general representado por los gobiernos de los Estados, el retroceso o statu quo por el Clero y la Milicia, y el gobierno general era un poder sin sistema que, por su fuerza muy superior, fijaba el triunfo del lado donde se cargaba en las luchas que, sin haberlas previsto ni calculado, encontraba al paso empeñadas entre el progreso y el retroceso, o, lo que es lo mismo, entre los Estados por un lado, y los obispos, cabildos y comandantes por el otro. Sin embargo, es necesario hacer al gobierno supremo la justicia de confesar que, a pesar de su falta de principios, en las ocurrencias del momento que era llamado a decidir, se declaraba casi siempre por el progreso. La materia sobre que versaban las cuestiones era determinada por la naturaleza de la marcha política.

Cuando los Estados empezaron a organizar sus poderes constitucionales, encontraban al paso una multitud de puntos en cuyo arreglo tropezaban sin cesar con las pretensiones del clero y de la milicia: las legislaturas expedían sus leyes, pero las clases privilegiadas se dispensaban de cumplirlas, eludiéndolas unas veces, y otras representando contra ellas a los poderes supremos. En aquella época, la resistencia que se oponía a los Estados procedía casi exclusivamente del clero; los militares se habrían entonces avergonzado de hacer causa común con el sacerdocio, y aunque éste obtenía algunas decisiones favorables de los poderes supremos, las más de ellas le eran adversas. Una lucha prolongada entre fuerzas políticas que se hallan en conflicto natural por su origen y por la oposición de sus tendencias no puede mantenerse indefinidamente; ella ha de terminar más tarde o más temprano por la destrucción de una o de otra: la constitución pues, que había creado una de estas fuerzas y querido mantener la otra, no podía quedar como estaba y debía acabar por sufrir una reforma fundamental. Ésta era la opinión general entre los hombres de Estado que, en aquella época, no abundaban, y tampoco se dudaba que la expresada reforma, supuesta la marcha de las cosas, debía ser en sentido del progreso.

Sin embargo, ni los hombres de este partido ni los del retroceso tenían todavía un programa que abrazase medidas fijas y cardinales; la imprenta periódica tampoco lo presentaba, y el resultado de esta falta era que los que se filiaban por ambos lados no sabían fijamente a qué atenerse y se encontraban frecuentemente discordes en el momento de obrar. De esto resultaba que ni uno ni otro partido tuviesen el sentimiento de sus fuerzas y que evitasen el entrar en lucha abierta, preparándose para la que debía verificarse en 1830, época designada para abrir la discusión de reformas constitucionales.

La marcha se habría prolongado pacíficamente hasta este año, y el término de la lucha, según todas las probabilidades, habría sido por el lado del progreso si, como había sucedido hasta entonces, hubieran continuado exclusivamente en acción sobre la escena pública las fuerzas políticas reconocidas en la misma constitución, es decir, los Estados por un lado y el Clero y la Milicia por el otro. Entonces los ciudadanos se habrían agregado según sus ideas e inclinaciones a estos centros constitucionales, y el triunfo habría sido adquirido a su tiempo por quien conviniese, de un modo pacífico y, sobre todo, legal. Pero este orden de cosas vino a turbarse por ocurrencias que desencajaron de sus cimientos el edificio social. Dos partidos extra constitucionales aparecieron sobre la escena pública a fines de 1826, con el designio de atraerlo todo a sí, desencajando de sus bases los centros de actividad (Estados, Clero y Milicia) y el poder neutro moderador (Gobierno supremo).

Los Escoceses y Yorquinos, tales como aparecieron este año y siguieron obrando en adelante basta la destrucción de ambos, tuvieron por primero y casi único objeto las personas, ocupándose poco o nada de las cosas: ellos trastornaron la marcha legal, porque de grado o por fuerza sometieron todos los poderes públicos a la acción e influencias de asociaciones desconocidas en las leyes, y anularon la federación por la violencia que hicieron a los Estados y la necesidad imperiosa en que los pusieron de reconocerlos por centro único y exclusivo de la actividad política. Los Estados y los Poderes supremos, el Clero y la Milicia fueron todos más o menos sometidos a la acción e influencias de uno u otro de estos partidos.

El partido escocés nació en México en 1813, con motivo de la Constitución española que se había publicado un año antes: el sistema representativo y las reformas del Clero, iniciadas en las Cortes de Cádiz, constituían su programa; el mayor número de iniciados en él era de Españoles por nacimiento y por sistema, pues de los amigos de la independencia o Mexicanos solo se le adhirieron don José María Fagoaga, don Tomás Murfi y don Ignacio García Illueca.

La abolición de la constitución española en 1814 no aniquiló el partido: sus notabilidades procedieron de un modo más circunspecto, por temor de la Inquisición, y su vulgo, que consistía en una multitud de oficiales de los regimientos expedicionarios españoles, se constituyó en logias del antiguo rito escocés. Éstas empezaron a hacer prosélitos, a difundir la lectura de multitud de libros prohibidos y a debilitar, por una serie de procedimientos bien calculados, la consideración que hasta entonces había tenido el Clero en la sociedad; y se manejaron con tales reservas y precauciones que la Inquisición no tuvo ni aun sospecha de que existían. En 1819, era ya considerable el número de sus adeptos, pues los Mexicanos, desesperando por entonces de la causa de la independencia, empezaban a tomar gusto a lo que después se llamó la libertad.

El oidor don Felipe Martínez de Aragón era el jefe de estas asociaciones, cuya existencia fue conocida y tolerada por el virrey Apodaca, que a impulso de ellas publicó la Constitución española en el siguiente año de 1820, antes de recibir la orden de la metrópoli para hacerlo. La Constitución fue considerada por los Mexicanos no como un fin, sino como

el medio más eficaz para lograr la independencia; pero des-
engañados de que para realizarlo no les convenía reñir con
los Españoles, sino al contrario, contar con ellos para todo,
se resolvieron a hacerlo, y lograron por este medio la cooperación de algunos y la tolerancia de todos. En este punto,
trabajaron con empeño y buen éxito el partido y las logias
escocesas.

En 1821, en que ya se proclamó la independencia, hubo
una excisión en el partido y en las logias. Los Mexicanos que
en ellas se hallaban las abandonaron y los más de ellos se
agregaron a la división independiente del general don Nicolás Bravo, donde se formaron las primeras logias puramente
mexicanas: ellas fueron el núcleo de las que después se di-
fundieron por toda la República, y a las cuales se agregaron
todos los Españoles que habían sido masones y quedaron
en el país. El partido del progreso en aquella época estaba
compuesto de un número muy corto de personas, y el Clero
urgía por reparar las pérdidas que había hecho en el corto
período constitucional de la dominación española. Las elecciones para el congreso constituyente estaban próximas, y se
corría gran riesgo de que éstas fuesen en sentido del retroceso. ¿Qué hacer, pues, en este caso? Los que representaban el
progreso admitieron, sin ser ellos mismos masones, la cooperación que les ofrecían las logias, y éstas se manejaron con
tanta actividad que, sin violar en nada las leyes, lograron en
las elecciones una mayoría bien pronunciada contra el Clero,
que era por entonces la clase más empeñada en que el país
contramarchase.

Las excesivas pretensiones del jefe de la independencia y
la poca disposición del partido del progreso a condescender
con ellas dio lugar a una multitud de pequeñas y mutuas hostilidades, que vinieron a parar en un rompimiento abierto.

El Clero se declaró por el general Iturbide y lo aduló hasta el exceso. Los obispos, los cabildos, los frailes y hasta las monjas lo impulsaban de todas maneras a que repusiese las cosas (salva la independencia) al Estado que tenían en el año de 1819. Iturbide, a quien la historia no acusará de esta falta, cometió la gravísima de proclamarse emperador y disolver el Congreso; el trono se desplomó y a su caída contribuyeron a la vez las faltas del emperador y los esfuerzos de los Escoceses. Éstos, en su mayoría, proclamaron una república que, siendo central, no estaba en armonía con los deseos de las autoridades de las provincias, que de una manera o de otra se declararon por la federación y obligaron al Congreso a dejar el puesto.

Los Escoceses perdieron este punto importante de organización y más adelante la elección del presidente; la nación había salido ya de su tutela y ejercía por sí misma los actos de soberanía demarcados en sus leyes. Desde entonces el partido escocés empezó a fundirse en la masa nacional y las logias, sus auxiliares, dejaron de reunirse por solo el hecho de haber perdido su importancia. La fusión continuó en los años siguientes, y este elemento de discordia, a mediados de 1826, había casi desaparecido de la faz de la República, cediendo el puesto a las fuerzas políticas creadas, o reconocidas, bien o mal, por la ley constitutiva.

Pero en este mismo año apareció como por encanto el partido yorquino, fulminando amenazas, anunciando riesgos, sembrando desconfianzas y pretendiendo cambiar de un golpe el personal de toda la administración pública en la Federación y los Estados. Los defensores de este partido, que han sido muchos y entre ellos hombres de un talento no vulgar, hasta ahora no han podido presentar un motivo racional ni mucho menos patriótico de la creación de un poder tan formidable, que empezó por desencajarlo todo de sus quicios y acabó cubriendo de ruinas la faz de la República, sin haber establecido un solo principio de progreso. Registrando la constitución, los periódicos, las producciones sueltas y los actos de la marcha del partido yorquino en todo el tiempo que dominó en la Federación y en los Estados, se encuentra un vacío inmenso cuando se pretende profundizar sus designios en orden a mejorar la marcha de las cosas, y se advierte bien claro lo mucho y eficazmente que en él se trabajó para los adelantos de fortuna y consideración relativos a la suerte de las personas.

Este partido, a diferencia de su contrario, estaba todo en las logias yorquinas, y sus elementos provenían de dos fuentes que nada tenían de común, a saber, los descontentos de todos los cambios efectuados después de la independencia y las clases ínfimas de la sociedad, que entraban a bandadas seducidas por un sentimiento vago de mejoras que no llegaron a obtener. Los jefes ostensibles de la asociación, a lo que parece, eran impulsados por un principio puramente personal: don Lorenzo Zavala, don José Ignacio Esteva y don Miguel Ramos Arispe se creían como desairados de no tener la consideración ni la influencia que otras notabilidades disfrutaban en los negocios públicos, y el señor Poinset sufría grandes mortificaciones de que su patria no influyese en la política del país de una manera predominante.

Los Escoceses habían cometido graves faltas en el triunfo obtenido sobre el partido del general Iturbide; algunos actos de felonía y repetidos actos de injusticia y proscripción formaron una masa considerable de descontentos que suspiraba por una organización cualquiera para facilitarse la venganza. El presidente Victoria, que no se contentaba con el voto nacional, pretendía tener un partido que le fuese propio, como suponía lo era del general Bravo el Escocés, y, con este objeto, quiso hacer suyo el de Iturbide, organizando la sociedad de la Águila Negra, en la cual debería también admitirse una parte de los antiguos insurjentes. Poco o nada se hizo en esto, entre otras causas, por la incapacidad de Tornel, favorito del presidente; pero los elementos quedaron y se pusieron en acción al establecimiento de las logias yorquinas, cuyo primer efecto fue reanimar las escocesas medio muertas.

Ya tenemos aquí un partido frente del otro, ocupados si no exclusiva, a lo menos primariamente de las personas, y sacrificando a él el progreso de las cosas. La proscripción de los Españoles, con todas sus perniciosas consecuencias; las violencias en los actos electorales; los pronunciamientos o rebeliones de la fuerza armada contra las leyes y las disposiciones de la autoridad constituyen la marcha, o, mejor dicho, el desconcierto administrativo en los años de 1827 y 1828. De grado o por fuerza, las legislaturas y gobiernos de los Estados, lo mismo que los poderes supremos, se vieron obligados a dedicar su atención a tales ocurrencias, y se hallaron más o menos sometidos a la influencia de estas pasiones asoladoras puestas en acción por los Yorquinos y Escoceses.

En medio de tal desorden las personas de principios fijos y de ideas sistemadas en la marcha política veían con pena la facilidad con que los hombres públicos renunciaban sus convicciones de conciencia, o las sacrificaban a los intereses momentáneos de la lucha empeñada entre las masas. Estos hombres que nada podían hacer se reservaban para mejor ocasión, rehusando con firmeza adherirse a la marcha apasionada y ardiente de las partes beligerantes; pero a muchos de ellos que ejercían funciones públicas les era imposible prescindir de las cuestiones que la violencia de las cosas llevaba a su decisión, y los otros se hallaban más o menos afectados por los sacudimientos del torrente cuyos efectos se hacían sentir en todas partes. Se veían pues violentados a dar su dictamen sobre la conveniencia de medidas que habrían querido alejar de la discusión pública por la odiosidad de su materia y objeto. Claro es que personas que se hallaban perfectamente de acuerdo en la marcha progresiva de las cosas no siempre podían estarlo en la extrasocial relativa a las personas, e hiriendo esta última tan profundos y delicados intereses, la expresión de un voto o de una opinión enajenaba los ánimos de personas que, por otra parte, no estaban aún bien curadas de las antipatías ocasionadas entre ellas por las mutuas agresiones a que habían dado lugar las revoluciones anteriores. ¿Por qué don Franco García, don Juan José Espinosa de los Monteros, don Valentín Gómez Farías y don Andrés Quintana no se podían entender con don José María Fagoaga, con don Miguel Santa María, don Manuel de Mier y Terán, don Melchor Muzquiz, y don José Morán? Resueltas las cuestiones de organización social en que por desgracia no habían podido estar de acuerdo estas notabilidades, lo estaban y mucho en cuanto a la abolición de los fueros y privilegios, en cuanto a la libertad del pensamiento, en una palabra, en cuanto a todo lo que constituye la marcha del progreso. Pero el choque de los partidos puso a fuerza sobre la escena la cuestión de Españoles y otras de su género que parecían traídas a propósito para agriar de nuevo los ánimos, y esto levantó entre ellas un muro de separación que tarde y mal se destruirá. Así es como las notabilidades dichas y otras muchísimas abandonaron el campo o se aislaron en sus esfuerzos, y quedaron impotentes para obligar a los partidos de personas a ocuparse de las cosas.

El desorden se prolongó en la República lo que la lucha entre escoceses y yorquinos: los escoceses acabaron con la derrota que sufrieron en Tulancingo y los yorquinos con el triunfo que obtuvieron en la Acordada. La administración del general don Vicente Guerrero fue para México un período de crisis en el que los elementos de los partidos que por dos años habían agitado el país acabaron de disolverse para tomar nuevas formas, adquirir una nueva combinación y presentar de nuevo las cuestiones sociales bajo el aspecto de retrogradación y progreso.

La administración de Guerrero no tuvo color ninguno político, ni con relación a los dos partidos que luchaban sobre cosas, ni por lo relativo a los escoceses y yorquinos que se habían ocupado de las personas. El motivo de esta situación vacilante es bien claro: siendo la más débil de cuantas administraciones ha tenido la República, no se ocupaba sino de existir buscando apoyo en cualquiera que quisiese prestárselo. Desde el principio se lo rehusaron todos y solo duró algún tiempo, porque los hombres que debían formar los nuevos partidos lo necesitaban para establecer el vínculo de unión que entre ellos no existía y las condiciones bajo las cuales habían de caminar de concierto en lo sucesivo.

El retroceso se organizó bien pronto bajo el nombre de partido del orden y entraron a componerlo como principales elementos los hombres del Clero y de la Milicia que se llamaron a sí mismos gentes decentes y hombres de bien, y por contraposición dieron el nombre de anarquistas y canalla a los que no estaban o no estuviesen dispuestos a caminar con ellos o a lo menos a no contrariar su marcha. El partido del progreso o de los cambios no se pudo organizar tan pronto: muchos de los que pertenecían a él no veían en los esfuerzos para derribar a Guerrero otra cosa que un cambio de administración y una satisfacción dada al mundo civilizado contra los excesos cometidos en la Acordada; pero no sospecharon que se tratase de volver atrás en la marcha política, a lo cual contribuyó la cautela con que se manejaron los directores del partido retrógrado. Don Valentín Gómez Farías hizo inútiles esfuerzos para producir en los demás la convicción en que se hallaba él mismo y con justicia de que el cambio que se preparaba no era solo para deponer a Guerrero, sino para consolidar el poder de las clases privilegiadas. Sin embargo, los elementos del progreso eran bastante fuertes y consistían como antes en los Estados y en la forma de gobierno.

A fines de diciembre de 1829 fue lanzado de la silla presidencial el general don Vicente Guerrero por dos solas sublevaciones de fuerza armada perfectamente combinadas: a saber, la del ejército de reserva acaudillado por el vicepresidente don Anastasio Bustamante, y la de la guarnición de México cuyo caudillo ostensible fue el general don Luis Quintanar. El 1.º de enero de 1830 el general Bustamante tomó posesión del puesto conquistado y el ministerio quedó constituido a muy pocos días. El jefe ostensible de su política fue el primer secretario de estado y de relaciones interiores y exteriores don Lucas Alamán, y sus compañeros de gabinete lo fueron don José Ignacio Espinosa, en el ministerio de justicia y negocios eclesiásticos, don Rafael Mangino, en el de hacienda, y don José Antonio Facio, en el de guerra.

Grandes obstáculos tuvo esta administración para ser reconocida por la cámara de Diputados del congreso general y por las legislaturas y gobiernos de los Estados, entre otras causas, porque el senador Gómez Farías había difundido la alarma contra ella en el interior de la República, haciendo conocer los principios de su programa político tal como la misma administración lo desenvolvió más adelante. Esta alarma, sin embargo, si bien fue bastante para suscitar dudas, no produjo el efecto de una resistencia abierta. No pare-

cía posible a los que podían hacerla que el general Bustamante renunciase a sus antiguos compromisos con los Estados
de la Federación; ni a los de igual fecha contraídos con el
partido yorquino, que desde la fortaleza de Acapulco donde
se hallaba preso por las revueltas de Jalisco lo habían conducido de grado en grado hasta la segunda magistratura de
la República. Bustamante, se decían, es hombre de honor, y
si bien puede cambiar de partido y separarse de sus amigos
para aliarse con los que hasta aquí han sido sus contrarios,
no elegirá para dar este paso que solo puede justificar la convicción, una circunstancia en la que no podría ser explicado
tal cambio sino por el deseo de la posesión del poder. No
es ésta la oportunidad de calificar la conducta del general
Bustamante, pero sí lo es de advertir que los cálculos de la
ambición no se hallan frecuentemente a la altura de los deberes de la gratitud; e, igualmente, que esta virtud fundada
siempre en la benevolencia recíproca expresada por servicios
y afecciones es una quimera entre cuerpos o partidos y está
por su esencia limitada a las relaciones personales, a las que
no se sabe haya faltado Bustamante, pues ha sido constante en sus amistades. Sin embargo, la confianza fundada en
aquellas consideraciones obligó a los Estados, especialmente
al de Zacatecas, que empezaba a ser considerado como el primero, a prestar el reconocimiento que se pedía con instancia
y con signos visibles de temor. Los hechos posteriores son los
únicos que han podido ministrar datos seguros para juzgar
si entonces se procedió, o no, con acierto.

A pesar de este reconocimiento, muchos de los Estados no
tardaron en externar signos visibles de oposición y disgusto; los principios de la administración que empezaban a ser
conocidos y el interés personal de los que temían ser despojados produjeron por igual este efecto. Don Lucas Alamán

no se arredró y, fundado en el principio ciertísimo de que las revoluciones no se hacen con leyes, impulsó o dejó obrar a los poderosos agentes de su administración, el Clero y la Milicia, los cuales comprendieron bien pronto de lo que se trataba y lo que debían hacer. Los dos grandes agentes del hombre son el pensamiento que dispone y la acción que ejecuta: el clero se encargó de dirigir el primero y la milicia de reglar la segunda; pero como no bastaba persuadir y obrar en sentido del retroceso, sino que era igualmente necesario que otros no persuadiesen ni obrasen en sentido de progreso, al clero tocó señalar los que no pensaban bien y a la milicia el perseguirlos.

Bajo estos principios se procedió a la destitución de las legislaturas, gobernadores y demás autoridades de los Estados, y a la elección de las personas que debían reemplazarlos. En el programa de la administración Alamán no entró el hacer cesar las formas federales (a lo menos que se sepa); las nuevas legislaturas de los Estados y sus gobiernos eran tratados con todas las consideraciones que exigían la urbanidad y el respeto; pero las expansiones de confianza, la franqueza de la amistad y el cariño se reservaban para las clases privilegiadas, y en los negocios graves se les daba parte voluntariamente y de preferencia, lo que no se hacía sino tarde y pro forma con los Estados. El Clero era la clase favorita de don Lucas Alamán y de don José Ignacio Espinosa; la Milicia lo era de don José Antonio Facio; don Rafael Mangino procuraba evadirse en cuanto le era posible de los compromisos de la marcha política, todo lo sabía, nada positivamente aprobaba: en fin, el total del gabinete sentía simpatías muy fuertes por las clases privilegiadas y una frialdad muy marcada respecto de los Estados. Todo era consecuencia precisa de los principios adoptados y nada en los primeros días era contrario a la constitución, sino la administración misma renovada en los poderes supremos y en los de los Estados por los actos de la fuerza.

Esta falta o nulidad de que tampoco estaba libre la administración que la precedió habría sido fácilmente olvidada, si la nueva hubiera acertado a combinar los intereses que la marcha constitucional de diez años había creado y fortificado en el país con los de la antigua colonia, todavía bien fuertes para sostenerse por largo tiempo, pero notablemente debilitados, si se hacía un cotejo de su estado actual con el que tenían al efectuarse la independencia. ¿La administración Alamán salió airosa de este empeño? ¿Satisfizo a las exigencias del país que debía satisfacer, cualquiera que fuese el título por el cual pretendía legitimar su misión? La resolución de estas cuestiones la dará don Miguel Santa María, hombre cuyas simpatías por el personal de los hombres de aquella época (1830-1832) raya en delirio, y cuya detestación por los de 1833 se confunde con el furor.

Dice pues el señor Santa María: «Como las pasiones irritadas no son las reglas más seguras para discurrir con exacta lógica, no será nada extraño que algún patriota dogmatizante deduzca por consecuencia que toda esta Filipica ha sido lanzada por hombre que solicita favores de gobierno o cuya pluma es dirigida por motivos de personal interés presente o futuro. Si alguno tal dijere, sepa que se engaña hasta tocar en el extremo del error. El que extiende estas líneas debe a Dios infinita gratitud, porque desde muy temprano le inspiró el sentimiento de independencia, y no recuerda entre sus debilidades la de haber cometido el vil pecado de sacrificar su conciencia y razón a otro que al Criador de su existencia. Lo que ha escrito ha llevado por objeto sostener principios fijos, no personas mudables. Opina así porque tiene un horror invencible a ser miembro de una sociedad gobernada, sea cual fuere el pretexto, por regimientos y piquetes de dragones, y porque desea a su patria una república no de papeles y generales, sino de constitución viva, práctica, efectiva. No tiene inconveniente de exponer con igual franqueza sus sentimientos acerca de la administración pública. Ninguna relación restrictiva lo liga para con los individuos que la han dirigido o dirigen, y felizmente en el caso, ni aun siquiera las consideraciones de una tímida delicadeza por motivos particulares.

»Juzga que su administración, en gran parte, merece la censura de una desaprobación severa, pero jamás convendrá en que haya sido motivo de provocación a revoluciones de bayonetas. Objeto sí de oposición ilustrada, patriótica y vigorosa, pero no blanco de los dardos disparados por la venganza y rencillas. Dirá abiertamente que ningún género de halagos o especie de temores le inducirían, puesto que en su mano estuviese, a contribuir con su voto para depositar la primera magistratura en el General que hoy la representa, y esto porque, a excepción del valor y decisión por la independencia patria, no reconoce en su persona las varias y eminentes calidades que se requieren para presidir a los consejos de la nación, y sí algunas de las opuestas. Tachará de altamente impolítica e insultante a hombres de honor y valor, la comunicación de aquel magistrado dirigida al señor gobernador del Estado de Veracruz con fecha 11 del corriente y publicada en el Registro oficial del 20. Ella induce la fuerte conjetura de que todavía a la hora de esta vivit sub pectore vulnus, y no da la más alta idea de la prudencia de una persona que, ocupando el primer puesto del sistema de gobierno que se proclamó en las circunstancias a que alude, no tiene discreción, en tal posición oficial, para dejar sus sentimientos escondidos en el corazón.

»Con relación a los señores ministros, el que esto escribe respeta el carácter personal de ellos y reconoce los talentos del principal; pero juzga, asimismo, que el espíritu de la administración declinó a un sistema propio para enajenarse las simpatías políticas. Si un considerable número de hombres respetables por sus luces, por su carácter público, o calidades personales, han pronunciado su voto de reprobación contra el levantamiento en Veracruz y sus consecuencias, ciertamente no ha sido por conformidad de sentimientos con la administración, ni porque hayan prestado fe, explícita o implícita a las razones con que se ha pretendido sostenerla, sino porque condenan como ilegales, anárquicas y de peores resultados, oposiciones cuyos argumentos son indicados por las puntas de los fusiles.

»Los principios que la dirigieron fueron los de timidez unas veces y débiles condescendencias otras, entrando siempre en ellos una infusión de inclinaciones a conservar invariable el espíritu de antigüedad rutinera y una especie de horror a todo lo que lleva el nombre de innovación. Parece que los miembros del Gabinete, arredrados (y con razón) por la desenfrenada anarquía y facciones que habían precedido, retrocedieron espantados, y no cuidando más que de consolidar el poder de refrenarlas, quedaron allí estacionarios fortificándose con los dos baluartes de la milicia y clero, cuerpos que cuando son excesivamente complacidos, haciendo valer su importancia, por natural constitución se sienten irresistiblemente propensos a convertirse de auxiliares en principales. —Asentó por máxima fundamental la vaga y trivial repetición, que las innovaciones deben dejarse al tiempo: axioma verdadero si por el se quiere dar a entender que los progresos de aquéllas a la perfección y la mayor extirpación posible de los vicios de que adolece una sociedad deben esperarse del tiempo; pero inexacta en la práctica, si se quiere decir que el tiempo por sí solo introduce las innovaciones. Si el hombre no se resuelve a poner mano y a aventurar los principios de una fábrica nueva, inútil es esperarlo de solo el tiempo, cuyos efectos son contrarios en el orden físico y en el moral. En aquél, la naturaleza trabaja incansable día y noche en la trasformación de las partes que la componen, cuando en éste, el curso de los años fortifica más y más las prácticas y errores aprendidos por una educación no corregida. Si los directores de las naciones no interponen, con prudencia, es verdad, pero con firmeza a la vez, el ejercicio de su autoridad contra los abusos, preocupaciones e intereses que en ellas se fundan, el tiempo no hará más que acumular absurdos sobre absurdos de la especie humana.

»Toda pasión dominante busca diligente argumentos para darse a sí misma excusas y razón, y la que sobresalía en el temperamento político de la administración encontró el suyo favorito en el principio de que no es cordura atacar hábitos y costumbres y ponerse en hostilidad contra las preocupaciones populares. Esta regla negativa de gobierno, como todas las de su género, es muy sabia cuando la prudencia la asocia con otras afirmativas. En efecto, no es discreción tocar a alarma y con lanza en ristre partir furibundo un gobernante a arremeter de golpe y a la vez contra todos los vicios, supersticiones y errores de los pueblos; pero tampoco es sabiduría alagar y fomentar aquéllos por temor de enojar a éstos. Si aquel principio hubiera de seguirse tan al pie de la letra como suena, el mundo de este siglo se estaría exactamente, con el del pasado y precedentes, por la necesidad de contemporizar con leyes bárbaras y hábitos defectuosos. O alguna vez se ha de tentar la obra de las reformas con actividad como en otros pueblos se tentaron, o, hablando sin rodeos, contentos con sola la independencia, resolvámonos a vivir por toda la eternidad plagados de los vicios de una colonia española.

»La simpatía de la administración por las ranciedades ultramontanas fue tan fuerte que rayó en pasión amorosa. Según su espíritu, las Decretales con sus comentadores debieran ser el único canon eclesiástico en materias de disciplina y gobierno económico de la Iglesia mexicana. Por fortuna, murió al nacer la Delegación apostólica precursora de Nunciaturas y de quién sabe más cuántas bulas de la Curia romana. Tal vez el motivo de acogerla tan benignamente se fundó en la consideración de que todas estas cosas, como las máximas y doctrinas que salen detrás los Alpes, pero que no son ya de legítima importación en la mayor parte del orbe católico, son muy del gusto e inclinación de este pueblo. Cierto es por otra parte que no es el mejor modo de corregir inclinaciones, estar presentando y permitir se presenten objetos que excitan las antiguas e incitan a nuevas de la misma especie. La justicia obliga a decir aquí que la fuerte oposición a que pasasen aquellas letras se la debe al ministro de quien menos podía esperarse o exigirse, por no ser propio de su oficio entender de tales materias. El ministro de la guerra.

»Puede decir lo que quiera el Registro oficial, como es natural lo diga; pero en concepto de todo hombre que no haga uso vulgar de su cabeza, será eterna desgracia para la administración la tenaz resistencia con que se opuso a toda idea que inspirase a estos pueblos, el espíritu fraternal, cristiano y social de la Tolerancia religiosa. Sí, desgraciado quedará el nombre del Ministro que, con celo inquisitorial, provocó a imposición de severa pena contra un individuo porque ejerció su pluma en inculcar a sus conciudadanos la necesidad y conveniencia de aquel saludable principio. El Diario oficial se ha encargado de sostener lo contrario y hacernos creer a todos los estantes y habitantes de esta República que ha sido un deber del ministerio defender a todo trance la intolerancia religiosa, y que alta honra le ha venido por haberlo hecho sosteniendo una ley de la Constitución. ¡Miserable apología! Y puede asegurarse que en el mismo Gabinete no faltaba un ministro y cuyos talentos, y digámoslo, cuyos sentimientos no le permiten dar entrada en su ánimo a la convicción por tal género de prueba. ¿Por qué, en este punto como en otros, no han guardado armonía su saber y convencimiento con su conducta práctica? No es permitido explicarlo a quien no es dado penetrar los arcanos de las inconsecuencias humanas.

»¿En qué manera un ministerio mexicano cumple su deber constituyendose parte activa, y siguiendo un sistema afirmativo de oposición contra escritos y escritores de tolerancia? Sosteniendo un artículo constitucional que prescribe eterna intolerancia; otro por el cual su revocación es prohibida a los nacidos, a los que de ellos nacieren, y a todas las posteridades que de éstos se vayan sucediendo por los siglos de los siglos. Cumple su deber haciendo por sus fiscales uso del reglamento de imprenta en dos partes: primera, donde califica de subversivos los escritos que conspiren directamente a trastornar o destruir la religión del Estado (o la constitución de la monarquía, sigue, como reglamento de las cortes españolas); segunda, en el reglamento adicional de la junta gubernativa, año de 21, el cual reza que ataca la base fundamental de la intolerancia el impreso que trate de persuadir que no debe subsistir ni observarse. Por este reglamento ataca asimismo las bases fundamentales el que escriba que no debe haber monarquía según el plan de Iguala, o que no deben tener igualdad de derechos, goces y opciones los de allende con los de aquende los mares, y, sin embargo, no solo se han escrito resmas de papel en contra de las dichas bases, sino que de hecho han sido desencajadas de los cimientos pro bono público y reemplazadas por otras. De suerte que si no es con respecto a la segunda inamovible por su mismo peso (la independencia) la falta de demasiado apego a esta parte del reglamento, cuando más dejaría el escozor de ligero pecado venial, y ya se sabe que las culpas leves se disimulan benignamente aun al ministerio más pecador.

»Con respecto al otro (es decir el reglamento de imprenta de las Cortes del año 20), hay que notar que el escribir sobre tolerancia religiosa en términos comedidos y respetuosos a la religión de la nación no es destruirla o trastornarla. Haría uno u otro el que provocara a su ruina, o a introducir desafecto, turbación y desorden en su observancia. Pero hay enorme diferencia entre decir que no es bueno sea católica una nación, y asegurar que sin dejar de ser buena católica, puede y debe, cuando lo exija la utilidad pública, tolerar otras comuniones, y más aquellas que aunque discrepen en algunos puntos dogmáticos, fundan su moralidad pública y privada en la fe de un mismo Salvador y en la creencia de un mismo Evangelio.

»Pero esto es dar bordadas y no fijar la proa al punto de la dificultad. Existen en la Constitución un artículo 3 y otro 171, y de su contenido se trata. A ello pues frente a frente; y si lo anterior se ha dicho, más ha sido para indicar la clase de disposiciones reglamentarias en que se funda el supuesto deber ministerial de perseguir a los abogados de la tolerancia y oponerse a esta clase de escritos, que no por declinar una contestación directa. Se ha dicho también, porque sin grave omisión no debía pasarse por alto la observación de que aquellas razones se pueden alegar, y de hecho han sido alegadas con otras muchas a ellas parecidas, ante un jurado y en una gran publicidad: fueron divulgadas por la prensa, provocaron discusiones y papeles impresos en la capital de la nación, no menos que en los Estados, ¿y cuál fue el resultado? No solo ni se turbó el orden ni se vieron indicios de funestas consecuencias por chocar contra hábitos e inclinaciones, ni causó escandalosa sorpresa oír tratar de la materia, sino que antes bien la absolución del jurado fue recibida con aplauso, convirtiose en una especie de triunfo para el escritor; y el impreso, circulado por toda la República, obtuvo los honores de una segunda impresión. ¿Y no pudiera ser que como ésta sean otras de las inclinaciones populares que tanto se respetan?

»En efecto, la Constitución contiene los artículos expresados, pero todo gobierno debe también contener en sí el gran don de la prudencia y un tacto de delicadeza para distinguir la línea hasta dónde llegan sus obligaciones por la observancia de ciertas leyes, y en qué circunstancias es indiscreción pasarla por una oficiosidad nociva a todo lo que pueda predisponer los ánimos e ilustrar la opinión pública con el fin de que sean reformados oportunamente, por exigirlo el bien general en juicio de la parte reflexiva de la nación. Aquí es en donde, si no arguye gran discreción en un gobierno, presentarse ahora con una iniciativa de tolerancia tampoco prueba su ilustración cegar a dos manos el manantial de las luces, y constituirse él mismo en obstáculo perpetuo para que en algún día pueda ocuparse la legislatura nacional en purgar a la Constitución del vicio con que la desgracia la perpetua intolerancia religiosa. Sábese, hasta palparse aun con las manos, que esta inmensa y despoblada República está reclamando gente y con ella capitales, industria y en su sucesión abundancia de Mexicanos, y se sabe también que la intolerancia religiosa será el insuperable obstáculo que se oponga para satisfacer a aquel reclamo.

»No se oculta tampoco que dichos artículos fueron importación venida de la constitución española y colocada en la nuestra por circunstancias del momento y empeño de algunos, aunque con oposición de otros, al paso que nadie que piensa ignora hoy día que esas leyes de perpetua prohibición, y con cláusula de 'que jamás se reformará', son más bien un comprobante del orgullo humano, que no monumentos de sabiduría. Desde luego, esa eternidad de mandamiento es voz solo sonante y redundancia superflua, porque no produce efecto alguno. Si la experiencia demuestra que la conveniencia pública demanda la alteración o reforma de una ley, el legislador actual de una nación lo hará con el derecho que no tuvo su predecesor para imponer obligaciones hasta la consumación de los siglos. Gracias a este derecho, los católicos del imperio británico gozan hoy de una completa comunión política con todos sus compatriotas. Pero, señor, reflexiónese que para cada templo no católico sería necesario preparar un regimiento que lo defendiera —o no sería necesario si no hay empeño en azuzar al vulgo—. Pero esto sí es bordear y desnaturalizar la cuestión; ninguno ha hablado de zanjas y cimientos de templos precisamente para este momento (y si alguno hablare, con no hacerle caso, es negocio concluido sin necesidad de acusaciones contra la prensa). De lo que se trata es de que no se haga oposición por parte del gobierno, para que se generalice la idea entre nuestras gentes de que bien podemos quedar los Mexicanos buenos católicos tolerando que otros que no lo son presten culto al mismo Dios de los cristianos, aunque no precisamente con todos los mismos ritos y con identidad de fe sobre todos nuestros dogmas. Trátase, en una palabra, de que no se impida ilustrar a la masa general sobre la compatibilidad de uno y otro. Preparados los ánimos, el tiempo llegaría, y quizá no muy tarde; y deduzcamos por conclusión que a pesar de los artículos 3 y 171 de la Constitución, la conciencia moral y constitucional de un ministerio, por nimiamente delicada que sea, en este punto queda pura de todo escrúpulo, sin necesidad de pasar a imprudentes oficiosidades.

»Todo gobierno civil, y en todas las partes del mundo católico o protestante, por muy complaciente que sea con las pretensiones del eclesiástico, es celosísimo de su autoridad suprema, y repulsa inmediatamente hasta el más remoto amago de invasión en sus derechos. Mucho menos incurre en la necia debilidad de constituirse él mismo instrumento de la usurpación que se le hace. La misma España, tan preciada de católica a su modo, nos da en esta parte ejemplos de imitación. Los escritos de un Jovellanos, de un Moñino, Campomanes, Covarrubias y otros fiscales, sus pedimentos al Consejo supremo de aquella nación y las producciones de los profundos jurisconsultos, sinceramente católicos, que florecieron en época en que todavía España conservaba parte de su poder y literatura, enseñan a los gobiernos católicos la sabiduría y firmeza con que deben sostener sus derechos, sin por eso hacer irrupciones dentro de los límites de la jurisdicción eclesiástica. Pero parece haberse descubierto que sus doctrinas no son análogas a los gustos e inclinaciones de estos pueblos republicanos. De paso sea dicho: ese oficio de primer fiscal de una nación, conocido en algunas con los de fiscal del Consejo, de la Corona, abogado o procurador del Rey, demanda del que lo desempeña estar en continua atalaya y preparación para repeler cualquier ataque o maniobra disimulada con que se intente menoscabar los derechos de la suprema autoridad nacional. Por eso, este puesto es considerado como uno de los más eminentes en la magistratura togada, y no se confiere sino a personas que, por una larga carrera en el foro y práctica de negocios públicos, han dado pruebas de distinguidos talentos y granjeádose alto respeto y reputación. El día que entre nosotros sea desempeñado tan elevado destino por magistrado de esta especie, la República será representada dignamente ante su primer tribunal de justicia.

»¿Y qué se dirá cuando, al revés de lo dicho, vemos el primer periódico de nuestro gobierno convertido en Diario de Roma y defendiendo él mismo el despojo de su autoridad? Vergüenza da a un Mexicano de solo buen sentido leer en los Registros del 13, 23 y 25 de este mes, esos farragos y despropósitos con que se pretende sostener arrogantemente que un Reverendo Obispo tiene por sí y ante sí derecho de lanzar edictos prohibitivos de libros sin el examen y aprobación de la suprema autoridad. Si aquí parara la condescendencia, tal vez no argüiría más que reprensible debilidad o ignorancia de sus derechos, debilidad contra la cual puede y debe reclamar el cuerpo legislativo. ¿Pero qué nombre merecerá la connivencia, más bien la complicidad de que es culpable el diario oficial, cuando tan fácil se presta a la falacia, mala fe y vergonzosa maniobra con que se truncan las leyes y se embrolla su natural sentido para abusar de la impericia de la multitud, haciéndolas mandar precisamente lo contrario de lo que prescriben? Léanse en los dichos números los artículos de un Retirado y el firmado V., y sírvase el lector pasar la vista al mismo tiempo por la ley. Si después de su vista no conviene el lector imparcial en la censura del que escribe, él mismo exige ser calificado de infame impostor.

»'Es verdad (dice el Registro oficial del 13) que por el art. 4, cap. 2 del decreto de abolición de la Inquisición, se manda que los jueces eclesiásticos remitan a la secretaría respectiva de gobernación la lista de los escritos que hubieren prohibido; pero a más de que estas mismas expresiones indican con demasiada claridad que deben mandarla después de haberlos prohibido, el fin de esa remisión, manifestado en el artículo 5, presenta una nueva prueba de que para su prohibición no deben obtener primero el beneplácito del gobierno.'

»Esto se llama jugar con voces del P. Goudin, en materias de grave importancia; y llámase también faltar al respeto del público que no es mentecato. La palabra prohibidos en el lugar en que se halla y enlazada con todo el tenor y objeto de la ley está significando muy naturalmente los libros prohibidos por calificación previa e iniciativa del juez eclesiástico, pero no prohibidos ad efectum obligandi, sino hasta que aquella calificación haya pasado y sido confirmada por los trámites subsecuentes. ¿Cuáles son éstos? Los que fraudulentamente se callaron. 'Que se pase la lista (palabras de la ley) al consejo de Estado para que exponga su dictamen después de haber oído el parecer de una junta de personas ilustradas, que designará todos los años de entre las que residan en la Corte, pudiendo asimismo consultar a las que juzgue conveniente.' Si los libros prohibidos por el juez eclesiástico lo son ipso facto y no necesita la prohibición, del beneplácito del gobierno, pregúntase ¿qué parte de la oración son aquí el dictamen del consejo, la consulta a junta una de personas ilustradas u otras que se juzgue conveniente? Excusados eran todos esos rodeos si el papel del Rey (digamos aquí Presidente), el del consejo, la junta, las cortes o congreso, está reducido al de notarios públicos, e impartir el auxilio del brazo secular.

»'El Rey (dice el artículo 5), después del dictamen del consejo de Estado, extenderá la lista de los escritos denunciados (aquí la explicación de prohibidos por el juez eclesiástico) que deban prohibirse (no dice que deben, ni tampoco que se han prohibido) y con la aprobación (deliberando, no llenando fórmula) de las Cortes, la mandará publicar, y será guardada como ley en toda la monarquía, bajo las penas que se establezcan.'

»Pues ahora, que se le pregunte al primer hombre que pasa por la calle y no tenga aire de necio, si no es cierto que el natural sentido de esta ley en lengua castellana, y aparte toda fullería, no es el siguiente: Presente el juez eclesiástico lista de los libros que le parezca deban prohibirse, consulte el ejecutivo al consejo, quien, para proceder con más acierto, consulte a su vez a una junta de hombres ilustrados y a cuantos más les parezca sobre si merecen en efecto ser prohibidos todos, algunos, o ninguno lo merezca; pase el último resultado al legislativo en donde se sujete a su deliberación y por la aprobación, si la hubiere, se consume la ley, y sea publicada. ¿A qué el dicho hombre repone amostazado, si se vienen a entretener con él proponiéndole cuestión que no ofrece la menor duda? Y si aconteciere que la tal persona tenga algunas letras, claro es que añadirá que solo a un insensato se le hará creer que las Cortes de 1813, aboliendo la Inquisición, fueron menos precavidas para impedir el abuso de la autoridad prohibitiva de libros, que lo fue Carlos III en sus tiempos con respecto a la Inquisición de sus reinos. Sosténgase lo contrario y resultará que del humor, opiniones, o voluntad de un hombre dependerá exclusivamente la calificación de la lectura permitida; y ya se ve toda la gravedad de inconvenientes que de tal imprudencia se seguiría, por mucha que sea la ciencia y discreción de un prelado.

»Que el gobierno se haya puesto de acuerdo con el Diocesano de Puebla, según se asegura en el artículo del Registro del 25, no contradicho, lo único que probará es que el gobierno ha hecho muy mal. Ni en el edicto prohibitivo consta tal acuerdo, ni el negocio es de los que se arreglan por acuerdos. Lo que es necesario que conste es que el gobierno cumplió de un modo público y oficial con los requisitos que las leyes previenen, y todo acuerdo que no se haya dado en esta forma, no produce otra cosa sino la responsabilidad del acordante. Lo que sí consta es lo contrario, comenzando por la contravención de la ley en no oír antes a los interesados o, en su defecto, a los defensores de ciertas obras que con la mayor injusticia y falta de delicadeza se han confundido en un mismo edicto con otras indignas de publicidad. ¿Con qué conciencia y propiedad se vienen a interpolar unas entre otras obras de inmundas obscenidades y grosera impiedad, con obras de asuntos dignos del estudio y examen del hombre para juzgar de ellos, y que han ocupado la atención, la pluma y la oratoria de eminentes Católicos Romanos respetables por su sabiduría y virtudes? ¿Qué tienen que hacer las obras sobre Inconvenientes del Celibato eclesiástico, Tolerantismo, la Apología católica de Llorente al lado del Origen de los Cultos, el Tío Tomás, el Tratado de los Tres Impostores, Cartas a Eugenia y otras de este jaez? Hay una especie de crueldad y tiranía en el ejercicio de una autoridad que descarga sobre obras del asunto de las primeras el mismo anatema con que son arrojados de la sociedad, sin apelación, execrables escritos marcados con el sello de la infamia, por el pudor, la religión y la dignidad de ser racional. ¿Y a todo esto presta su cordial asistencia el Registro oficial?

»En todo esto responderán algunos, lo que se está descubriendo es el empeño de que se deje correr el veneno de los malos libros, que los pastores no interpongan su autoridad para exterminarlos, y a vuelta de ello se relaje la moral pública. Descúbrese empeño de protestantismo, y sobre todo una pronunciada aversión al estado eclesiástico. Esto se dice con más facilidad que se prueba, y su simple enunciación no es respuesta de convencimiento. Dios no permita que la pluma que traza estos renglones se emplee jamás en abogar por aquella espuria libertad y orgulloso saber cuyos frutos son el desenfreno de costumbres, la degradación del ser humano y el triunfo de la impiedad. Cuiden enhorabuena los guardianes de la religión y de la decencia pública de que la sociedad cristiana no sea contaminada por la lectura de escritos perniciosos: éste es su deber, y la sociedad civil les estará agradecida si lo cumplen con celo ilustrado. Lo que se exige es que en el desempeño de aquella obligación den también el ejemplo de sumisión a las leyes públicas, que la prudencia y una larga experiencia han dictado como convenientes para impedir que bajo un pretexto sagrado no se ejerza la tiranía mental, y a vuelta de defender la religión no se confundan con ella opiniones, sistemas y principios personales. Ni en esto se menoscaba la dignidad eclesiástica. Todos somos hombres, y nada más fácil y frecuente que convertir nuestras pasiones e inclinaciones en deberes.

»El que escribe lo que desea es que no se dé motivo para que por los defectos de las personas se perpetúe la injusta imputación de que la Religión católica en sí misma es enemiga de la libertad, de las luces y de los progresos de la civilización. Miembro de su iglesia, anhela porque el Clero mexicano en su generalidad la honre por su sabiduría y virtudes, conciliándose así el respeto a sus personas y la veneración debida a las funciones de su alto ministerio. Hace votos porque aquella religión brille pura en el espíritu y verdad con que salió de manos de su divino Fundador, y porque la gravedad de sus ritos corresponda exactamente a la majestad de sus misterios. Desea, en fin, que jamás se la injurie con la nota de antisocial, intolerante y tirana.

»Reasumiendo la historia de la administración, será también desgracia para ella la reprensible debilidad con que rindió los derechos del gobierno mexicano en el asunto, llamado de Patronato. Si no se sentía con fuerzas para sostenerlos, o por algunas circunstancias del momento no creyó oportuno hacerlo, tampoco debió abandonar el puesto y condescender tan de llano en ejemplares que se pretendan alegar como precedentes. Ello sería siempre en vario, porque todo Mexicano celoso de la autoridad de su Gobierno ha protestado contra un hecho que merece alta desaprobación. No era necesario por la conservación de la Religión el que hubiese canónigos, y si es necesario para que haya un gobierno verdaderamente nacional, que ningún empleo o beneficio público sea conferido a sus súbditos sin su conocimiento y anuencia. Los señores beneficiados en el cabildo eclesiástico derramaron sus flamantes convites y tomaron posesión, con la gran satisfacción de no contar para nada con el Gobierno de su país. ¡Qué contraste con los tiempos de antaño, en que se oía resonar en el coro de la Catedral la solemne clausula de 'por gracia o dignación de S. M.!'

»Llegado es el caso de increpar a la administración el mortal pecado de no perseguir hasta el último extremo uno de los más horrendos atentados públicos de que pueda ser reo un militar, a quien habiéndosele encargado el mando de las armas atropella insolentemente las leyes civiles y militares. Militar a quien sus compañeros de armas, que no le son parecidos y honran al ejército mexicano, han reputado indigno de llevar el uniforme de la milicia. Ya se entiende que se hace alusión al crimen escandaloso cometido por un General en la Capital de Jalisco; crimen por el cual fueron insultados los respetos de la autoridad superior de un Estado, se dispuso despóticamente de la vida de un ciudadano y se ultrajaron los primeros derechos de la sociedad. Crimen, en una palabra, al cual se puede aplicar con exactitud. Vicit pudorem libido, timorem audacia, rationem amentia.

»La administración tuvo el sentimiento de no encontrar ley penal contra un Comandante general culpable, ni tribunal establecido para juzgarle. ¡Singular fenómeno, por cierto, el de una sociedad en donde no se encuentra alguna ley para castigar tamaño delito! Aun suponiendo que aquel militar no hubiese cometido el atentado, sino precisamente bajo el carácter de comandante general, ¿por ventura esta calidad excluye, o más bien no incluye la de militar y la de ciudadano? ¿No hay ordenanzas y tribunales que juzguen al soldado, cualquiera que sea su grado y posición, cuando se convierte en déspota y viola las leyes militares? Y en todo caso, ¿no convino a la administración manifestarse acalorada y empeñada en rebuscar y escudriñar ley que comprendiese el caso para que de un modo u otro no quedase impune tan atroz hecho? Hubiera demostrado al menos con su ejemplo (y entonces sí venía muy a propósito), la extremada delicadeza de una conciencia constitucional. Tal vez se recelaba que de este modo se hubiese suscitado insurrección en las fuerzas que mandaba el General delincuente. Por muy graves que fuesen los temores, nunca debió sacrificarse a ellos la vindicta pública. Al contrario, el caso debió aprovecharse como una oportunidad de fijar por un castigo ejemplar el principio práctico, cuya observancia nos falta y es el origen de nuestros males, esto es, el principio de que la autoridad civil (o llámese de las leyes) es superior a la militar, y ésta no tiene otro destino sino ser el apoyo y defensa de la primera. Revolución por revolución valía más haberse decidido a pasar por aquélla, si a tal extremo hubieran llegado las cosas, que no quedarse expuesto a otra que se estaba asomando y en la que era de suponer que, aunque muy personales los motivos, la impunidad del atentado en Guadalajara se había de hacer valer como pretexto plausible. El Gobierno hubiera contado con toda la simpatía de la nación y esfuerzos de los Estados, se hubiera granjeado las afecciones, y en el triunfo de su causa, que hubiera sido popular, se habría fincado la supremacía de la autoridad civil.

»La extensión que se ha dado a este papel exige que se le vaya poniendo término, para que el cansancio que produzca, al punto a que ha llegado, no pase a fastidio del lector en cuyas manos por acaso cayere. Urge, por otra parte, la oportunidad con que se desea pueda contribuir en alguna manera (si tal fortuna tuviere) a que la República, libre de agitaciones por discordias intestinas, se ocupe de sus próximas elecciones, con orden, deliberación y plena libertad.

»Se ha censurado a la administración, y parece que, no sin fundamento, cierta presuntuosa confianza que la ha inducido a reputar exclusivamente por opinión pública la suya, y falta de aquella franqueza que bien es compatible con la prudente reserva en el manejo de los negocios públicos. Personas imparciales y de muy respetable voto han visto con desagrado que la patria haya sido privada del fruto y celo desinteresado con que pudieran haberle servido algunos talentos militares tan distinguidos como comprobados. Se han conferido destinos por relaciones muy personales, y no puede negarse que por ellas el servicio público, en puestos que llevan representación nacional y demandan no vulgares talentos con experiencia, no ha sido dignamente consultado.

»Siendo el objeto de este escrito examinar hasta qué punto la conducta de los ministros pudiera o no haber sido calificada por la nación motivo legal de la última revolución, y rectificar las ideas sobre el repetido derecho de insurrección, sería fuera de propósito entrar aquí en cuestiones de economía política. Suponiendo por el más errado el sistema económico que un ministro adoptase, jamás tal error autorizaría y menos justificaría revoluciones. Los sistemas políticos de economía y su aplicación a las circunstancias peculiares de una nación son materias en que se apura la verdad y conveniencia por debates entre hombres cuyos estudios y observación les dan derecho para ilustrar la materia. La opinión del que escribe se conforma con la de los que juzgan que, en la situación de nuestro país, tres son los grandes objetos que reclaman preferentemente la atención del Gobierno nacional y del de los Estados, respecto de los cuales los demás son subalternos: educación popular, tener buenos caminos siquiera de los principales, y atraer, por todos los medios y alicientes posibles, gentes útiles y laboriosas que, aumentando la población, dejen sucesión abundante de familias mexicanas.

»Es de creer que entre las censuras con que puedan ser castigadas estas reflexiones, no entrará la de parcialidad. Ellas han sido expuestas con la franqueza de una oposición, si se quiere ardiente, pero que repugna toda alianza con la fuerza y mucho más con tumultos militares —tal cual en otros países se suele hacer frecuentemente aun entre los mismos que estrechados por vínculos de amistad, pero conservando la independencia de su razón y conciencia, discrepan en ideas y sentimientos políticos—. El que ha extendido estas líneas concluirá repitiendo que si ha señalado la conducta política de los ministros como blanco de oposición verdaderamente patriótica y merecedora de severas represiones, jamás la indicará sin ponerse en guerra con su conciencia, como título legítimo de sublevaciones. La exaltación ha llegado hasta el punto de denigrar a la última Administración, poniéndola en paralelo con las de los tres años que le precedieron, y sacando airosas a éstas en la comparación. Entre sus extremos se interpondrán siempre el honor, la verdad y la justicia, y no permitirán que el primero se aproxime al segundo. La Administración de los años 30, 31 y 32 será juzgada en la historia bajo el carácter de Administración. Las de 27, 28 y 29, bajo el nombre de prostitución de demagogia. Pero imputaciones como aquélla son desaogos hiperbólicos de nuestras pasiones irritadas, y como tales se disimulan. Ni es justo olvidar que la obra de los Ministros fue la de construir de nuevo la nave del Estado, con los esparcidos fragmentos a que quedó reducida la antigua, por la horrorosa y prolongada tormenta que sobre ella descargó.»

Éste es el juicio que de la administración Alamán y de su programa político formó un hombre que nada era menos que enemigo del personal de las influencias de aquella época, pero que no podía desconocer las exigencias del país en orden a dejar libre, ya que no se quisiese ayudar, el curso del progreso. El tal juicio es bastante incompleto, pues nada se habla en el de la guerra del Sur, ni de las multiplicadas ejecuciones militares que, por sus circunstancias no muy conformes con los principios de la moral, contribuyeron a enardecer los ánimos y fueron el origen verdadero de los pronunciamientos armados de 1832. Pero tal cual es, no se le puede negar el carácter de un documento imparcial y auténtico, por el cual consta que la expresada administración no solo ponía obstáculos al progreso, sino aun al status quo, y que empleaba toda la influencia que las leyes y el poder dan al gobierno y aun alguna extralegal para lograr el retroceso de la marcha política hasta un punto que no ha podido saberse, y que ignoraban tal vez los mismos que dieron el impulso.

La marcha política de un gabinete es la que siempre determina el carácter de la oposición que se le hace: las violencias provocan los sacudimientos, y la marcha retrograda pone en acción las fuerzas y elementos del progreso. Siempre que se quiera excluir del influjo en los negocios por actos de violencia, un partido político cualquiera que sea, más tarde o más temprano acabará por sublevarse; ésta fue la primera oposición que sufrió la administración Alamán; oposición de repugnancias, de resentimientos y de odios que éstos engendran. El partido Guerrero, arrojado de todos los puestos públicos de la Federación y los Estados, y vilipendiado en la cámara de diputados por los actos de la fuerza (pronunciamientos), no necesitaba saber cuál era el programa político de la administración para sentir las violencias y humillaciones que se le hacían sufrir.

Esta sensación de su mal estar determinó una reacción en que la administración se cubrió de sangre, y de la cual no pudo triunfar sino al cabo de un año, por actos que no dejaran muy bien sentada su reputación en la historia. En todo este período las cuestiones que llamaban la atención de preferencia y se discutían de una manera ardiente en los periódicos eran las de legitimidad. Estas cuestiones sediciosas por su naturaleza, pues jamás ha habido en el mundo un gobierno sobre cuyos títulos no puedan suscitarse dudas más o menos fundadas, tuvieron de particular que los defensores del general Guerrero fueron los primeros que proclamaron la nulidad de los actos que lo elevaron a la presidencia; contra los partidarios de la administración Alamán, que sostenían su legitimidad a viva fuerza. Pero de tales inconsecuencias solo podrá admirarse quien no haya visto revoluciones: seis meses antes el idioma de estos partidos era absolutamente inverso y, a decir verdad, mucho más conforme con el carácter e inclinaciones de cada uno de ellos.

Entre tanto la administración no perdía tiempo en apresurar la marcha retrograda, y era poderosa y eficazmente auxiliada por el Clero y la Milicia: todas las medidas que se tomaban tenían una tendencia bien marcada a consolidar el poder de estas dos clases y a reponerlas en las pérdidas que habían sufrido los años anteriores. Los amigos del progreso, a pesar de que su mayoría sentía fuertes simpatías por el personal de la administración, empezaron a alarmarse; pero se les hizo callar y ceder por entonces a la vista del riesgo en que se estaba de que triunfase la revolución cuyo objeto ostensible era la reposición del general Guerrero. Realmente los promotores y partidarios de esta revolución no proclamaban otra cosa que el regreso a los hombres de 1829, y aunque no era de aprobarse lo que con ellos se había hecho, nadie fuera de los personalmente interesados podía desear un nuevo trastorno por solo este motivo. La revolución, pues, no pudo triunfar y terminó con el arresto y ejecución del general Guerrero, por actos de cuya responsabilidad hoy nadie quiere cargarse. Así terminó la oposición armada contra la administración Alamán que parecía consolidarse no solo por el triunfo material sino por la inmensa mayoría que obtuvo en las elecciones para el año de 31, aunque por medios no muy legales.

Los amigos del progreso, que hasta entonces no habían podido entenderse en razón de sus antipatías personales, empezaron entonces a trabajar sin combinación pero unísonos en el designio de contener la retrogradación de la marcha administrativa. El estado de Zacatecas, rico, bien gobernado y sin partidos extremados que hubiesen como en los otros trastornado el orden legal, se hallaba dirigido por dos hombres de una probidad intachable, de reputación bien sentada, de firmeza en sus designios y perfectamente de acuerdo en la marcha de progreso. Estos dos ilustres ciudadanos eran don Francisco García, gobernador del Estado, y don Valentín Gómez Farías, diputado en la legislatura del mismo, que además de la conformidad de opiniones y deseos, se hallaban unidos por el vínculo de una antigua y estrecha amistad. Las notabilidades del antiguo partido yorquino que estaban por el progreso tenían gran confianza en García y Farías, aunque ni uno ni otro habían pertenecido a dicho partido; y se hallaban dispuestas a obrar de concierto con ellos como lo hicieron en lo sucesivo don Andrés Quintana, don Manuel Cresuncio Rejón, don Juan Rodríguez Puebla y don José María Jáuregui. Las notabilidades del antiguo partido escocés eran menos tratables así por las antiguas antipatías, que no podían desaparecer de un golpe, como porque se creían triunfantes; sin embargo, como casi todos eran hombres de conciencia y probidad, sin entrar positivamente en convenios, censuraban fuertemente la administración, apoyaban los reclamos que se le hacían por la imprenta, y aplaudían los actos de la oposición en las cámaras y en las legislaturas y gobiernos de los Estados. Ésta era la conducta de don José María Fagoaga y de su primo don José Francisco, del general Morán, de los dos hermanos don Felipe y don Rafael Barrio, de don Eulogio Villaurrutia, don José María Cabrera, don Joaquín Villa, etc., etc.: todos ellos y otros muchos obraban estrictamente en sentido de la oposición y desechaban los principios cardinales de la marcha administrativa. Otras muchas personas notables que no habían pertenecido en manera alguna a los partidos que acababan de extinguirse procedían del mismo modo, y entre ellas debe contarse como la primera el ilustre ciudadano don Juan José Espinosa de los Monteros.

El Estado de Veracruz, aunque con muchos miramientos y de una manera muy comedida, era también todo de la oposición; su gobernador don Sebastián Camacho, su Teniente don Manuel María Pérez y su legislatura, en que se hacía notable don José Bernardo Couto, veían con pena el retroceso, procuraban resistirlo y preparaban, aunque de una manera circunspecta, cuanto podía conducir a que la nación avanzase. Lo mismo sucedía en el Estado de Mechoacán y Chiuaua, y en los de Nuevo León, Tamaulipas y Coauila Tejas, entre otras causas por la influencia que en ellos ejercía el general Terán. En los Estados de México y Jalisco, sus gobernadores don Melchor Muzquiz y don Anastasio Cañedo pertenecían a la oposición, y en las legislaturas de ambos hubo constantemente una minoría respetable contraria al programa de la administración. Los Estados de Puebla, S. Luis, Durango, Chiapas, Querétaro y Oajaca estuvieron por la administración y sus principios; aunque en ellos mismos existían, fuera de sus legislaturas y gobiernos, poderosos elementos de oposición. Don José López de Ortigosa, gobernador de Oajaca, es por convicción y principios enemigo del progreso, pero uno de los hombres más útiles para las funciones públicas por su inteligencia, probidad y eficacia, y por su tino y acierto para elegir y plantear las medidas de gobierno. Los Estados de Guanajuato, Sonora, y Sinaloa no externaron miras algunas políticas: el primero, compuesto en su legislatura y gobierno de hombres pacíficos, amigos del reposo, y que poco o nada sufrían personalmente de la administración, dejaba correr las cosas sin manifestar grandes deseos de variarlas ni grande empeño en sostenerlas; los otros dos en nada menos pensaban que en la marcha política, las cuestiones que en ellos se agitaban, no tenían otro motivo y objeto que la posesión del poder, por la cual contendían dos o tres familias ricas, poderosas y enemigas.

En las cámaras de la Unión era donde se hallaban frente a frente, y luchaban todos los días los dos grandes principios de progreso y retroceso, puesto que en ellas se debatía y debía decidirse definitivamente la suerte de las clases privilegiadas Clero y Milicia, y las disputas o cuestiones que sin cesar se suscitaban entre estas dos clases y los Estados. La administración no iniciaba por sí misma las medidas que estaban en sus designios y convenían a su marcha política, sino en pocos y determinados casos; el temor de sufrir un desaire y un cierto género de rubor de confesarse patrono de las vejeces hacia tal vez que don Lucas Alamán procediese de esta manera. Sea éste u otro cualquiera el motivo, el hecho es que todas las medidas que eran indisputablemente de retroceso fueron iniciadas por hombres oscuros que pertenecían al vulgo de los diputados y senadores. En semejantes casos la táctica del gobierno era aparecer neutro, alejar la discusión y obtener la medida por sorpresa. Jamás o muy pocas veces aparecían los ministros en las cámaras en semejantes discusiones, pues sus partidarios se habían anteriormente convenido en no llamarlos y en desechar las mociones que se hiciesen al efecto; cuando por algún accidente la oposición lograba una orden para que compareciesen, no tomaban parte en el debate y eran simples espectadores de lo que pasaba en él. Sin embargo, nadie se equivocaba por estos aparatos de neutralidad que la oposición calificaba de gazmoñería y que eran más frecuentes en los debates relativos al Clero.

La discusión por la imprenta era absolutamente imposible sobre semejantes materias: los periódicos de la devoción del gobierno estaban todos comprometidos a no hablar de ellas, y aun la discusión de las cámaras no podía ser conocida del público, en razón del famoso artículo que don Miguel Ramos Arizpe introdujo en el reglamento de debates para que todo punto eclesiástico se discutiese en secreto. Además, las imprentas estaban todas comprometidas a no admitir producciones ningunas que se ocupasen de discurrir de los principios que la administración tenía y rehusaba confesar. Aunque las elecciones para el congreso general y las legislaturas de los Estados eran casi en su totalidad del personal del ministerio, de ellas mismas salió una fuerte minoría adversa a su programa o principios políticos.

Mientras vivió la revolución Guerrero, muchos de los hombres de esta minoría secundaron los proyectos de la administración, para desvirtuar la acción de la imprenta y otros medios de resistencia legal; de lo cual resultó que, cuando quisieron hacer una oposición legal, se hallaron ellos mismos desarmados y reducidos a emitir su opinión en una sesión secreta, delante de una mayoría reglada anticipadamente y bien resuelta a no dejarse persuadir. ¿Cómo hacer un llamamiento a la opinión pública cuando todas las puertas estaban cerradas: los periódicos, la imprenta y la discusión? Así se hallaron interceptados por un muro de separación del único auxiliar a que podían apelar; sin embargo no se desalentaron y, aunque perdieron todas las votaciones, lograron sentar las bases de una resistencia sistemática al programa de la administración, y hacer que ésta fuese más circunspecta en proponer por medio de sus partidarios medidas de retroceso.

Los jefes de la oposición en la cámara de Diputados fueron el doctor don Juan Quintero, don Juan de Dios Cañedo y don Francisco Molinos. Don Marcos Esparza figuraba también en ella, de una manera importante, como representante especial de la legislatura y gobierno de Zacatecas. En el senado la oposición era menos viva, pero existía y no dejaba de causar embarazos al ministerio a pesar de no hallarse sistemada ni tener un plan fijo de conducta. Las notabilidades de ella fueron: don Domingo Martínez Zurita, don Manuel Crescencio Rejón, los doctores don Tomás Vargas y don Simón Garza, hombre muy recomendable por su instrucción, firmeza y probidad.

El partido del retroceso o de la administración formaba la mayoría de ambas cámaras y sus jefes principales se hallaban en la de Diputados: don Francisco Sánchez de Tagle, don Juan Manuel Elizalde y los doctores Valentín y Becerra fueron los campeones más visibles de la marcha retrógrada; también figuraron en ella, aunque en segunda línea, don Antonio Fernández Monjardín y don Rafael Berruecos, hombres de conciencia y recomendables por el desinterés y convicción que presidía a la emisión de sus votos. El P. Félix Lope Vergara y el canónigo Arechederreta fueron los más notables del partido Alamán en el senado, y sus talentos como hombres públicos apenas podían colocarse en la esfera de medianos. A poco más o menos, éste era el personal de la marcha administrativa en los altos funcionarios de la Federación y los Estados. Por lo demás, el gobierno contaba con las dos clases privilegiadas, Clero y Milicia, compuestas en su mayoría de hombres de poco o ningún mérito, pero regimentados y sometidos a la obediencia pasiva por la cual no les es lícito opinar sino solo obedecer. Contaba con la falange de los empleados que siempre son de quien los paga, y carecen por lo común de conciencia política, o la sacrifican al sueldo; contaba, en fin, con el cansancio que habían producido en nueve años tantas disputas y agitaciones sin fruto, y con la odiosidad de los desórdenes ocurridos y violencias cometidas, desde el año de 27 hasta el desenlace fatal de la Acordada, por las contiendas de poder entre escoceses y yorquinos.

Este aparato de fuerzas a primera vista formidables sedujo a los directores de los negocios haciéndoles creer podían emprenderlo todo, como lo hicieron entregándose a una confianza indiscreta.

A mediados de 1831 la oposición estaba ya formada en las cámaras, en las legislaturas y gobiernos de los Estados, y la multitud de elementos de opinión que existían contra la marcha retrógrada empezaban a ponerse en acción. Por entonces los que la componían se limitaron, como era natural, a impedir tomase cuerpo el retroceso: en esto estaban conformes pero no de concierto, pues no podía existir éste entre personas que tenían tantos motivos de odiarse, o no se había ofrecido la ocasión de conocerse; sin embargo, el tal concierto era necesario para que el resultado fuese más pronto, más eficaz y más seguro. Hubiera sido una insensatez buscarlo en las logias u otro cualquier género de reuniones numerosas y disciplinadas, pues además de haber caído y justamente en el último descrédito este medio de acción, la experiencia había manifestado su ineficacia para establecer nada que fuese sólido ni estable. La conformidad de opiniones y deseos debía ser la única base del concierto, y éste tampoco podía ser explícito, ni presentar el carácter de un convenio que impusiese obligaciones a los que debían obrar, o estableciese jerarquías ofensivas de la independencia personal o de la libertad de acción y opiniones en la resistencia política. El medio único era ir aproximando y poniendo en contacto poco a poco a los hombres que se odiaban o no se conocían, y para que se lograse contribuyó no poco la indiscreción del gabinete o de sus partidarios, que afectaban confundir la marcha del progreso con la del desorden, y pretendían hacer pesar la responsabilidad de los males sufridos anteriormente sobre hombres puros y sin tacha en su carrera pública. Verdad es que cuando se afectaba desdeñar las ideas de progreso no se tomaban en boca estos nombres respetables, ellas eran censuradas en personas poco aceptas a la nación y cuya reputación se hallaba manchada por actos que les hacían poco honor; pero los primeros tenían por dicho a ellos lo que se decía a los otros, y recibían la lección de la manera que se les daba, sin dar el menor signo de arrepentimiento ni de cambiar por ello de opinión.

Los principios, pues, de la administración, el modo de hacerlos valer y la conformidad de opiniones y deseos entre los hombres del progreso fueron poco a poco abatiendo las barreras que los separaban y estableciendo entre ellos relaciones que consolidaban la oposición.

Don José María Cabrera y el doctor don José María Mora se hallaban ligados desde los primeros días de la independencia por una amistad que hacía más estrecha la uniformidad de opiniones que entre ellos existía en orden a los fines de la marcha política. En cuanto a los medios de llegar a ellos, no había siempre la misma uniformidad entre ambos, pero esto no obstaba a que se viesen y tratasen casi diariamente. Cuando a fines de 1829, empezaron a externarse los conatos para derribar al general Guerrero, Cabrera se declaró por ellos abiertamente, y fue después uno de los partidarios más decididos de la administración Alamán hasta que terminó la guerra del Sur en 1831. Mora por el contrario nunca pudo ver en esta administración y en la revolución de Jalapa que la dio el ser, sino una reacción más de cosas que de personas y en sentido de retroceso. El desengaño no se hizo aguardar mucho, pero la guerra del Sur no ofrecía nada de positivo sino la vuelta a los hombres de 29, y esto vino a embarazar toda resistencia legal. Mora, sin embargo, hizo una especie de oposición en el congreso del Estado de México, en el Observador, 2.ª época y en el Correo de la Federación. La tal oposición no tenía por objeto ni el restablecimiento de los hombres de 29 ni el sostén de los principios administrativos, que eran los dos grandes intereses del momento; claro es que ella no debía encontrar apoyo en ninguna parte y que debía acabar como acabó abandonando Mora la empresa cuyo menor inconveniente era la falta de oportunidad.

A mediados de 31 las cosas se hallaban en otro estado, y las concurrencias frecuentes de Cabrera y Mora se aumentaron con la presencia de don Miguel Santa María, que regresaba de Europa, y en ellas se fueron empeñando insensiblemente, aunque sin un designio positivo, en los intereses de la oposición que se hacía ya abiertamente a la marcha administrativa. Todos tres aplaudían, y afortunadamente se hallaban en el caso de hacerla servicios de alguna importancia. Cabrera era hombre bien relacionado y de sólida reputación entre las notabilidades del país; de influjo y concepto considerable en los Estados de Michoacán y Guanajuato, su talento claro y su conocido desprendimiento alejaban toda sospecha de error o parcialidad en la expresión de sus opiniones, las cuales por solo este hecho venían a convertirse en otros tantos medios de acción; además, hombre de conciencia política y de convicciones profundas, obraba en sentido de ellas, aunque sin abandonar los compromisos contraídos con el personal de su partido, que fue el escocés, ni las profundas repugnancias que lo separaban del yorquino.

Don Miguel Santa María es uno de aquellos hombres que no vienen al mundo con mucha frecuencia y que por sus raras cualidades no pueden aparecer en parte alguna sin hacerse notables. Santa María no es de aquellos hombres que se encuentran frecuentemente en el curso de la vida, con quienes se pueden entablar relaciones que, a pesar de un trato frecuente, a nada empeñan, no suponen compromisos duraderos y cesan con la misma facilidad conque se forman sin violencia ni disgustos. Quien por acaso o de intento ha llegado a ponerse con él en contacto debe necesariamente amarlo, aborrecerlo o admirarlo; o, en otros términos, ser su amigo, su enemigo o su sectario. Nadie más expansivo, más leal ni más franco en sus amistades, que nunca han pertenecido sino a las notabilidades del país; pero ninguno menos justo, ni más extremado en sus prevenciones y resentimientos contra sus enemigos reales o aprendidos. La violencia de sus pasiones en odio y benevolencia lo hace expresarse siempre de una manera fuerte aunque decente, contra los unos, o a favor de los otros. Santa María es indisputablemente reconocido como uno de los primeros escritores y hombres públicos del país; y sin ciertas pretensiones de bufonería en sus escritos, o de aristocracia caballeresca en sus maneras, que lo hacen declinar un tanto al ridículo, sería un hombre universalmente respetado. Sin embargo, su juicio recto sobre las necesidades del país, su deseo ardiente de verlo progresar y sus fuertes simpatías con el personal del antiguo partido escocés, le habían formado una clientela de admiradores entre aquellos que en todas partes se dispensan de pensar por sí mismos y se hallan dispuestos a recibir más o menos el impulso y dirección ajena, para obrar en éste o en el otro sentido.

El doctor Mora era un hombre con quien nadie podía equivocarse en orden a sus ideas, designios y deseos políticos; tenía muchos conocidos en el antiguo partido escocés, algunos en el yorquino; pocos amigos, pero todos ellos pertenecientes a las notabilidades de ambos, y más en el primero que en el segundo. Además, el gobierno y el congreso de Zacatecas sentían por Mora una verdadera confianza, y sin estar en correspondencia formal con las notabilidades de este Estado, trasmitía y recibía las noticias, ideas, designios y medios de adelantar la marcha política por conducto de don Marcos Esparza, persona muy a propósito para este género de negocios, a causa de su actividad, secreto y celo por los intereses del Estado que doblemente representaba. Mora, en fin, había mantenido una correspondencia lánguida, aunque no interrumpida, con el general don Manuel de Mier y Terán, que empezaba ya a ser considerado como el principal candidato para las próximas elecciones de presidente.

Santa María, Cabrera y Mora concurrían con frecuencia sin designio político, y solo por motivos de amistad; pero la conversación giraba siempre sobre la marcha política que todos tres reprobaban y deseaban se cambiase: los dos primeros no desconfiaban lograrlo de la administración Alamán, pero el último nada esperaba sino de la próxima elección. Estas conversaciones fueron insensiblemente empeñándolos en trabajar cada uno por los medios que estaban a su alcance para contener o cambiar la marcha política, en la presente administración o en la futura, fomentando la oposición en el seno del ministerio, en las cámaras, en los Estados y por la imprenta.

Ninguno de ellos tuvo la necia pretensión de constituirse en regulador de la marcha política, pero todos y cada uno de los tres conocían bien que podían hacer servicios importantes a la causa del progreso, y el éxito probó que sus esfuerzos no eran vanos. La oposición que, como va dicho, había empezado en la cámara de Diputados y en el Estado de Zacatecas, de donde se había propagado a los demás, se extendió al senado y estalló en el ministerio mismo. Los señores Cabrera, Michilena y Vargas impulsaron lo primero, y el señor Santa María lo segundo. El ministro Don José Antonio Facio, que hasta allí había tolerado sin aprobar la protección que se daba al clero, se opuso ya a ella abiertamente en lo sucesivo, y templó algo en orden a la predilección de la milicia por las fuertes declamaciones contra ella de Santa María y de don José María Fagoaga, cuya opinión es un poder político en el país. Mora contribuyó a lo uno y a lo otro, y desde entonces se renovó la estrechez de sus antiguas relaciones con Facio, muy lánguidas poco antes.

La oposición de la imprenta fundada por los señores Quintana, Rejón y Rodríguez Puebla, del antiguo partido yorquino o con simpatías por él, no había podido mantenerse contra los actos de violencia a que para comprimirla se entregaba el ministerio. Pero desde que estos señores y sus periódicos cesaron de proclamar la causa impopular de un partido derrotado e hicieron la guerra al ministerio, no por su origen sino por sus actos, contaron ya con otros apoyos que imposibilitaron las violencias directas de la autoridad; y en esto trabajaron bien y con buen éxito, don Miguel Santa María y don José María Fagoaga. Don Vicente Rocafuerte apareció también en la oposición de la imprenta y su primer ensayo fue hacer la apología de la tolerancia religiosa, asunto que hirió en lo más íntimo a las afecciones ministeriales, y en el cual la mayoría del gabinete fue desairada en el empeño que tomó de que se condenase al autor y se prohibiese el impreso. Ni uno ni otro se logró entre otras causas por los esfuerzos reunidos de Mora y Facio, y por el valor cívico de Rocafuerte, del cual siguió dando pruebas nada equívocas en el Fénix de la Federación.

Por setiembre de 1831 Cabrera y Santa María perdieron ya la esperanza de que cambiasen de principios los hombres del ministerio: Facio, que había hecho cuanto podía para lograrlo empleando al efecto aunque infructuosamente todo su influjo que no era poco, acabó por desengañarlos; pero los aseguró que él mismo continuaría haciendo oposición vigorosa a la protección que se daba al clero, y aflojaría en la que hasta entonces había disfrutado la milicia. Esta promesa fue plenamente cumplida en su primera parte y casi del todo eludida en la segunda. Perdidas las esperanzas entre los hombres de progreso de sacar partido alguno del ministerio, ya solo se trató de poner por entonces trabas a su marcha y de reservar las reformas para la próxima renovación de las cámaras y presidente. Lo primero se logró en gran parte, pues el gabinete ya sin unidad y con una fuerte oposición en las cámaras, que regenteaba el doctor Quintero con acierto y con constancia, se vio obligado a plegar manteniéndose a la defensiva; lo segundo se habría logrado igualmente si no se hubiera interpuesto la revolución del general Santa Ana que todo lo echó a perder, introduciendo de nuevo la discordia en el seno de la oposición, como se verá más adelante.

A fines de setiembre se hablaba ya con calor de las personas que podrían considerarse como candidatos para la futura presidencia: el clero y alguna parte de la milicia se declararon por el general Bustamante; los antiguos escoceses hablaban débilmente del general Bravo; los antiguos yorquinos parecían inclinarse al general Santa Ana, y la masa de la oposición aún no tenía candidato, pero presentó más adelante al general don Manuel de Mier y Terán. Este general ha sido una de las notabilidades de más importancia política en el país, y reunía en aquella época un conjunto de circunstancias y condiciones, que hubiera sido imposible hallar en otro, para ocupar dignamente el puesto de primer representante de una nación. Terán era un sabio que podría haber ocupado un lugar distinguido en la Academia de las ciencias de París, y además era un hombre de la primera distinción por la regularidad de su conducta, por sus relaciones sociales, por la delicadeza de sus maneras y hasta por la belleza de su físico: tenía a su favor el haber militado siempre por la causa de la independencia y haberlo hecho con honor, pureza, inteligencia y acierto, en un período en que fueron bien raros los ejemplos de estas virtudes y muy frecuentes los de los vicios contrarios. Su sistema político era el de progreso, y aunque hasta 1827 había pertenecido al partido escocés y cometido faltas graves, su talento claro y juicio recto le hicieron conocer bien pronto que no debía servir sino a la nación; y se retiró de la escena para la Comisión de Límites, guardando sus amistades, renunciando a los odios y prevenciones de partido, y dispuesto a hacer justicia a todo el mundo. Terán sentía el amor de la gloria; pero, con bastante talento para conocer que ésta no podía adquirirse por las revueltas interiores, abandonó semejante teatro a los ambiciosos vulgares. No lo hizo así cuando la causa de la patria se halló en peligro por la invasión española; voló a presentarse en el campo del honor, donde recogió los laureles de un triunfo debido casi todo a su dirección y esfuerzos. Ni la rebelión de la Acordada, ni la de Jalapa, ni ninguna de las que la siguieron, fueron de la aprobación de Terán: a todas rehusó sus servicios, que prestó constantemente al gobierno reconocido, fundado en el principio solidísimo de que las convulsiones públicas solo por excepción son medio de progresar. Éste era el hombre que se trataba de presentar en la escena como candidato de la oposición a la próxima elección de presidente; pero, para hacerlo con seguridad y buen éxito, era necesario que diese a conocer sus designios políticos en orden a la marcha administrativa y que, al mismo tiempo, se le procurasen apoyos entre las principales notabilidades del progreso, muchas de las cuales aun todavía mantenían contra él algunas prevenciones.

El doctor Mora que, especialmente desde 1827, se hallaba en perfecta conformidad con Terán un orden a designios políticos y al modo de realizarlos, mantenía con este general una correspondencia que se hacía un poco más activa en las crisis peligrosas de la República, pero que siempre era reducida a lamentar el estado del país sin designio ni plan combinado para darle dirección. Como en las cartas de Terán se manifestaba de una manera inequívoca la desaprobación más completa de los principios y de no pocos actos de la administración Alamán, se tenían bastantes seguridades de que la administración pública cambiaría igualmente bajo de su dirección. Pero Santa María es hombre que en materias de esta importancia no se aquieta con presunciones por fundadas que ellas sean, y busca testimonios positivos sobre qué poder contar; además, para la elección de Terán era un elemento de superior importancia la cooperación del Estado de Zacatecas y de los señores García y Farías, sin los cuales nada podría lograrse; cooperación que no podría obtenerse si no previa una confesión explícita de los principios políticos que deberían reglar la nueva marcha administrativa. Mora se encargó, pues, de proponer las cuestiones a Terán y al mismo tiempo de instarle, como antes lo había hecho, para que entrase en correspondencia directa con los señores García y Farías, y lo hizo de manera que no pudiese ofenderse la delicadeza de aquel general. Después de largas contestaciones, que se prolongaron por algún tiempo, Terán convino en la necesidad de abolir los fueros del Clero y de la Milicia, en la de ocupar gradual y sucesivamente los bienes del primero, en la supresión de los regulares del sexo masculino, en la abolición de las comandancias generales y en la relegación de la fuerza veterana a las fronteras.

Todo esto debía prepararse por la imprenta, promoverse por iniciativas de las legislaturas de los Estados y ser apoyado por el gobierno en las Cámaras del Congreso general cuando llegase el caso de hacerlo, y según las oportunidades que ofreciesen las circunstancias. Terán convino igualmente en la necesidad de abrirse comunicaciones directas con los señores García y Farías, cuyos deseos y sistema político se hallaban por actos públicos y auténticos en perfecta consonancia con las bases expresadas, y respecto de los cuales no se necesitaba otra cosa que inspirarles confianza en orden a la persona del expresado general. Esta resolución tuvo efecto en cuanto a don Francisco García y no en cuanto a don Valentín Gómez Farías por las razones que constan en carta de 17 de junio de 1832, escrita por el mismo Terán al gobernador de Zacatecas.

Cuando las cosas se hallaban en tal estado, Mora las puso en conocimiento de don José María Fagoaga, para el cual nada tenía secreto, y cuyos consejos y aprobación solicitaba para obrar en grande y en pequeño. Fagoaga es el hombre de entendimiento más claro y de corazón más recto que existe en la República: sus ideas son precisas, su golpe de vista certero en los negocios públicos, no precisamente en orden al éxito de sus resultados materiales, sino en cuanto a sus ventajas e inconvenientes. El hábito de sujetarlo todo al análisis y el de discutir consigo mismo, en la tranquilidad que da una posición social asegurada y una alma sin pretensiones, han hecho que Fagoaga jamás se equivoque en las reglas de conducta que se ha prescrito, como hombre público y privado, en las circunstancias difíciles de la Nación y en las de sus relaciones particulares. Verdad es que en los primeros momentos los hombres ligeros lo han censurado de inconsiderado, y sus enemigos gratuitos lo han perseguido; pero todos han acabado por respetarlo, por reconocer en su persona una alma republicana con lenguaje monárquico, y en su reputación de saber y probidad un poder social de razón ilustrada, de consejo imparcial y de respeto público. Fagoaga siempre ha pertenecido a la causa del progreso, y sus ideas han sido las más absolutas en la línea especulativa; pero cuando ha llegado el caso de obrar, siempre se le ha visto sobrecogido de una timidez excesiva, fundada en la consideración de que las reformas provocan resistencias y empeñan luchas de que no se puede salir sino después de grandes desórdenes, con cuya responsabilidad rehúsa y ha rehusado constantemente cargar. Si se encontrase un medio de que las reformas produjesen solo disgustos, no vacilaría un punto en adoptarlo; pero lo que él mismo ha tenido que sufrir personalmente, y la experiencia de lo que en veinte años ha pasado en el país, han producido en su ánimo tal desconfianza del suceso en las tentativas que se hagan para obtenerlo, que parece hacerlo propender a la causa de las vejeces.

Cuando Mora le declaró, pues, lo que había, no vaciló en aplaudir la elección que se proyectaba: en orden al programa de la nueva administración considerado en sí mismo, nada tuvo que oponerle, pero según sus ideas favoritas, se expresó de preferencia por las reformas militares, opinando que las eclesiásticas debían hacerse con más detención y en una escala imperceptible de progresión indefinida; por lo demás, convino en la necesidad indispensable de contener el retroceso a las vejeces. Así es como quedaron perfectamente de acuerdo las personas más notables que opinaban por el progreso en orden al programa político de la futura y proyectada administración.

Desde entonces todo el empeño debió limitarse a hacer comunes y populares estos deseos, a atacar vigorosamente los principios de la administración Alamán, y a desvanecer cuanto pudiera desvirtuar la popularidad del nuevo candidato a la presidencia. En orden a los dos primeros objetos se trabajó eficazmente por los señores Rocafuerte, Rodríguez Puebla y Rejón, en el Fénix de la Libertad, periódico de oposición, y en otras producciones de la prensa, especialmente en los Estados de Zacatecas y Jalisco. Las legislaturas de los mismos obraban en el mismo sentido en la parte que les tocaba, excitando y protegiendo a los escritores públicos; acordando las medidas que estaban en la esfera de sus atribuciones y haciendo iniciativas a las Cámaras, que tenían el efecto de entorpecer la marcha del ministerio. El doctor Quintero, como jefe de la oposición de la Cámara de Diputados, y con la infatigable constancia que le es genial, seguía paso a paso las aberraciones del ministerio, aprovechando cuantas ocasiones se ofrecían de llamar sobre ellas la atención de la Cámara y los reclamos de la oposición. Por este tiempo la administración se vio obligada a plegar en una de las pretensiones del Clero: don Francisco Pablo Vázquez, obispo de Puebla, presentó letras apostólicas que lo autorizaban como vicario apostólico para la reforma de los monacales; el ministro Facio se opuso al pase, e impulsado por Cabrera, Santa María y Mora, logró que el vicepresidente Bustamante llamase a la junta de ministros, para ilustrar la materia, a los diputados Quintero y Molinos; Facio triunfó por su resistencia y por las sólidas razones expuestas por Quintero, y el pase no se acordó.

No se manejó con la misma eficacia este ministro, en orden al atentado cometido por el general Inclán, en Jalisco, contra el impresor Brambila y las autoridades del Estado. Su parcialidad fue tan marcada, que, no pudiendo disculpar la conducta de Inclán, ni evitar fuese castigado si se le formaba causa, le procuró la impunidad, haciendo sostener al gobierno que no había ley para juzgar al culpado.

Este despropósito, la obstinación de Facio en sostenerlo, y la persecución tan encarnizada como ilegal que Alamán y el mismo Facio habían suscitado y mantenido contra don Andrés Quintana Roo fueron los elementos de la reacción de

1832: reacción que introdujo de nuevo la discordia en la oposición, y ha causado una serie de trastornos que aún no es posible saber a dónde y cuándo terminarán. En efecto, al lado de la oposición legal se empezó a proyectar una revolución armada entre varios jefes de la Milicia y algunas personas del fuero civil gravemente hostigadas y resentidas, por las duras persecuciones que se les había hecho o se les hacía sufrir. Los fundadísimos cargos que la oposición hacía al ministerio eran el pretexto de esta reacción; pero el motivo verdadero de ella estaba en ese sentimiento de ambición, en el deseo de hacer fortuna, y en la insubordinación y falta de respeto a las leyes que caracteriza a nuestros jefes militares. En cuanto a las personas civiles, algunas se propusieron el progreso, y si erraron en los medios, su intención fue bien sincera, como lo acredita su constancia y padecimientos; pero otros, y fueron los más, no se propusieron un fin y objeto diverso del de nuestros militares. Los hombres más notables del proyecto de revolución fueron don Antonio López de Santa Ana, los generales Arago, Mejía y Moctezuma, los coroneles Peraza y Landero, y los señores Rocafuerte, Quintana, Rejón y Rodríguez Puebla; también tuvo parte en semejante proyecto, aunque por motivos menos calificados, don Francisco Lombardo. Respecto de la mayoría de tales personas, es fácil conocer cuál fue el objeto que se propusieron: ellos han sostenido la causa del progreso hasta abril de 1834, y desde esta época, con más o menos energía, y corriendo más o menos riesgos, han hecho resistencia al retroceso a cuyas manos había pasado el poder. Pero ¿cuál fue el objeto que se propuso el general Santa Ana y la falange de oficiales, coroneles, etc., que en 1833 gritaban libertad, destierros y proscripciones hasta el fastidio? No la defensa del sistema federal que la administración no atacaba, y ellos han abolido después; tampoco el progreso representado en la abolición de las clases privilegiadas, pues han hecho más para consolidar el poder de ellas, que lo que había hecho la administración Alamán; por último, tampoco fue el objeto del pronunciamiento de Veracruz, la destitución de los ministros y del personal de los hombres de 1830, pues han sido llamados a ocupar los mismos puestos, por el mismo Santa Ana y sus soldados, casi todos aquellos que, por hallarse en ejercicio de las funciones públicas, sirvieron de pretexto a aquella reacción. El señor Santa Ana sacará, pues, de estas dudas a los hombres que piensan en la República y tienen derecho a pedirle razón de su conducta.

Sea como fuere, la revolución armada estalló, y los principales elementos de oposición al gobierno se declararon contra ella. De esto, resultaron tres poderes en lucha, y todos ellos discordes: la administración Alamán con el Clero y la Milicia y su programa de retroceso; la oposición legal de las cámaras y de los Estados de Zacatecas, Jalisco, etc., con sus principios de progreso; y la revolución con sus soldados y sus miras personales en el jefe y la mayoría de sus adictos. La administración quiso hacer suya la oposición, ensayando el medio trivial y desvirtuado de inspirar temores sobre el orden público, y los riesgos que se corrían si se continuaba hostilizando al gobierno. Esta tentativa fue sin suceso, y los Estados de la oposición, especialmente el de Zacatecas, pidieron la destitución del ministerio bajo el concepto de un cambio de principios; en la Cámara de Diputados se deseaba lo mismo por los hombres de progreso, y sin un acto explícito y terminante que explicase este deseo, la marcha de la oposición tendía visiblemente a procurarlo. La revolución, por su parte, hacía los más visibles esfuerzos para hacer suya la oposición: el general Santa Ana escribía a todo el mundo, especialmente a los señores García y Camacho, gobernadores de Zacatecas y Veracruz, para interesarlos en ella; pero nada pudo lograr sino exhortaciones para que desistiese de la empresa y repulsas desdeñosas de las ofertas que hacía contra el gobierno.

La oposición, entre tanto, seguía su marcha de una manera pacífica pero enérgica, con la calma que da la seguridad de obtener el triunfo, y que no podía ya cuestionársele en la próxima elección de presidente, que nadie disputaba al general Terán. Entre tanto, la administración, por un lado, y la revolución, por el otro, se esforzaban a persuadir a la vez que hacían conquistas sobre la oposición. La adhesión que los hombres del progreso profesaban al orden legal, la administración la traducía por una aprobación de su programa; y los ataques que a éste se daban eran interpretados en igual sentido por la revolución. El general Santa Ana se adelantó a asegurar que el Estado de Zacatecas había aprobado su conducta, enviándole al efecto comisionados; pero fue inmediatamente desmentido por actos públicos y oficiales de aquel congreso y gobierno, que provocaron los señores García y Farías. Como estas pretensiones se renovaban sin cesar por ambos lados, el señor Santa María creyó hacer un servicio público desmintiéndolas y fijando el verdadero estado de la cuestión; al efecto, publicó un impreso bajo el nombre de Monitor, obra clásica por la pureza de su lenguaje, la exacta precisión de sus ideas y la fuerza de un raciocinio vigoroso; y obra que no morirá jamás en la República mexicana. Sin embargo, el efecto no se obtuvo sino en parte, pues el autor, naturalmente cáustico e impetuoso, tuvo la indiscreción de prodigar ciertas voces indefinidas de canalla, etc., en que creyeron verse retratados algunos hombres de oposición, que desde entonces engrosaron el partido de Santa Ana; pero la desgracia de este resultado quedó bastantemente compensada con el golpe mortal que llevó la administración, y del cual murió a pocos días, cuando el general Bustamante cedió el puesto a don Melchor Muzquiz, electo para reemplazarlo.

Desde principios de mayo, se habían retirado los ministros Alamán y Espinosa; Facio se hallaba ausente, y solo quedaba Mangino, contra el cual no había grandes animosidades. El general Terán había instado de tiempo atrás por la remoción de los ministros, no en odio de las personas, que no había motivo para tenérselos, sino como un acto que marcase el abandono de los principios hasta entonces seguidos, y la adopción de los de progreso que la oposición profesaba. No lo entendió así el vicepresidente Bustamante, a quien se hizo creer que sus concesiones debían limitarse al cambio personal, y verificado éste lo avisó a todos los Estados y personas notables que habían instado por la remoción del ministerio y permanecían adictas al orden legal. El general Terán recibió estos avisos por una carta particular de Bustamante, e inmediatamente la contestó, proponiendo para reemplazar el ministerio destituido al general Muzquiz, a don Francisco García y al doctor don José María Luis Mora, sin contar para este paso con los interesados que todos lo habrían rehusado entre otras causas, por la imposibilidad de caminar con unas Cámaras, cuya mayoría se hallaba obstinada en persistir en su marcha de retroceso, y por cuyos actos habían sido provocadas la oposición y la revolución misma.

La posición del general Bustamante en aquellas circunstancias era de las más difíciles en que puede hallarse un hombre: impelido por fuerzas y en direcciones opuestas a nada se resolvía; no podía ocultársele la necesidad de hacer concesiones, pero acostumbrado a recibir el impulso que se le había dado en dos años, no sentía en sí la fuerza necesaria para sacudir el yugo impuesto. El resultado de estas indecisiones era el de que se mantuviesen vacantes todas las secretarías del despacho, y esta circunstancia venía a agravar un estado de cosas ya por sí mismo muy malo. Resultado de esta conducta vacilante fue también el que en Zacatecas empezase a tomar boga el proyecto de llamar al general Pedraza para que desempeñase la presidencia de la República hasta la próxima elección. Los títulos de Pedraza a la suprema magistratura eran los más legales; pero ¡cuántas dificultades se ofrecían en el caso para hacerlos valer, y cuántos riesgos se corrían en el largo período que debía trascurrir desde que se le llamase hasta que pudiese presentarse en México! El general Terán expuso estas dificultades, y aunque el deseo del regreso del señor Pedraza era íntimo en el corazón de los señores García y Farías, que habían sido los principales promotores de su elección, se sobreseyó en él por entonces. Sin embargo Terán no dejó de exponer al vicepresidente los riesgos que la República y él mismo corrían por su indecisión y por la repugnancia que dejaba traslucir, a la elección de ministros que obrasen en sentido de progreso: este paso como todos los otros fue infructuoso pues Bustamante, hostigado ya, lo que deseaba era dejar el mando y aprovechar como lo hizo la primera ocasión que se le presentase para verificarlo.

Dos ocurrencias fatales vinieron a pocos días a cambiar absolutamente el estado de las cosas, a saber: la muerte del general Terán y el pronunciamiento del Estado de Zacatecas. La primera fue indudablemente un suicidio provenido del humor sombrío que se deja traslucir bien en toda la correspondencia de Terán de aquellos días, y al cual contribuyó como parte muy principal el estado político del país considerado en sí mismo y con relación a dicho general. La oposición o partido de progreso perdió un candidato que no podía reemplazarse y que era el vínculo de unión entre las dos fuertes secciones que la componían provenientes de los partidos escocés y yorquino.

Imposible era encontrar otro hombre que inspirase la misma confianza a ambas secciones y restableciese el vínculo perdido, especialmente estándose como se estaba en vísperas de la elección de presidente que la ley prohibía diferir y el tiempo no permitía combinar. Estas dos secciones, pues, cesaron desde entonces en las escasas inteligencias que empezaban a reunirlas y se repartieron entre la administración y la revolución, adhiriéndose a la primera los escoceses y la oposición de las cámaras, y a la segunda los yorquinos y los Estados de Zacatecas y Jalisco. Ninguna de estas secciones renunció a los principios de progreso, al contrario, cada una de ellas se prometía lograrlas del poder que iba a engrosar y pensaba dirigir en dicho sentido. Los escoceses y la oposición de las cámaras se hicieron dueños de la administración, nombrando al general Muzquiz de presidente interino y a don Francisco Fagoaga por jefe del ministerio, al cual debía también pertenecer el doctor Quintero que lo rehusó obstinadamente. La fuerza activa y material de este poder se confió a los generales Bustamante y Facio: el primero contra las fuerzas de Zacatecas y de todo el interior, que militaban por la revolución y eran mandadas por el general Moctezuma (don Esteban); y el segundo contra las de Veracruz, sometidas a los generales Santa Ana y Mejía. El partido de la administración así constituido presentó como candidato para la próxima elección de presidente al general don Nicolás Bravo.

La parte de la oposición que se adhirió a la revolución tuvo por jefes a los señores García y Farías, y por punto céntrico administrativo el Estado de Zacatecas. La fuerza material de la revolución consistía en la división del general Santa Ana y en las milicias de los Estados de Zacatecas, Jalisco, Tamaulipas y S. Luis, que se pronunciaron por el plan que proclamó el primero de ellos, reducido a llamar al general Pedraza a la presidencia y a diferir todas las elecciones hasta que la revolución terminase. La sección de progreso que se adhirió a la revolución desconfiaba de Santa Ana y pretendía imponerle respeto con las fuerzas del interior de la República, con el prestigio de las autoridades de los Estados y con la importancia de los hombres notables que en ellas figuraban. La sección de progreso que se apoderó de la administración tenía los mismos temores respecto de Bustamante y de las tropas que mandaba, y pretendía asegurarse con el resultado de las nuevas elecciones que suponía favorables, con el respeto que inspiraban sus notabilidades y, sobre todo, con la consideración de que Bustamante, menos que nadie, podía rehusarse a un gobierno según el orden legal.

Así desapareció de la escena pública la oposición legal que representaba al progreso, y se dividió en dos secciones cada una de las cuales pretendía absorberlo todo. De esto resultaron cuatro partidos: dos por el lado de la revolución y otros tantos por el de la administración. La revolución y la administración disputaron con las armas en la mano y sobre el campo de batalla intereses mezquinos y antisociales, odios y resentimientos, por motivos de preferencia o exclusión y otros de pasiones muy personales; y la oposición no se avergonzó de abandonar el honrado puesto que había ocupado, perdiendo la fuerza que le daba su unidad y el respeto que le conciliaba la causa de los principios por descender a la arena a sostener en clase de auxiliar esta miserable lucha. Bustamante derrotó en el Gallinero las fuerzas de la revolución; y Santa Ana en San Agustín del Palmar y Puebla a las de la administración, viniéndose en seguida sobre México, al cual puso sitio, que le obligó a levantar el regreso de Bustamante.

La campaña continuó de México a Puebla con ventajas visibles a favor de la revolución, que triunfó finalmente por un avenimiento entre las fuerzas beligerantes procurado por el presidente don Manuel Gómez Pedraza. El resto de este convenio (plan de Zabaleta) explica más que cualquiera otra cosa la clase de cuestiones que se ventilaban entre la administración y la revolución. Cambio total del personal de la administración pública en la Federación y en los Estados; ascensos militares prodigados por los jefes Santa Ana y Bustamante a las tropas de su respectivo mando, sin objeto, sin motivo y en contravención de las leyes por la sustancia y por el modo; nada de principios, nada de reformas políticas, nada que explicase o hiciese disculpables tantos desórdenes y tanta sangre vertida. He aquí el término de una revolución sangrienta, he aquí los motivos personales y las mezquinas pasiones que animaron a los contendientes y absorbieron e hicieron olvidar las cuestiones de principios. Nada hay que decir contra las intenciones del general Pedraza, solo se trata de sus actos, que habrán sido enhorabuena impuestos o forzados, pero que de ninguna manera satisficieron a la expectación pública ni fijaron principio alguno permanente de pública utilidad.

El corto período de la administración del general Pedraza se pasó en las operaciones que debían efectuarse para verificar los cambios convenidos, y debe ser considerado como un estado de transición. El ministerio compuesto de los señores Gómez Farías, González Angulo, Ramos Arizpe y Parres, ni por los antecedentes de las personas, ni por las relaciones de amistad, ni por la unidad de plan y designios que se hubiesen sentado para la marcha política, presentaba el carácter de unidad que exigían entonces más que nunca las circunstancias; si a esto se añade el deseo loable del presidente de no ofender los derechos de las personas, y su excesiva timidez para adelantar la marcha de las cosas, se tendrá una idea cabal del carácter del gobierno que precedió a las ruidosas ocurrencias posteriores.

La nación estaba muy lejos de participar del reposo que se notaba en el ejecutivo; el sacudimiento que debía sufrir por el cambio absoluto del personal, desde el presidente de la República hasta el último ayuntamiento del más insignificante territorio, era por sí mismo demasiado resgoso en razón de la multitud de intereses con los cuales se iba a chocar; y a este estado de ansiedad y disgusto, ya por sí mismo muy extenso y difundido, vino a agravarlo la total exclusión pronunciada por el partido vencedor contra todos los que eran o se creían de la devoción del vencido.

A nada es comparable la irritación que tamaña falta produjo en los excluidos: los hombres más sensatos y moderados, y aun los que jamás habían tenido pretensiones a la influencia política en la marcha de los negocios, entraron en tal furor contra los vencedores, que desde entonces juraron su pérdida, y después nada han omitido para lograrla, aun cuando fuese sacrificando las convicciones políticas de toda su vida y los intereses nacionales. Las elecciones se verificaron en medio de este montón de combustibles: los vencidos abandonaron el campo, los vencedores las ganaron en su totalidad sin obstáculo, y la revolución quedó consumada por la instalación de todas las nuevas autoridades que fue completada por la del gobierno supremo el día 1 de abril de 1833.

Así acabó la administración del señor Pedraza, de este jefe tan odiado por los hombres de hoy, como mal e injustamente apreciado por todos, en las cualidades que lo caracterizan. Don Manuel Gómez Pedraza es hombre de un talento claro y profundo, como lo demuestran su conversación, sus escritos y la manera que tiene de tratar los negocios; su carácter es áspero, severo, y sus pasiones rencorosas: ellas le hacen concebir fácilmente prevenciones contra las personas, que no depone sino con suma dificultad. Esta propensión lo ha arrastrado en el año de 1827 a cometer enormes faltas de que será responsable a la historia, por la persecución sistemada contra los generales Negrete, Echavarri y Arana, y contra la generalidad de los Españoles. Las persecuciones que él mismo ha sufrido han imposibilitado un cambio en la alma sombría de este personaje; pero lo ha habido y muy grande en su conducta. Hoy se limita a rehusar sus relaciones y amistad a los que con razón o sin ella le inspiran desconfianza; pero se abstiene de perseguirlos e impide que lo hagan otros.

Nada más decente, patriótico y loable que la conducta de Pedraza en orden a la pureza y desprendimiento, dos puntos de moral civil hollados en México hasta el exceso por dos vicios antisociales: la malversación provenida de la codicia y el asalto a los puestos y empleos originada de la ambición de figurar. Pedraza en este punto posee virtudes dignas de los héroes de la antigüedad: su posición social, muy vecina a la indigencia, no ha sido bastante para que, como le han hecho otros, aprovechase las ocasiones de hacer fortuna que se le presentaban al paso en los altos puestos que ha ocupado. En medio de estas escaseces, y de hallarse excluido de su patria fuera de toda justicia, rehusó aceptar comisiones diplomáticas honrosas y lucrativas que se le ofrecían con empeño, y cuando regresó a su patria a desempeñar la presidencia, se renunció a sí mismo como particular y se admitió como presidente la renuncia del empleo de coronel y del grado de general de brigada con que se hallaba condecorado, quedando desde entonces en calidad de simple paisano. Será, si se quiere, un poco cómica la manera de hacerlo; pero el acto nada pierde de su mérito, ni deja por esta circunstancia de ser una lección viva y severa contra nuestros aspirantes, especialmente militares. Ellos para ocultar el embarazo que les causaba este acto de desprendimiento pretendieron ridiculizarlo, y cuando esto no surtió efecto, nada han omitido para sepultarlo en el olvido. Pedraza, como todo hombre que siente en sí mismo cualidades que lo ponen sobre la esfera vulgar, y vive bajo un sistema representativo, desea el poder de influencia y de concepto que da el mérito. Tampoco está exento de faltas en los medios que ha empleado para lograrlo, pero ¿están libres de ellas los que por esto lo censuran? ¿No las cometen todos los días y a todas horas mayores?

Administración de 1833 a 1834

Desde el primero de abril de este año la revolución salió de la esfera de tal y pasó a la de un hecho perfecto, completo y acabado: los ciudadanos tenían una verdadera obligación de obedecer al gobierno. Los que opinaban por el progreso tenían el estímulo de la simpatía de opiniones para adherirse a él y los que tenían sentimientos de retroceso podían enhorabuena constituirse en oposición, pero dentro de los límites legales. No fue sin embargo así; la mayor parte de los que deseaban y se hallaban comprometidos a efectuar bajo la presidencia del general Terán las reformas que empezaban ahora a anunciarse en el nuevo orden de cosas renunciaron a sus deseos y compromisos de seis meses atrás para hacer la oposición en sentido contrario. ¿Sería convicción esta conducta de parte de los que la tuvieron? ¿Sería el orgullo personal ajado y ofendido por el desdén con que fue visto? Éstas son cuestiones que deben someterse al juicio de los hombres pensadores: el hecho es incuestionable, el motivo a otros toca el asignarlo, o a los interesados producirlo.

La parte de los vencidos que había estado por el retroceso no se contentó con hacer oposición, sino que comenzó a preparar la conspiración que estalló más adelante. Esta parte pertenecía toda al clero y a la milicia. La nueva elección en lo general era toda del partido vencedor; la menor parte consistía en hombres notables por sus virtudes y talentos, y la mayor, como sucede siempre, era vulgo, compuesto de hombres ardientes, atolondrados y de poca delicadeza en ciertas líneas, pero que en nada participaban del carácter pérfido, solapado y embustero del vulgo soldado-clerical que constituía la mayoría de los funcionarios en la administración anterior.

Desde que la administración de 1833 quedó constituida se empezó a notar entre los vencedores dos tendencias absolutamente opuestas provenidas de los diferentes objetos que se propusieron los que trabajaron de concierto en derribar la administración anterior. La parte militar propendía evidentemente a la dictadura y al poder absoluto de que se pretendía investir al nuevo presidente Santa Ana; la parte civil explicaba sin embozo su deseo de abolir corporaciones, fueros y privilegios con cuanto había sido el objeto predilecto de la marcha retrógrada de la administración Alamán. Estas tendencias estaban personificadas en el vicepresidente don Valentín Gómez Farías; se hallaban sólidamente apoyadas en las cámaras de la Unión, y eran ardientemente deseadas por las legislaturas de los Estados.

Los militares vencedores y vencidos hicieron desde entonces causa común para defender los fueros de su clase y los del Clero contra los conatos de la nueva administración que tendían visiblemente a lo contrario; e impulsados por las notabilidades del partido retrógrado, organizaron una vasta conspiración que estalló a muy pocos días y en la cual se proclamaba dictadura para el general Santa Ana, fueros y privilegios para el Clero y la Milicia, y abolición de la constitución federal para los pueblos y los ciudadanos que no perteneciesen a aquellas clases. La confianza de los conspiradores era sin límites: ¿quién, se decían, podrá hacer oposición? No la Milicia, interesada en mantener los privilegios de que goza; tampoco el Clero, que va a asegurar los suyos; los hombres del retroceso (serviles) nada desean tanto como impedir las reformas; los amigos del progreso, de la anterior administración (liberales) aplaudirán a la caída de la nueva. El negocio, pues, está reducido a poner en fuga unos cuantos cívicos y a desalojar a paso de carga y tambor batiente, del palacio y de las salas de sesiones, a Farías y su comparsa de diputados, senadores, gobiernos y legislaturas de los Estados.

Nada había exagerado en ese cuadro, sino la pusilanimidad que se suponía en el vicepresidente Farías y en los nuevos gobiernos de los Estados; lo demás era la verdad misma, y se realizó en el orden y de la manera que se había concebido. El 25 de mayo se hizo el pronunciamiento en Morelia por un hombre despreciable (el coronel Escalada), y a este llamamiento fueron correspondiendo una tras otra las grandes y pequeñas partidas de tropa que se hallaban estacionadas desde aquel punto hasta las inmediaciones de México. El general Santa Ana, que se hallaba al frente del gobierno, pidió permiso al congreso para atacar por sí mismo a los sublevados y, habiéndolo obtenido, salió con todas las fuerzas que había en la ciudad, dejándola enteramente desguarnecida al vicepresidente Farías, que tomó el mando. Nadie ignoraba que estas tropas, lejos de cumplir con su deber, se reunirían a los sublevados, como se verificó al segundo o tercer día después de salidas de México.

El presidente Santa Ana no podía, pues, desconocer las disposiciones que tenían la publicidad más notoria. Deseaba ciertamente el poder absoluto, como posteriormente lo han probado todos los hechos de su conducta pública y privada; pero persuadido de que llegaría indefectiblemente al término sin necesidad de obrar de una manera activa por su parte, se abstuvo de manifestar sus deseos, limitándose a dejar correr las cosas para que las tropas que estaban a sus órdenes pudiesen adherirse al plan de los sublevados, que lo proclamaba dictador. Santa Ana creía que su división se pronunciaría luego que saliese de México, y ella lo habría hecho si su jefe hubiera dado el menor indicio de desearlo. Pasó sin embargo el primero y segundo día sin que nadie se moviese, y entonces Santa Ana, conociendo que su presencia embarazaba el pronunciamiento, se separó de sus tropas a algunas leguas de distancia bajo el frívolo pretexto de hacer un reconocimiento de que no había necesidad, pero con las miras reales de que cesase el obstáculo que su presencia oponía a los deseos de los jefes y defección de la tropa. Luego que el general Arista, segundo de la división, se vio solo y con el mando, proclamó el plan de los sublevados, y estando todo dispuesto y arreglado de antemano, el negocio fue de pocos momentos: se le dio parte a Santa Ana y éste, firme en su propósito de dejar correr las cosas, se mantuvo en un estado pasivo hasta saber el giro que tomaba este negocio en México, que no se dudaba sería el de declararse por los pronunciados; sin embargo fue todo al contrario.

El vicepresidente Farías había previsto los apuros en que iba a encontrarse, y aunque desprovisto de medios de resistencia, se armó de la energía que le es característica, y que fue lo único a que debió su salvación. Luego que en México se supo la defección de Arista y de las fuerzas de Santa Ana, los enemigos de la administración y los partidarios de la sublevación dieron el negocio por concluido a su favor, y empezaron a tomar sus medidas para el pronunciamiento de la ciudad sin cuidarse poco ni mucho de ocultarlas al gobierno. Los agentes de Arista y de la tropa sublevada llegaron cuando las cosas se hallaban en esta situación, ofreciendo grados y empleos a los jefes que depusiesen al gobierno. Éstos se prestaron a cuanto se exigió de ellos, sedujeron a las cortas partidas de tropa veterana que formaban la escasísima guarnición, y con parte de la gendarmería se reunieron el día 7 de junio con el objeto de pronunciarse, atacar el palacio y deponer al gobierno en el cuartel que se halla frente del costado de la Universidad, que comunica interiormente con el palacio y que se comprende en su recinto.

El vicepresidente se había ido quedando solo desde que se supo la sublevación de Arista; generales, jefes, tropa, diputados, senadores y hasta los ministros del despacho, lo fueron sucesivamente abandonando, de manera que la tarde del 7 de junio se hallaba absolutamente solo, reducidos sus medios de defensa a cosa de sesenta cívicos y al comandante general don Juan Pablo Anaya. Esta crítica situación, lejos de abatir a Farías, redobló su valor cívico: mandó intimar la rendición al cuartel, dando orden de atacarlo en caso de resistencia; el comandante general se encargó de esta comisión, y salió a desempeñarla. Los sublevados cerraron las puertas y rompieron el fuego contra los cívicos que no pudieron de pronto corresponderles, porque en el aturdimiento de una defensa precipitada y sin jefes, se había olvidado hacerles cargar las armas. Cuando Farías, que se hallaba en el balcón de palacio, los vio retroceder, bajó precipitadamente a ponerse al frente de ellos; su presencia restableció el ataque, que terminó por la toma del cuartel, la prisión de los sublevados y la muerte de muchos de ellos, que perecieron en la refriega.

Obtenida esta ventaja, el vicepresidente, que hasta entonces se había abstenido de proceder contra nadie, expidió en uso de las facultades ordinarias del gobierno órdenes de arresto contra algunas de las personas que habían sido desde antes formalmente acusadas de conspiración, y mandó que se les formase la causa correspondiente. En seguida destituyó al general Victoria, que se había conducido de una manera equívoca en la crisis que acababa de pasar, y con la pequeña división de cívicos de éste, que se hallaba en Tacubaya, y los que existían en la ciudadela se formó una expedición contra Querétaro que se había sublevado e impedía las comunicaciones con los Estados del interior. Estas fuerzas mandadas por el general Mejía y las que por órdenes del gobierno llevó sobre Querétaro el general Cortázar restablecieron el orden constitucional en aquel Estado después de un sangriento ataque que acabó por la toma de la ciudad y la aprensión de los jefes. La capital de la República se vio también en pocos días en estado de no temer al grueso de las fuerzas sublevadas que se hallaban a las órdenes de Arista y Durán: ocho días bastaron al señor Farías para levantar, armar y regimentar cerca de seis mil cívicos resueltos a defenderla y capaces de cumplir con este empeño, como lo probaron en las muchas acciones y ataques que en lo sucesivo sostuvieron contra la tropa veterana y de que salieron constantemente vencedores.

Cuando el presidente Santa Ana tuvo noticia de la resistencia de México y de la energía que desplegaba el vicepresidente Farías para mantener las instituciones, entró en cuentas consigo mismo, conoció que la dictadura no era negocio tan fácil como se lo había figurado, y creyó más prudente disimular por entonces los deseos que hizo patentes más adelante. Afortunadamente para él, la indiferencia que con estudio había manifestado por el poder absoluto que se pretendía conferirle le abría la puerta para volver al partido del gobierno que a lo más podría acusarlo de faltas y omisiones que fundasen sospechas, pero no de actos que probasen complicidad con los sublevados. Santa Ana, además, es hombre que no da valor ninguno a sus promesas, ni conoce el que tienen en la sociedad los compromisos contraídos; así, pues, una falta más o menos en esta línea, o más claro, una promesa hecha con ánimo de violarla no podía detenerlo para adoptar la marcha que le sugería el cálculo del momento.

Ésta fue la de abandonar los sublevados a su suerte, y fugarse de entre ellos para presentarse en Puebla desde donde empezó a hacerles intimaciones sin otro efecto que el de irritarlos contra él, y dar con esto ocasión al cambio del plan en la parte que le era personalmente favorable. El encono que Santa Ana concibió de esta variación hecha en el plan revolucionario por Arista y Durán ha sobrevivido a la alianza del libertador con el partido retrógrado; de suerte que los hombres de este color, mientras Santa Ana ha tenido el mando, no han podido lograr de él restablecer a aquellos generales en sus empleos, a pretexto de que se habían pronunciado contra la Constitución federal que derribó después el mismo Santa Ana. Ni el señor Farías ni los hombres del progreso se dejaron engañar: los descuidos y faltas cometidas en la división que sublevó Arista eran demasiado torpes para que dejasen de traducirse por complicidad del presidente, y éste conociendo todo lo falso de su posición hizo lo que hace siempre, es decir, exagerar su afecto y adhesión por el partido que pretende engañar. Santa Ana volvió, pues, a México resuelto a prestarse a cuanto de él se exigiese, y lo hizo entregándose a los hombres más ardientes del partido del progreso que no habían podido lograr del vicepresidente Farías una lista de proscripción para el destierro de muchas personas, y que sin dificultad la obtuvieron del presidente. Pero éste ni aun entonces se olvidó de vengar sus resentimientos; víctimas fueron de ellos los generales Bustamante, Morán y Andrade y los señores Quintero y Santa María. Este acto mal dirigido y en el cual se cometieron no pocas injusticias, contribuyó por otra parte a realzar el concepto que había empezado a formarse de la energía del gobierno, y destruyó todos los focos de reacción. Los hombres del retroceso que se vieron amenazados tan de cerca hartos motivos tenían para ocuparse de sí mismos y no pensar en la revolución. Ésta, pues, quedó reducida a las sublevaciones militares de las cuales todavía se verificó una a las inmediaciones de Puebla, que engrosó las fuerzas de Arista y Durán y que animó a estos jefes para que se presentasen sobre aquella ciudad, persuadidos de que sería fácil tomarla. El general Victoria se hallaba encargado de la defensa de aquella plaza, y la firmeza de su conducta hizo olvidar la vacilación que pudo censurársele en la crisis de México. El honor de sostener un sitio contra fuerzas enemigas muy superiores, en el cual se dieron y recibieron fuertes ataques y que duró muchos días, debe partirse entre los cívicos de Puebla y Victoria su general. El sitio se levantó por fin: y la milicia privilegiada tuvo que sufrir esta humillación, principio de todas las otras que en una serie no interrumpida de victorias establecieron contra ella la superioridad de la cívica.

Los Estados entretanto, excitados por el gobierno y animados por el buen éxito, entraron en un calor hasta entonces desconocido, levantaron fuerzas considerables, resistieron los ataques de la milicia privilegiada y acabaron por aniquilar la revolución. En Guanajuato fue donde ésta recibió el golpe mortal dado por la milicia cívica de Zacatecas, Guadalajara, San Luis y Mechoacán, comandada por el presidente Santa Ana y los generales Arago, Cos y Mejía; los restos de esta gran derrota fueron sucesivamente atacados y vencidos en todas partes, y éste habría sido el principio de una era nueva sin la defección del general Santa Ana, a quien el cielo y los hombres de las vejeces han dado la recompensa que merecía. Santa Ana regresó a México, y se dio todos los honores del triunfo que le acordaron los hombres de buena fe, que suponen sinceridad en los demás porque ellos mismos la tienen. Otros más cautos guardaban sus desconfianzas, y el éxito comprobó que eran fundadas, pues aun en aquellos días dio muestras nada equívocas del deseo que lo arrastraba a convertir en provecho propio un triunfo adquirido a nombre y a favor de la causa de la libertad o del progreso. Estos conatos quedaron sin efecto: Santa Ana no pudo rehusarse a sancionar las leyes que se le presentaron y, viendo que los ánimos le estaban totalmente enajenados, se vio obligado a plegar, pidiendo un permiso que se le acordó para retirarse a su finca.

Se ha explicado ya que la nación desde antes de la independencia se halla dividida en dos grandes partidos, que, por razón de sus convicciones, deseos y tendencias políticas, se denominan de progreso y retroceso; se ha explicado igualmente que los hombres de cada uno de estos partidos se han hecho la guerra entre sí no pocas veces por motivos personales que han prevalecido sobre las ideas políticas; por último, se ha visto que a la muerte del general Terán, y sobre todo cuando el triunfo de la revolución de 32 fue consumado, el partido del progreso se dividió en dos de ardientes y moderados, y que estos últimos, por las causas ya expuestas, igualmente se adhirieron al partido del retroceso sin adoptar sus principios. De este orden, o mejor dicho, de este desarreglo de cosas resultó que cada una de las masas contendientes se agrupase al rededor del hombre cuyas ideas presumía estar en armonía con los deseos que momentáneamente la ocupaban.

Los que se mantuvieron firmes en sus ideas de retroceso, sin más antecedentes que el conocimiento de la persona y un cierto sentimiento de servilidad y bajeza, reconocieron por su jefe al general Santa Ana, sin cuidarse de explorar su voluntad cuyos actos de desdén no fueron bastantes a destruir en ellos el instinto por el cual esperaban de aquel jefe su alianza y conservación.

Los sectarios del progreso moderado a pesar suyo, y no pudiendo hacer otra cosa, se declararon por el mismo general aunque con mil reservas, reticencias y protestas que manifestaban su disgusto, y la violencia que hacían a sus inclinaciones al efectuarlo. Los hombres ardientes de progreso y algunos moderados se confiaron al vicepresidente don Valentín Gómez Farías, que aceptó el peso enorme que se le echaba sobre los hombros y la empresa gloriosa, a la par que llena de riesgos, de formar una nación libre y rica con los elementos de servidumbre y de miseria que se ponían en sus manos. Ésta ha sido la primera vez que en la República se trató seriamente de arrancar de raíz el origen de sus males, de curar con empeño sus heridas y de sentar las bases de la prosperidad pública de un modo sólido y duradero.

Bien merece ser conocido el ilustre ciudadano que apareció al frente de empresa tan gloriosa. Don Valentín Gómez Farías es uno de los hombres que llaman y fijan la atención del público, aun entre las notabilidades mismas del país: la inflexibilidad de su carácter, la severidad de su moral, la pureza de su conducta y lo ardiente de sus deseos de mejoras marcan y fijan desde luego la opinión que se debe formar de él. Nacido en la ciudad de Guadalajara, hizo una carrera literaria brillante, y su deseo insaciable de saber y de adelantar se manifestó desde luego por un estudio asiduo, no solo en los ramos de su profesión, sino en todos aquellos que pueden perfeccionar las facultades mentales y disponen a un hombre para el ejercicio de las funciones públicas. Farías entró en ellas cuando la constitución española se restableció en el país, y desde entonces hasta mediados de 1834 no ha ocurrido suceso de alguna importancia, chico ni grande, en la República en que no aparezca su nombre, o haya dejado de estar sometido más o menos a su influencia: la Independencia le debió servicios importantes, el Imperio y la Federación han sido en mucha parte obra suya; contribuyó como uno de los primeros a la libertad y a la elección de Victoria; a él y a García se debió la de Pedraza, y la impulsión y energía de las grandes reformas políticas efectuadas de 1833 a 1834, cuyos rastros aún no han podido borrarse, es exclusivamente obra suya. Sus principios han sido en todas ocasiones los de progreso rápido y radical, únicos capaces de conformarse con el calor de su imaginación y con el temple enérgico de su alma, pero entre los medios de obtener este fin jamás ha entrado en su plan el derramamiento de sangre.

Farías es uno de los hombres que ven más claro en lo futuro, y que mejor se encargan de los riesgos de una empresa; éstos lejos de desalentarlo lo animan y le dan una energía de que hasta ahora nadie ha dado pruebas iguales en México; ella sin embargo no le hace traspasar los principios de la moral pública y privada, que es una barrera impenetrable para él, delante de la cual desaparece la fuerza indomable de su carácter. Dentro de los límites legales y por los medios que ellos autorizan, promueve incansablemente, y con una perseverancia de que no hay ejemplo en el país, cuanto conduce a realizar sus ideas favoritas de progreso; pero trátese de violar una ley, de faltar al derecho de otro, o de hollar ciertos deberes de moral privada cuya observancia constituye un hombre decente, y Farías renuncia a las esperanzas más lisonjeras y a los deseos más ardientes.

Acaso no hay hombre que haga más justicia a sus enemigos o contrarios, ni que esté más dispuesto a emplear útilmente las capacidades del país en el servicio público; reconoce, confiesa y respeta el mérito en cualquiera parte que se halle, y sus enemigos nada tienen que reprenderle sobre esto. Farías no conoce el deseo de honores, distinciones ni riquezas, ni tampoco la afectación de renunciar a estos goces: moderado en su porte, en sus placeres, y absolutamente ajeno de pretensiones, nada ha solicitado ni rehusado, y con el mismo empeño y eficacia se encarga de las funciones de alcalde de un pueblo que de las de primer magistrado de la nación, pasando de los puestos más distinguidos a los más modestos, o a la clase de ciudadano particular sin violencia ni disgusto; su ambición es la de influencia, reputación y concepto, la de hacer progresar a la nación por el camino más corto, y la de adquirir por este medio la estimación y aprecio, y no la servil sumisión de sus conciudadanos.

De todas estas virtudes dio pruebas nada equívocas en el período de su gobierno, corto en duración y fecundo en riesgos y sucesos importantes. En medio de una rebelión que se introdujo hasta el recinto del palacio, abandonado de todo el mundo, rodeado de sublevados y conspiradores, hasta en su mismo despacho; sin soldados, sin dinero y sin prestigio, sacó la constitución a puerto de salvamento, a las clases privilegiadas que la atacaban dio golpes vigorosos de que aún no han podido repararse; acabó con la rebelión derrotándola en más de cuarenta batallas, ataques y encuentros; estableció la superioridad del poder civil sobre la fuerza militar; sentó las bases del crédito nacional, sistemó la educación pública, creando de nuevo todos sus establecimientos; comprimió las tentativas de los Tejanos para separarse de México; fundó en la Nueva California una respetable colonia; suavizó la suerte de muchos de los que habían sido desterrados por la ley y por el presidente Santa Ana, y estableció como regla invariable de su administración que por delitos políticos no se había de derramar sangre. Diez meses fueron bastantes a Farías para atravesar esta senda, encumbrada de obstáculos y rodeada de precipicios, y dejar en ella rastros indelebles del poder de acción y de la fuerza de voluntad, para dar un impulso vigoroso a las reformas, y comprimir con mano de fierro poderosas resistencias.

Nada hubo de personal en este esfuerzo generoso, nada que no pueda ponerse a la vista del público, o de que Farías deba avergonzarse: investido del peligroso poder dictatorial y en la tormenta más desecha, él salió con las manos vacías de dinero y limpias de la sangre de sus conciudadanos; ninguno de los que han gobernado el país podrá decir otro tanto.

Programa de los principios políticos que en México ha profesado el partido del progreso, y de la manera con que una sección de este partido pretendió hacerlos valor en la administración de 1833 a 1834

Cuanto se ha intentado, comenzado o concluido en la administración de 1833 a 1834 ha sido obra de convicciones íntimas y profundas de las necesidades del país y de un plan arreglado para satisfacerlas en todas sus partes. El programa de la administración Farías es el que abraza los principios siguientes: 1.º libertad absoluta de opiniones, y supresión de las leyes represivas de la prensa; 2.º abolición de los privilegios del Clero y de la Milicia; 3.º supresión de las instituciones monásticas, y de todas las leyes que atribuyen al Clero el conocimiento de negocios civiles, como el contrato del matrimonio, etc.; 4.º reconocimiento, clasificación y consolidación de la deuda pública, designación de fondos para pagar desde luego su renta, y de hipotecas para amortizarla más adelante; 5.º medidas para hacer cesar y reparar la bancarrota de la propiedad territorial, para aumentar el número de propietarios territoriales, fomentar la circulación de este ramo de la riqueza pública y facilitar medios de subsistir y adelantar a las clases indigentes, sin ofender ni tocar en nada al derecho de los particulares; 6.º mejora del estado moral de las clases populares, por la destrucción del monopolio del clero en la educación pública, por la difusión de los medios de aprender y la inculcación de los deberes sociales, por la formación de museos conservatorios de artes y bibliotecas públicas, y por la creación de establecimientos de enseñanza para la literatura clásica, de las ciencias y la moral; 7.º abolición de la pena capital para todos los delitos políticos, y aquellos que no tuviesen el carácter de un asesinato de hecho pensado; 8.º garantía de la integridad del territorio por la creación de colonias que tuviesen por base el idioma, usos y costumbres mexicanas. Estos principios son los que constituyen en México el símbolo político de todos los hombres que profesan el progreso, ardientes o moderados; solo resta que hacer patente contra los hombres del retroceso la necesidad de adoptarlos; y contra los moderados, la de hacerlo por medidas prontas y enérgicas, como se practicó de 1833 a 1834.

1.º Libertad absoluta de opiniones, y supresión de las leyes represivas de la prensa

La libertad de opiniones no debe confundirse con la tolerancia de cultos: la primera es hoy una necesidad real e indeclinable en el país, que demanda garantías para su seguridad; la segunda puede y debe diferirse indefinidamente en razón de que no habiendo Mexicanos que profesen otro culto que el católico romano, tampoco hay como en otros países hechos urgentes que funden la necesidad de garantirlos. Nadie es hoy reconvenido en México por la simple expresión de sus opiniones políticas o religiosas emitidas por la vía de la palabra; éste es un hecho general y consumado de algunos años atrás, que ha venido a establecer una posesión a la que no podía atentarse sin poner en riesgo el orden social. Pero contra esta posesión y contra el hecho que la funda existen leyes vigentes cuya ejecución se halla confiada al clero y a sus tribunales, que nadie desconocerá son los menos imparciales, previsivos y conocedores del estado moral de la nación. Algunos casos de este celo inconsiderado ocurridos en la administración Alamán que contribuyeron no poco a la revolución de 32 probaban la posibilidad de evocar estas leyes olvidadas, y la necesidad de revocarlas.

En cuanto a las leyes represivas de la libertad de la prensa en lo político, hoy es enteramente averiguado que si no es por casos raros y en circunstancias pasajeras son nocivas e ineficaces. Nocivas porque establecen principios favoritos que se erigen en dogmas políticos, y que suelen ser y de facto han sido muchas veces errores perniciosísimos; porque destruyen o desvirtúan el principio elemental del sistema representativo que es la censura de los principios y de los funcionarios públicos; y porque, no pudiendo dichas leyes someterse a conceptos precisos, es necesario ocurrir a términos vagos (de incitación directa o indirecta a la desobediencia; en primero, segundo o tercer grado), términos que dan lugar a la irritación de las pasiones, consecuencia precisa de la arbitrariedad a que exponen a los jueces. Dichas leyes son ineficaces porque aún no se ha logrado atinar con el medio de que tengan efecto; si un escrito es acusado, la defensa repite y amplifica su contenido, se imprime también, y la autoridad lejos de disminuir aumenta los motivos de sus temores; si el impreso es absuelto, el gobierno queda mal puesto, y si es condenado, no importa, otros muchos dirán lo mismo empezando por la defensa; además, hasta ahora no se ha hallado medio de acertar con el verdadero autor, y éste queda siempre en disposición de repetir sus ataques y eludir los golpes de autoridad con que se le amenaza.

Las leyes restrictivas de la prensa en lo religioso carecen absolutamente de objeto: hoy no se discuten dogmas en público, y cada cual vive y muere en los de su iglesia sin molestar a los demás; nadie se atrevería a iniciar una cuestión de esta clase porque se quedaría solo: unos verían con indiferencia y otros con desagrado semejante discusión, que en nada mejoraría el estado social y que ofendería hasta la delicadeza de una buena educación. Pasó el tiempo en que la masa del público se ocupaba de controversias; estas cuestiones se agitan entre un corto número de sabios y en libros que no lee la multitud porque no tiene gusto ni capacidad para ello. Lo dicho se entiende de impresos que versan sobre materias verdaderamente religiosas, y no de las que abusivamente se llaman tales, como la tolerancia y las reformas del clero en orden al fuero y bienes que goza por disposición de la ley civil. La libertad para discutir estas materias existe por las leyes vigentes y en orden a esto nada había que reformar.

Pero, se dice, el gobierno quedaría desarmado por la supresión de las leyes restrictivas de la libertad de la prensa en lo político, y los pueblos se alarMarían por la misma supresión en la parte religiosa: nada menos, y la experiencia es decisiva en contrario. Si algún gobierno se ha visto en grandes riesgos ha sido el del señor Farías; sin embargo se consolidó y mantuvo, a pesar de que se estableció por regla a que nunca se faltó el dejar imprimir cuanto se quiso, y el no denunciar ningún impreso de los muchos que en periódicos y folletos sueltos se publicaban todos los días contra la administración. En cuanto a lo religioso, don Vicente Rocafuerte en su impreso sobre tolerancia tocó algunas cuestiones de dogma en sentido equívoco; sin embargo el folleto fue absuelto, reimpreso, repartido y leído con avidez en medio de los reclamos del gobierno y del clero, y en el seno de la tranquilidad más perfecta.

Verdad es que como no hay cosa tan mala que no sirva de algo bueno, estas leyes restrictivas podrán producir algún efecto como va dicho en casos raros y circunstancias pasajeras, pero la administración de 1833 creyó que las leyes deben tener por materia y objeto las ocurrencias comunes y frecuentes y no las fortuitas y extraordinarias, fundada en la reflexión sencillísima de que el legislador no tiene por misión el arreglo de las posibilidades sino el de las probabilidades, o en otros términos, que no debe proceder por la excepción de la regla general sino por la regla misma. Estas consideraciones determinaron al gobierno de 1833 a prohibir a sus agentes toda especie de persecución de los impresos, e hicieron aparecer en las cámaras proposiciones que sin la violenta disolución del congreso habrían sido convertidas en leyes para la absoluta libertad de la prensa, sin otra excepción que la del derecho de los particulares para provocar el juicio de injurias.

2. Abolición de los privilegios del Clero y de la Milicia

3.º Supresión de las instituciones monásticas, y de todas
    las leyes que atribuyen al Clero el conocimiento de
    negocios civiles, como el contrato del matrimonio, etc.
La abolición de los privilegios del Clero y de la Milicia era entonces como es hoy una necesidad real, ejecutiva y urgente; derivada del sistema adoptado en sus formas y principios; de los intereses que éste creó y que, lejos de disminuirse o de debilitarse, se han difundido y fortificado; y del último de los hechos ocurridos en aquellos días por el cual constaba que estas dos clases se hallaban resueltas a poner en acción todo su poder, no solo para la abolición de las formas federales sino para hacer desapareciesen con ellas las bases del sistema representativo. Este sistema había sido adoptado en México bajo la forma federal y no era justo, útil ni racional renunciar a él; así porque hoy ya no es materia de duda, que es el único que conviene a las naciones civilizadas y concilia de la manera más perfecta los intereses y goces sociales con el orden

y seguridad pública; como porque, siendo la moda del siglo y hallándose ya medio-establecido en México, no podría hacerse desaparecer sin grandes trastornos, que nada dejarían establecido en contrario de sólido y duradero, y tendrían un resultado puramente dilatorio.

Éstas son verdades conocidas de todo el mundo, confirmadas por la experiencia y que no necesitan demostrarse. ¿De qué han servido las resistencias que a su establecimiento han opuesto en Europa las clases privilegiadas? ¿De qué las proscripciones de Fernando VII en España y de don Miguel en Portugal? De nada, ciertamente, sino de enardecer los ánimos, de que se empeñe una lucha desastrosa que al fin y en último resultado no viene a terminar sino por el triunfo de la causa detestada, y de que los resultados sangrientos vengan a establecer aunque tarde la convicción de la ineficacia de los esfuerzos opuestos por la resistencia. De todos los pueblos que han emprendido establecer el sistema representativo se ha dicho que no estaban dispuestos para recibirlo, que sus hábitos modelados a antiguas instituciones no podían conformarse con las nuevas, que era necesario dejar los cambios al tiempo, que la masa no los deseaba ni conocía sus ventajas, y otras cosas por este estilo: éste es textualmente el lenguaje de las resistencias que han aparecido en cada pueblo a las épocas mencionadas. Y ¿qué ha sucedido? Échense una ojeada sobre la Europa y América, considérense los cambios ocurridos en una y otra de medio siglo a esta parte, y dígase de buena fe si han acertado los que se expresaban de la manera dicha y los que aunque en confuso pronosticaban los sucesos ocurridos y que han venido a quedar en la clase de perfectos, completos y acabados.

Estas consideraciones afirmaban en los hombres 33 la resolución de mantener a toda costa el sistema representativo y la forma federal sin disimularse las dificultades con que tenían que luchar y que consistían en los hábitos creados por la antigua constitución del país. Entre éstos figuraba y ha figurado como uno de los principales el espíritu de cuerpo difundido por todas las clases de la sociedad, y que debilita notablemente o destruye el espíritu nacional. Sea designio premeditado, o sea el resultado imprevisto de causas desconocidas y puestas en acción, en el estado civil de la antigua España había una tendencia marcada a crear corporaciones; a acumular sobre ellas privilegios y exenciones del fuero común; a enriquecerlas por donaciones entre vivos o legados testamentarios; a acordarles, en fin, cuanto puede conducir a formar un cuerpo perfecto en su espíritu, completo en su organización e independiente por su fuero privilegiado, y por los medios de subsistir que se le asignaban y ponían a su disposición. En esto había más o menos, no todos los cuerpos contaban con iguales privilegios, pero muy raro era el que no tenía los suficientes para bastarse a sí mismo. No solo el clero y la milicia tenían fueros generales, que se subdividían en los de frailes y monjas en el primero, y en los de artillería, ingenieros y marina en el segundo: la Inquisición, la Universidad, la Casa de Moneda, el Marquesado del Valle, los Mayorazgos, las Cofradías y hasta los Gremios tenían sus privilegios y sus bienes, en una palabra, su existencia separada. Los resultados de esta complicación eran muchos, y todos fatales al espíritu nacional, a la moral pública, a la independencia y libertad personal, al orden judicial y gubernativo, a la riqueza y prosperidad nacional, y a la tranquilidad pública.

Si la independencia se hubiera efectuado hace cuarenta años, un hombre nacido o radicado en el territorio en nada habría estimado el título de mexicano, y se habría considerado solo y aislado en el mundo, si no contaba sino con él.

Para un tal hombre el título de oidor, de canónigo y hasta el de cofrade habría sido más apreciable y es necesario convenir en que habría tenido razón, puesto que significaba una cosa más positiva. Entrar en materia con él sobre los intereses nacionales habría sido hablarle en hebreo: él no conocía ni podía conocer otros que los del cuerpo o cuerpos a que pertenecía, y habría sacrificado por sostenerlos los del resto de la sociedad, aunque más numerosos e importantes; habría hecho lo que hoy hacen los clérigos y militares, rebelarse contra el gobierno o contra las leyes que no están en armonía con las tendencias e intereses de su clase por más que el uno y las otras estén conformes con los intereses sociales. Si entonces se hubiera reunido un congreso, ¿quién duda que los diputados habrían sido nombrados por los cuerpos y no por las juntas electorales, que cada uno se habría considerado como representante de ellos y no de la nación, y que habría habido cien mil disputas sobre fueros, privilegios, etc., y nadie se habría ocupado de lo que podía interesar a la masa? ¿No vemos mucho de esto hoy, a pesar de que las elecciones se hacen de otra manera y se repite sin cesar que los diputados representan a la nación? He aquí el espíritu de cuerpo destruyendo al espíritu público.

Nada más inmoral que ocultar, paliar, disculpar, dejar impunes y defender contra los esfuerzos de la autoridad pública, los delincuentes y perpetradores de crímenes o delitos comunes, y perseguir como criminales a los que solo faltan a obligaciones creadas por los reglamentos de las corporaciones. La razón de esto es muy clara: la sociedad no puede estar segura sin el castigo de un delincuente ordinario que ataca las bases fundamentales del orden público, y no queda ni es ofendida por la infracción de reglamentos de cuerpos que a lo más interesan a ellos solos, y sin los cuales puede pasarse. Sin embargo, el espíritu de cuerpo produce y sostiene esta inversión de principios a la cual no se sabe qué nombre dar: el cuerpo se cree ofendido y deshonrado cuando uno de sus miembros aparece delincuente, y de aquí el empeño en ocultar el delito o salvar al reo, en sustraerlo de las manos de la autoridad o en impedir su castigo. Pero falte el miembro a las obligaciones peculiares de su clase, y aunque éstas no interesen poco ni mucho a la sociedad se levanta una polvareda que muchas veces la autoridad pública no puede disipar. ¿Cuántas de estas cosas no se han visto en las corporaciones ya extinguidas? ¿Cuántas no se ven en las que todavía existen? ¿No es cosa tan extraña como absurda que se cierren los ojos sobre faltas graves, algunas de ellas vergonzosas, cometidas por los individuos del Clero, y se esté pendiente de que porten el hábito clerical? ¿Que se toleren todos los excesos a que se entrega el soldado con el paisano desarmado, y los abusos de poder que contra los funcionarios civiles cometen los oficiales y comandantes generales o particulares, y se les castigue severamente porque faltaron a la revista, porque profirieron una expresión menos comedida contra algún jefe, y otras cosas por este estilo? ¿Y quién, que haya visto a México, podrá disimularse que así se hace y se ha hecho siempre? Esto ha pervertido completamente los principios de la moral pública creando obligaciones que no debían existir, dándoles la importancia que no les corresponde; y desconociendo en muchos casos, con demasiada frecuencia, y respecto de determinadas personas, las que por su naturaleza son esenciales e indispensables a toda sociedad humana. He aquí de nuevo el espíritu de cuerpo desvirtuando la moral pública y extraviando las ideas que de ella deben tenerse.

Que todo hombre deba ser libre de toda violencia en el ejercicio de su razón para examinar los objetos y formar juicio de ellos, que pueda explicar este juicio sin temor de ser molestado, y que pueda obrar con arreglo a él en todo aquello que no ofenda el interés de tercero, ni turbe el orden público; son otros tantos principios de derecho social y de sistema representativo de muy difícil combinación con el espíritu de cuerpo. Los cuerpos ejercen una especie de tiranía mental y de acción sobre sus miembros, y tienen tendencias bien marcadas a monopolizar el influjo y la opinión, por el símbolo de doctrina que profesan, por los compromisos que exigen y por las obligaciones que imponen. Esto hace que los hombres filiados en semejantes instituciones adquieran ciertos errores que en ellas se inspiran, carezcan cuando los reconocen de la libertad suficiente para pedir sean removidas las causas que los producen, o se vean impedidos ellos mismos para reformar ciertos abusos cuando las circunstancias los pongan en el caso de hacerlo.

Ningún cuerpo perdona a sus miembros la censura de sus faltas o los esfuerzos que haga para su reforma. Se dice y se repite hasta el fastidio que es un mal eclesiástico, un mal militar, un mal canónigo, un mal doctor, un mal abogado, un mal cofrade: el que pide y solicita la reforma, del Clero, de la Milicia, del Cabildo Eclesiástico de la Universidad, del Colegio de Abogados o de la Cofradía; y se le hace un cargo de que en el ejercicio de las funciones públicas abandone los intereses de su cuerpo, por lo que es o él entiende ser un servicio al bien público. Supóngase a la nación dividida como lo está en una multitud de cuerpos y a los ciudadanos, filiados más o menos, en uno o muchos de ellos; supóngase también lo que es bastante frecuente, que estos cuerpos inmóviles e inmortales, en el trascurso de los siglos, por las revoluciones de los tiempos que se han obrado al rededor de ellos sin afectarlos, vienen a hallarse en oposición con los intereses nuevamente creados y que afectan a la masa de la nación: en semejante caso no es dudoso el partido que debe adoptarse, el de sacrificar los cuerpos a la nación. ¿Por qué, pues, no se hace? ¿Por qué para lograrlo se necesitan muchas veces revoluciones sangrientas? Porque los hombres de los cuerpos se identifican con los intereses que les son peculiares y con los dogmas de su símbolo particular; porque, aun cuando lleguen a formar una opinión que sea contraria a los unos y a los otros, temen hacerla pública y exponer su tranquilidad al espíritu tracasero y calumniador de estas asociaciones; porque en el puesto que ocupan, si las circunstancias los obligan a tomar un partido, no pueden declararse contra los cuerpos a que pertenecen sin provocar su indignación y quedar desde entonces expuestos a ser el blanco de sus persecuciones; en una palabra, porque los cuerpos ejercen sobre sus miembros una verdadera tiranía, que hace ilusoria la libertad civil y la independencia personal que a sus miembros corresponde como ciudadanos.

La existencia y la multiplicidad de los cuerpos es un embarazo perpetuo al curso de la justicia. La diferencia de los fueros, las leyes que los constituyen y las personas que los gozan producen una multitud de intereses facticios, sin los cuales la sociedad podría pasar, y ocupan el tiempo y el estudio de los jueces en deslindarlos, definirlos y ponerlos de acuerdo: tiempo y estudio que debería estar empleado en cosas de una importancia real y de resultados sociales y positivos. Todavía si en el orden judicial los cuerpos no tuviesen otro inconveniente podría pasarse por el que va expuesto, pero está muy lejos de ser así. Las competencias de jurisdicción, la ineficacia de las leyes criminales y la falta de respeto a los tribunales civiles ordinarios, que son las fuentes de la justicia nacional, son consecuencias precisas del espíritu de cuerpo. Cuando éste domina, lo menos en que se piensa es en la conservación y seguridad de los derechos comunes: el empeño principal es sacar airoso al cuerpo, establecer su jurisdicción exclusiva y deprimir a la autoridad civil. Si estos fines se pueden conciliar con el castigo del delincuente y con la observancia de las leyes criminales y penales no se pone obstáculo a lo uno ni a lo otro; pero si como es más frecuente el curso de la justicia está o se cree estar en oposición con los intereses del cuerpo, aquél será sacrificado irremisiblemente a éstos; y esta inversión de medios y fines ¿quién podrá desconocer que es un mal gravísimo en la sociedad? Además la jurisdicción ordinaria, o lo que es lo mismo la nacional, pierde de su consideración y aprecio desde que se segregan de su conocimiento los negocios contenciosos, que por su número y calidad deben influir de un modo poderoso en las transacciones sociales y en la suerte de las familias, como sucede y sucederá siempre por la multiplicidad de fueros a que aspira de una manera irresistible el espíritu de cuerpo. Entonces se invierte todo el orden judicial, y aunque los nombres de las instituciones se conserven los mismos, la jurisdicción ordinaria se convierte en excepcional, y la excepcional en ordinaria. Mientras los cuerpos existan han de tener tendencias marcadas a producir estos desórdenes a que son irresistiblemente arrastrados por su propia constitución, y la autoridad civil y ordinaria ha de mantener con ellos una lucha perpetua que embarazará más o menos su marcha. ¿A qué viene, pues, mantener resistencias provenidas de asociaciones que, por otra parte, no interesan poco ni mucho al estado social y que, lejos de mejorar, empeoran la suerte de los particulares?

Los mismos inconvenientes, y aun mayores si puede haberlos, se advierten en el espíritu de cuerpo con relación al orden administrativo. Las leyes no pueden poner de acuerdo intereses de difícil y muchas veces de imposible combinación. Lo que a un cuerpo conviene al otro le perjudica, lo que uno pide con instancia el otro lo rehúsa con energía. Todavía, si alguno de los extremos en cuestión fuese favorable a la masa, ésta podría ser una circunstancia que determinase la elección; pero sucede no pocas veces que estas exigencias encontradas entre sí lo están todavía más con los intereses de la comunidad, y entonces vienen a aumentarse las dificultades de un cuerpo social enfermizo y cargado de tumores que se absorben los jugos destinados a nutrirlo. El gobierno, falto de leyes nacionales, y sobrado de las que organizan a los cuerpos, no sabe cómo marchar: se le pone en las manos una constitución atestada de declaraciones y principios que favorecen a la masa, se le dan funcionarios públicos y poderes organizados para obtener este objeto, pero se le mandan observar leyes que están en oposición con él y respetar tendencias que lo destruyen. ¿Qué ha de resultar de allí? Reclamos de pronto, disgustos más adelante y, al último, revoluciones sangrientas impulsadas, sostenidas y apoyadas por el espíritu de cuerpo.

El mayor obstáculo contra que tiene que luchar la prosperidad pública de las naciones es la tendencia a estancar, acumular y reunir eternamente las tierras y capitales. Desde que en la sociedad se puede aumentar indefinidamente una fortuna dada, sin que llegue la necesidad de repartirla, es claro que no se necesita más que el trascurso de algunos siglos para que los medios de subsistir vengan a ser muy difíciles o absolutamente imposibles en la masa. Este resultado es único y exclusivo de los cuerpos políticos, y una nación en que éstos llegan a multiplicarse, o aunque sean cortos en número, se hallan muy difundidos en la sociedad, ha abierto ya el abismo donde ha de sumergirse su fortuna pública. Los cuerpos por sí mismos tienden a emanciparse, a subsistir y a llenar su objeto; para todo les es necesaria la acumulación de bienes y generalmente prefieren los fondos territoriales. Inútil es cuanto pueda hacerse para impedirles su adquisición, y si de esto no hubiera otra prueba que los códigos españoles, ella sería bastante para demostrarlo: desde los siglos más remotos hasta el presente; y desde el Fuero Juzgo hasta la Novísima Recopilación, se ha hecho repetido y ratificado la prohibición de adquirir a las manos muertas; y desde entonces hasta ahora, semejante prohibición ha sido eludida y quedado sin efecto. ¿Por qué así? Porque no se ha extinguido en su fuente el origen de estos deseos siempre más activos y eficaces que las disposiciones de las leyes; porque se ha querido que cesen las resistencias dejando en actividad las causas que las producen. Desde que éstas han desaparecido en Europa, las otras han cesado, las leyes han recobrado su vigor y la prosperidad pública ha progresado sin obstáculo. Éstas son las tendencias, la marcha y los efectos sociales y resultados más visibles del espíritu de cuerpo, que contrarían, entorpecen y vienen por fin a hacer ilusorios los efectos que promete el sistema representativo y los resultados que, por su establecimiento, se buscan e intentan en el orden social. La experiencia de cincuenta años de revoluciones en Europa y los tristes desengaños adquiridos en México en el período trascurrido de la Independencia a fines de 1836 no dejan la menor duda sobre la imposibilidad de hacer marchar a la vez y en harmonía el orden de cosas que resulta de uno y otro. Esta imposibilidad era conocida en 1833 por todos los hombres de progreso, y la parte de ellos a quienes tocó la dirección de los negocios hallándose en la necesidad de elegir entre el sistema representativo federal, establecido en la constitución del país, y el antiguo régimen, basado en el espíritu de cuerpo, no vacilaron en preferir el primero al segundo, y aplicaron toda su fuerza y actividad para desvirtuar éste y robustecer a aquél. Ya el gobierno español había sentido todos los inconvenientes y obstáculos que oponen a la marcha social las clases privilegiadas y los cuerpos políticos, y todas sus medidas después de sesenta años estaban calculadas para disminuir su número y debilitar su fuerza. Todos los días se veía desaparecer alguna corporación o restringir y estrechar los privilegios de alguna clase, pero hasta 1812 quedaban todavía los bastantes para complicar el curso de los negocios. La constitución que se publicó en este año abolió todos los fueros con excepción del eclesiástico y militar, y ella tuvo en esta parte todo su efecto desde 1820, segunda época de su proclamación en México. Desde entonces la fuerza del espíritu de cuerpo bajó muchos grados de lo que antes había sido, pero los fueros conservados y los hábitos nacidos de la antigua constitución bajo el poder absoluto dejaron subsistir dos clases poderosas separadas del resto de la sociedad y pequeños cuerpos que, aunque sin fueros ni privilegios, contribuían a mantener la oposición a los principios y consecuencias del sistema adoptado. Desaparecieron, es verdad, los gremios, las comunidades de indios, las asociaciones privilegiadas de diversas profesiones como abogados, comerciantes, etc., los mayorazgos y la multitud innumerable de fueros concedidos a ciertas profesiones, personas, corporaciones y oficinas; pero quedaron todavía el Clero y la Milicia con los fueros que gozaban, y las Universidades, los Colegios, las Cofradías y otras corporaciones que, aunque ya sin privilegios, conservaban la planta de su antigua organización, de la cual son consecuencia forzosa las tendencias a destruir o desvirtuar el nuevo orden de cosas. Una simple ojeada sobre la constitución, aspiraciones y tendencias de estas clases y cuerpos bastará para hacer patente la oposición en que se hallan sus principios con los del sistema representativo y más aún con el federal.

El Clero es en su mayor parte compuesto de hombres que solo se hallan materialmente en la sociedad y en coexistencia accidental con el resto de los ciudadanos. Por su educación solo pueden tener para él importancia los intereses del cielo que hace consistir, no precisamente en la creencia religiosa y en el ejercicio de las virtudes evangélicas, sino en la supremacía e independencia de su cuerpo, en la posesión de los bienes que se le han dado, en la resistencia a someter las acciones civiles y las causas criminales de sus miembros al poder social, a sus leyes, a sus autoridades gubernativas y judiciales; por su fuero no reconoce más autoridades que las de su clase, únicas de quienes tiene que esperar y temer y a las que se halla sometido mucho más de lo que puede estarlo cualquiera ciudadano al poder civil; por el celibato se halla enteramente libre y aislado de los lazos de familia, primero y principal vínculo del hombre con la sociedad; finalmente, por la clase de sus ocupaciones y por sus leyes particulares debe renunciar a toda empresa lucrativa, y se halla en el extinguido del todo, el amor al trabajo y a los adelantos de fortuna que son consecuencia precisa de la industria personal y establecen, en segunda línea, los vínculos del hombre con la sociedad. El Clero siente una repugnancia invencible por la tolerancia de cultos, la libertad del pensamiento y de la prensa, porque estos principios y las instituciones que de ellos emanan son tales que destruyen o debilitan su imperio sobre las conciencias; detesta la igualdad legal, que hace desaparecer los fueros y jerarquías, y acaba con el poder y consideración que éstos y aquéllas proporcionan a su clase; resiste el arreglo del estado civil de los ciudadanos, que le quita la influencia sobre los principales actos de la vida y sobre la suerte de las familias en nacimientos, casamientos y entierros.

El Clero es un obstáculo permanente al aumento de la población, porque, receloso de todo establecimiento de extranjeros que por su naturaleza tiende a la libertad religiosa, emplea toda su influencia para resistir o poner trabas que hagan ilusoria la colonización. Para lograrlo fomenta la aversión del pueblo hacia los extranjeros, disculpa los atentados y violencias que contra ellos se cometen, amenaza e intimida a la autoridad y mina sordamente cuantas disposiciones se dictan en contrario. Los resultados de estos manejos son: que centenares de leguas de tierras permanezcan incultas e inhabitadas y sean presa de la potencia más vecina como lo son ya de los Estados Unidos y la Rusia; que el valor de dichas tierras sea perdido para la riqueza pública; que los capitales extranjeros de que en México hay tanta necesidad no puedan naturalizarse en la República, y que los que en él existen busquen destino en otra parte, porque sus dueños no quieren ir a un país ni permanecer en él para hacer profesiones de fe, ni ser vejados por los que creen que todo es lícito contra hombres que profesan otro culto. Resultado es también de estas repugnancias el atraso de la industria que no se aclimata por fabricantes pagados cuyos servicios siempre son faltos e incompletos por falta de estímulo, sino por hombres que se establezcan por su cuenta y enseñen prácticamente introduciendo los métodos y haciendo conocer las máquinas e instrumentos perfeccionados en Europa para el ejercicio de las artes industriales. Estos hombres, de los cuales hay una abundancia excesiva en las naciones más adelantadas de este continente y que en razón de ella misma no pueden hacer fortuna en su patria, lo que desean es emigrar a países nuevos y llevar su industria a donde pueda ser pagada, sin otras condiciones que la libertad de establecerse y la seguridad de disponer de sus productos. ¿Por qué, pues, no van a México o si lo hacen es en muy corto número y regresan a poco tiempo? Porque las autoridades influenciadas por el Clero desconocen las ventajas de su establecimiento y no quieren protegerlos contra las masas que les son hostiles por influjo del Clero mismo. Sin embargo, es cierto que el medio más rápido y seguro de poblar, hacer rico e industrioso un país pobre, atrasado y de grandes capacidades, es naturalizar en él cuanto sobra en otra parte y pertenece a estos ramos; abriendo la puerta y sosteniendo contra todas las repugnancias nacidas de la preocupación religiosa a los que con sus brazos, industria y capitales van a fecundar los gérmenes de un suelo virgen y nuevo. Los Estados Unidos y la Rusia, naciones nuevas ambas y de sistemas políticos opuestísimos, en poco menos de un siglo, han logrado ponerse al nivel de las primeras potencias y hacerse ricas, industriosas y respetables por solo el establecimiento de extranjeros, querido verdaderamente y sostenido con firmeza contra las preocupaciones populares explotadas por las creencias religiosas. Al contrario la España, nación poderosa y rica, dueña de un mundo entero y de sus riquísimos frutos; desde el siglo XVI empezó a decaer hasta el estado en que hoy la vemos, porque su Clero, el más intolerante de Europa y padre del de México, convirtió en un sentimiento popular el odio a los que habían nacido en otra parte y profesaban diverso culto.

Las tendencias del Clero son perniciosas a la educación pública e impiden su difusión y mejoras, porque las masas mejor educadas tienden visiblemente a emanciparse del dominio sacerdotal en que han estado por tres siglos, y esta emancipación disminuye el poder que sobre ellas se ha ejercido y aún no acaba de perderse. Se quiere que la educación nacional sea la propiedad exclusiva de los ministros del culto y que esté toda basada sobre las reglas monásticas en trajes, usos y habitudes; se quiere que las materias de enseñanza sean las de los claustros, disputas teológicas y escolásticas que han pasado de moda hace medio siglo y de las cuales hoy nadie se ocupa; y se rehúsa la enseñanza de los ramos antes desconocidos y de utilidad práctica, enseñanza sobre la cual deben formarse los hombres públicos de que hay tanta y tan grande falta en el país. Enhorabuena que México colonia de España haya podido pasar sin ellos, esto se entiende, ¿pero cómo podrá sostenerse lo mismo de México nación independiente, que debe gobernarse a sí misma y mantener relaciones con todas las potencias extranjeras que forman el mundo civilizado?

Si el Clero es un obstáculo para la educación que se da en los establecimientos públicos, no lo es menos para la que se recibe en los establecimientos particulares y privados que pudiera suplir a la otra: se embaraza cuanto se puede el que tengan efecto, poniendo a los empresarios y especialmente extranjeros, que son los más útiles, trabas y condiciones que no pueden superar y a que no es posible se sometan sino muy pocos; se juega la arma del descrédito y la calumnia con un aire de celo y devoción que surte casi siempre el efecto que se desea, porque los hombres sencillos, haciendo justicia a la buena fe con que se propagan estas especies, persuadidos por otra parte de que los ministros del culto son infalibles, y acostumbrados a someter a ellos la dirección de su conducta, no pueden sobreponerse a su influencia en materia que justamente reputan muy delicada.

La educación entorpecida en su marcha, mutilada en sus ramos y restringida en su extensión por los temores y resistencias sacerdotales, lo es todavía más en los medios de saber que obstruyen y paralizan los mismos. La introducción de los libros y su circulación sufren una persecución sorda pero constante y eficaz, que hace disminuir el número de lectores y compradores: el librero extranjero y el nacional ven arruinarse sus empresas aunque ellas versen sobre artículos no prohibidos por las leyes, porque las prohibiciones eclesiásticas retraen a los compradores y alarman o disminuyen la reputación del vendedor, que tiene que valerse de un tercero para expenderlos de una manera casi clandestina. No pocas veces pierde el librero su mercancía, porque los administradores de aduanas en un país en que hay leyes para todo, que se admiten o desechan a voluntad de quien la ha de aplicar, se toman la libertad de declarar vigentes las de la época de la Inquisición y retienen todos los libros que les parece. Los obispos hacen otro tanto para sus prohibiciones, pues ni las limitan como debía ser a solo los libros que atacan los dogmas y la moral de la creencia católica, ni se contentan con expedir edictos, sino que se propasan algunas veces a recoger los libros por sí mismos. Los libreros e impresores hostigados y vejados no imprimen ni ponen en venta una multitud de obras inocentes a la par que útiles y necesarias, y el público se priva de lo que en ellas podría y debería aprender, porque no las hay, o son muy escasas y se venden a precio muy alto.

El influjo del Clero compromete la paz y armonía que debe reinar entre México y las naciones extranjeras que han celebrado tratados con la República. El odio a extranjeros y las vejaciones que éstos sufren, en consecuencia por los particulares y los funcionarios públicos mexicanos, como ya se ha probado, son en mucha parte originadas y sostenidas por el influjo del Clero. Estas vejaciones si fueran obra de accidentes imprevistos siempre producirían reclamos y causarían embarazos al gobierno, pero siendo como son el resultado

del odio a extranjeros que ha erigido en principio una clase influente y poderosa que no se cuida de disimularlo, la
nacionalidad de las potencias a que pertenecen los que las
sufren aparece formalmente ofendida; y esto produce no reclamos sencillos sino hostiles a que por el mismo principio se
rehúsa satisfacer. He aquí los preliminares de guerras desastrosas; y he aquí cómo México se ve hoy comprometido con
la Inglaterra, la Francia y los Estados Unidos, por una serie
de causas en que los súbditos de estas potencias nada son
menos que inocentes, pero entre las cuales figura como muy
principal el influjo hostil del Clero contra extranjeros y sus
consecuencias desastrosas.

La educación, pues, del Clero, sus principios y su constitución misma se hallan en abierta y diametral oposición con
los principios, organización y resultados sociales que se buscan y procuran por el sistema representativo, con los progresos de la población y de la riqueza pública, con la educación
nacional, con los medios de saber y con la armonía respecto de las potencias extranjeras que produce la paz exterior.
Excepciones honrosas de estas tendencias se ven en muchos
de sus miembros, y el mal no es de las personas sino de las
cosas mismas; es del cuerpo y no de los particulares que lo
constituyen, y obrarían de muy diferente manera en diversa
atmósfera y sometidas a otras influencias.

En los países en que el Clero no sea un poder fuerte capaz
de luchar con el de la sociedad, está bien que se toleren las
tendencias emanadas de su viciosa constitución: ellas serán
reprimidas por el poder del gobierno y de la sociedad toda,
y no podrán tener resultados efectivos y funestos que turben
la marcha social o pongan obstáculo al ejercicio de los derechos privados; ¿pero es éste el caso en que se halla México?
He aquí la cuestión de la cual el espíritu rebelde del Clero,

explicado de mil maneras en 1833, forzaba a ocuparse todas las horas del día al gobierno de aquella época. Sería imposible enumerar en una revista como la presente las intrigas de Cuartel y Sacristía que se hicieron jugar entonces; esta relación pertenece a la historia y de ella nos ocuparemos a su tiempo. Para el asunto presente basta saber que ellas existieron, cosa en que nadie ha puesto la menor duda.

Para saber si el Clero de México es un poder capaz de luchar con el de la República, bastará cotejar el del uno con el de la otra y ver los medios de acción que se hallan a disposición de ambos. El Clero es una corporación coetánea a la fundación de la colonia y profundamente arraigada en ella: todos los ramos de la administración pública y los actos civiles de la vida han estado y están todavía más o menos sometidos a su influencia. Él ha dictado en parte las leyes de Indias y ha tenido bajo de su dirección el gobierno de los Indios y de las Castas que hasta la independencia han sido sus fieles servidores, a pesar de los esfuerzos del gobierno civil para emanciparlos. Los españoles y sus descendientes tampoco han escapado a sus redes tendidas en la educación y en la dirección de las conciencias. Cuanto en México se sabía, o era enseñado por el ministerio del Clero, o estaba sometido a su censura: la Inquisición, los obispos y los curas ejercían sobre la imprenta, la lectura y la enseñanza el imperio más absoluto; la dirección de las conciencias no se ha limitado a los deberes religiosos, sino que ha extendido su imperio a los sociales, conjugales y domésticos, a los trajes y a las diversiones públicas. Los virreyes, los magistrados, los jueces, los administradores de rentas, en una palabra, todos los hombres de gobierno han sometido por muchos años el ejercicio de las funciones públicas al dictamen de un confesor, que hoy todavía se hace escuchar e influye de una manera eficaz en los actos de la soberanía y en las personas que bajo su tutela los ejercen, actos que los eclesiásticos procuran queden en último análisis reducidos al deber religioso.

Sobre el poder que el Clero recibe de estos medios morales que los hábitos del país y su constitución originaria hacen tan eficaces viene el que las leyes le dan para el arreglo exclusivo de ciertos ramos importantísimos a la vida social. El nacimiento, el matrimonio y el entierro se hacen todos por arreglos, leyes y documentos eclesiásticos, que deciden de la legitimidad de la prole y, de consiguiente, de los derechos de sucesión, de la validez o nulidad del matrimonio, de los grados de parentesco, de las causas, ocasión y legalidad del divorcio, de la sepultura de los cadáveres, y de las cuestiones de salubridad y buen nombre adictas y dependientes de ella. A este poder legal debe añadirse el que el Clero disfruta por su riqueza, su organización e independencia, y por la inamovilidad personal y rentas cuantiosísimas que gozan sus jefes natos los Obispos y Canónigos.

La riqueza del Clero mexicano, como todos los ramos estadísticos del país, es todavía un arcano para el público; cuantas apreciaciones se han hecho de ella han sido y son necesariamente incompletas. Sin embargo, el estado que va en este tomo, aunque falto y diminuto, da por lo que en él consta alguna idea de lo que ellas podrán ser. Más de ciento setenta y nueve millones de pesos de capitales, y siete y medio millones de renta para un Clero que no llega a tres mil personas, y del cual los nueve décimos no perciben sino de ciento cincuenta a trescientos pesos anuales, suponen en una parte del Clero el imperio y el dominio, y en la otra la obediencia y sumisión. Este estado de cosas forma del sacerdocio mexicano un cuerpo compacto que se robustece por el fuero y por la absoluta dependencia y subordinación graduada que existe desde el último acólito hasta el arzobispo metropolitano. Este cuerpo tiene sus leyes, gobierno y magistrados independientes de la autoridad temporal, y que lo rigen no solo en el orden religioso sino también en el civil; así pues, su organización lo constituye un poder público, cabal, completo, distinto de la sociedad en que se halla implantado, e independiente de ella por consecuencia forzosa. Cuanto en las leyes se dice de sumisión del Clero a la autoridad pública es vano e ilusorio, porque los cuerpos no se pueden someter y la acción de los magistrados solo es eficaz respecto de los particulares, únicos capaces de sufrir el apremio y el castigo. ¿De qué sirve, pues, que las leyes proclamen una sumisión que ellas mismas hacen imposible, renunciando a los medios de realizarla? De nada sino de crearse obstáculos con que luchar perpetuamente como sucede y sucederá con el clero.

En efecto, ¿qué poder puede tener la República contra un cuerpo más antiguo que ella en el país, mandado por los obispos, sus jefes perpetuos absolutos e irresponsables, con renta cuyo maximum y minimum son de quince a ciento veinte mil pesos, y que tienen a su disposición un capital de cerca de ciento ochenta millones de pesos cuya parte productiva reditúa siete millones y medio? Una república que nació ayer, en la que todos los ramos de la administración pública se hallan fuera de sus quicios, y los hábitos de subordinación enteramente perdidos; una república cuyos fondos públicos no rinden sino el doble de los del clero y no alcanzan ni con mucho a cubrir sus presupuestos; una república, en fin, en la que todo es debilidad, desorden y desconcierto, ¿podrá sostenerse contra un cuerpo que tiene la voluntad y el poder de destruir su constitución, de enervar sus leyes y de rebelar contra ella las masas? No lo creyó así la administración de 1833-1834; por eso se decidió a destruir el poder de este cuerpo político y conservar al país por este medio tan único como eficaz, sus principios e instituciones. Desgraciadamente, los medios que se adoptaron fueron derivados de dos principios opuestos e incombinables entre sí, y esto produjo consecuencias desagradables que no han sido indiferentes para frustrar el resultado que se pretendía obtener.

La segunda clase privilegiada que su Metrópoli ha legado a la República Mexicana es la milicia, tan incombinable con el sistema representativo como con la forma federal, y por lo mismo en oposición abierta, como el clero con la constitución de la República. Sujeta a las tendencias inevitables de todos los cuerpos, que van ya expuestas, con pretensiones, como el clero, de superioridad e independencia respecto de las autoridades creadas por las nuevas instituciones, la milicia deriva su poder especial del ejercicio de la fuerza brutal en veintiséis años de guerras civiles durante los cuales ha ejercido el imperio más absoluto. Leyes, magistratura, gobierno, personas y cosas, fondos públicos y particulares, todo ha estado más o menos pero realmente sometido al poder militar, ejercido bajo diversas denominaciones y formas. La milicia bien sea que ataque al gobierno, bien parezca que lo defiende, es y se considera a sí misma como un cuerpo independiente, que no vive en la sociedad sino para dominarla y hacerla cambiar de formas administrativas y principios políticos, cuando las unas o los otros sean o se entiendan ser opuestos a los principios constitutivos de esta clase privilegiada.

Nada parece más natural al militar mexicano que sublevarse contra una constitución y deponer a un gobierno que trata de someter la clase a que pertenece, ya sea sujetándola a las leyes que le son peculiares, o ya sea reformando éstas en todo o en parte. Los hombres de esta clase se creen con derecho exclusivo, o a lo menos preferente, a ocupar todos los puestos públicos y a consumir las rentas nacionales. Así se les ve quejarse con un aire de sinceridad que denota la más profunda convicción: ya de que se pretende abolir su fuero, ya de que se les destina a tal o cual punto que no les acomoda. Unas veces levantan el grito contra los cuerpos electorales porque nombran un presidente que no es soldado; otras, porque las instituciones, como lo eran los poderes de los Estados, consumen una parte de las rentas públicas; y no pocas, por las cantidades que se destinan a pagar la Milicia que, sin ser privilegiada, sostiene al gobierno contra la que lo es, y se halla rebelada como sucedió en 1833.

Estas convicciones erróneas de supremacía social de la clase militar privilegiada dependen de la debilidad unas veces, y otras de la connivencia del gobierno. Los jefes militares que han ocupado el puesto supremo, a virtud de revoluciones de soldados que ellos mismos han acaudillado, participan de los errores de esta clase, la temen porque conocen su poder, y le están reconocidos porque creen debérselo todo. Por este triple motivo todo se lo sacrifican. Además, las revoluciones que en veintiséis años han derribado los gobiernos más de diez veces, y sustituídoles otros, se han terminado todas de una manera militar; y el pueblo, incapaz de conocer el influjo que en ellas han tenido las causas morales, las ha adjudicado exclusivamente a la fuerza material que aparecía en ellas de una manera más visible.

El error de la multitud ha pasado a la milicia que lo ha acogido con entusiasmo, y desde entonces se ha gritado y sostenido casi sin oposición que al Ejército se debe la independencia, la libertad, la federación y quién sabe cuántas cosas. No ha parado en esto el mal, sino que se ha pretendido hacer extensiva y vincular en la clase una gratitud que debería ser individual y terminarse en las personas que han hecho al país estos importantes servicios: así es como jefes escuros y despreciables pretenden recoger la herencia de honor y gloria, y sobre todo la de poder que apenas sería tolerable acordar a los que los prestaron. Lo absurdo de semejantes vinculaciones solo puede escapar a la falta de reflexión y al hábito que contraen los pueblo de reconocer como un derecho el resultado de hechos repetidos, aunque éstos no reposen sobre un principio justo y racional.

De estos errores erigidos en principio, de la falsa aplicación que se ha hecho de ellos y de los hechos mal apreciados en las revoluciones del país en orden al influjo ejercido sobre ellos por la fuerza militar, ha resultado que los gobiernos no han creído poderse pasar de esta clase privilegiada; y como por otra parte no han podido someterla, han quedado enteramente a su dirección. Desde que esto sucede en un pueblo, es decir, desde que la milicia en lugar de ser obediente y sumisa se convierte en dominadora y directriz, ya no hay que pensar en que haya orden y concierto. La fuerza material en todas partes ha sido y es ciega y anárquica por su propia naturaleza: si ella, pues, no es dirigida por una mano vigorosa que sea bastante a contenerla y darla regularidad, caerá al azar sobre los pueblos, y los vestigios de su paso no serán reconocidos sino por los rastros de sangre, de ruina y desolación que habrá dejado tras sí. ¿Quién no ve en estos rasgos el cuadro de la anarquía militar que desde 1810 ha asolado la República? Esta fuerza brutal creada por las circunstancias y robustecida por ellas mismas, lejos de ser reprimida en su impulso ciego y desordenado por la autoridad pública, ha sido lanzada contra las leyes y los pueblos y no pocas veces en su reacción ha derribado el poder que la dio impulso pulverizando hasta sus bases.

En otra parte (México y sus revoluciones, tom. 1.º pág. 407 y siguientes) hemos demostrado los vicios de la constitución militar y los desórdenes sociales provenidos de la inobservancia de sus leyes y de la impotencia del gobierno: las observaciones que constan en aquel artículo, y no hay necesidad de reproducir, prueban que la Milicia mexicana privilegiada, por su misma organización y por los desórdenes originados de su indisciplina, que en ninguna suposición es dado al gobierno reprimir, es incombinable no solo con la libertad pública, sino con el orden social en cualquier forma de gobierno.

Cuantas observaciones van hechas y forman el fondo de este parágrafo relativas a la naturaleza, carácter y tendencias de los cuerpos políticos, de las clases e instituciones privilegiadas, se tuvieron presentes en 1833, y en ellas creyeron ver los hombres de aquella época un espíritu rebelde contra las instituciones adoptadas, derivado del origen y antigüedad de estos cuerpos y clases que, precisamente por hallarse en absoluta consonancia con la antigua constitución del país, decían una oposición diametral a los principios y espíritu de la nueva. Estas convicciones eran públicas y conocidas, los que las tenían no hacían estudio de ocultarlas ni de la resolución en que se hallaban de obrar con arreglo a ellas; sin embargo, la marcha de la administración habría sido mucho más lenta si las clases privilegiadas, Clero y Milicia, excesivamente confiadas, no se hubieran adelantado a declararle la guerra proclamando el absolutismo puro. Desde entonces la cuestión varió de aspecto, y lo que hasta allí podía presentarse con el carácter de dudoso pasó a ser un hecho evidente e incuestionable. Por él las clases privilegiadas se pusieron en lucha abierta contra la constitución del país, contra el sistema representativo, contra todo lo que hasta entonces se había hecho y contra cuanto en lo sucesivo pudiese hacerse en beneficio de las masas.

La dictatura proclamada por el clero y la milicia no tenía ni podía tener otro carácter que el que ha tenido bajo el reinado de Fernando VII en España y bajo el de don Miguel en Portugal. En el caso, pues, las obligaciones y los derechos del gobierno no podían ser cuestionables: hacer la guerra al enemigo hasta vencerlo y, vencido, desarmarlo de manera que para lo sucesivo no tuviese la voluntad ni el poder de rebelarse. Así se hizo en efecto, ¿y quién podrá dudar que el gobierno procedió en el caso como debía, arreglando su conducta a las exigencias públicas y obrando de la manera determinada por ellas? La milicia privilegiada, que se había sublevado toda, fue vencida y completamente disuelta; sus jefes fueron casi todos destituidos, muchos desterrados fuera de la República y otros dentro de ella misma, pero a considerables distancias. Desde que el triunfo fue completo ya no se trató de debilitar insensiblemente estas clases y los antiguos cuerpos que las apoyaban, sino de darles golpes mortales, que acabasen con aquéllas y éstos: las circunstancias eran urgentes, y si se dejaban pasar, se corría el riesgo de que el presidente Santa Ana se apoderase de ellas e hiciese, como lo tiene de costumbre, una contrarrevolución cuyos resultados no fuesen favorables sino a él mismo. Se trató, pues, de aprovecharlas y se puso mano a la obra. El vicepresidente y las cámaras, obrando de concierto, dieron el impulso a los gobiernos y legislaturas de los Estados que lo secundaron con celo, con energía y con tesón.

El vicepresidente, a virtud de facultades delegadas por el congreso, había nombrado una comisión que se encargase del arreglo de la educación pública compuesta de los Sres. Quintana (don Andrés), Espinosa de los Monteros, Rodríguez Puebla, Goroztiza, Couto (don Bernardo) y Mora. Esta comisión, que después se trasformó en la Dirección General de Instrucción Pública y que con muchísima frecuencia era presidida por el señor Farías, fue en lo sucesivo una especie de consejo privado del gobierno, al cual se llevaban y en el cual se discutían y arreglaban como por incidencia todos los proyectos de reformas relativos a las cosas; en cuanto al ejercicio odioso aunque necesario de las medidas de policía concernientes a las personas, éste era negocio de don José de Tornel y otros que, como él, tienen gusto por estas cosas, y para el caso admirables disposiciones. En las diversas veces que las materias expresadas se discutieron había por lo común algunos de los diputados y senadores más influentes, y en todas ellas Mora era uno de los que con más empeño procuraba convencer la indeclinable necesidad en que las circunstancias ponían a la administración de arrancar de raíz el poder a esos cuerpos privilegiados rivales de la autoridad pública y sus declarados enemigos. Ni en las cámaras ni en el gobierno había divergencia notable de opiniones sobre el fin, pero existían muy grandes sobre los medios de lograrlo. Se quería, es verdad, acabar con estas clases, pero garantido el fuero que las constituye, por la ley fundamental que según las formas establecidas en ella no podía sufrir variación sino en un período cuya menor duración es de dos años; se corrían grandes riesgos de que estos cuerpos en tan dilatado tiempo tuviesen el suficiente para emplear el poder que en todo él se les dejaba, en parar el golpe que debía acabar con ellos. La posición era difícil y debía terminar necesariamente en una de dos cosas, o en la ruina de la federación por las clases privilegiadas, o en la destrucción de estas clases por las fuerzas triunfantes de la federación. De todos modos la constitución debía acabar por desplomarse, en razón de que las fuerzas destinadas a sostenerla, lejos de conspirar al efecto, tiraban en direcciones contrarias o se hallaban en diametral posición. Los hechos acaecidos posteriormente han llevado al grado de evidencia material la exactitud de este cálculo político. Mora hizo cuanto pudo para que los hombres de acción se convenciesen de que no les quedaba otro arbitrio para salir del paso que un acto dictatorial de las Cámaras, del Presidente o de ambos poderes a la vez, por el cual se hiciesen desaparecer el fuero eclesiástico y militar, y el artículo de la Constitución que lo garantiza.

Este golpe de estado no habría tenido los inconvenientes ni riesgos de la ley de proscripción y habría sido infinitamente más útil. En él no había riesgo de equivocar al inocente con el culpado, ni la inevitable presunción de parcialidad e injusticia que pesa sobre todo gobierno que castiga por sí mismo a sus enemigos: por él la autoridad civil recobraba la acción directa y represiva que por derecho le corresponde sobre todos los ciudadanos, y arrancaba de cuerpos extraños y enemigos la que éstos le habían usurpado prevalidos de los errores de los siglos precedentes, y que ejercían en su perjuicio; por él, en fin, cesaba esa necesidad de reprimir sublevaciones periódicas que se reproducen sin cesar, son originadas de los intereses de las clases, mantienen y prolongan la lucha entre la civilización y las antiguas preocupaciones, y ponen al gobierno a cada paso en la necesidad de ejercer contra las personas actos severos e impopulares que debilitan su prestigio y la confianza a que es acreedor de parte de los ciudadanos. Todos convenían en la justicia de estas observaciones y en la necesidad de obrar de la manera indicada por ellas; pero un excesivo respeto a las formas constitucionales, que se hallaban amenazadas y han sido destruidas por enemigos a quienes se dio el tiempo de hacerlo, eran causa que no se adoptase partido alguno definitivo en una crisis política que, como la militar que la había precedido, solo podía ser dominada por actos de resolución y vigor. Cuanto se hizo en el caso fue infructuoso: el Vicepresidente, por un principio moral de aplicación desgraciada, conviniendo en el fondo de la medida, creyó necesario diferirla al período constitucional; las cámaras no se ocuparon del asunto que tampoco tuvo grande publicidad; y las bases fundamentales de las clases hostiles quedaron en pie bajo la garantía de una Constitución que ellas mismas no tardaron en derribar.

No por esto se renunció al designio de hacerlas desaparecer del orden social por un camino más largo cual es el de debilitar por substracciones de fuerza lentas y graduales. El general Santa Ana no disimulaba sus simpatías por la milicia, mas viendo que no podía hacerla predominante y que era necesario ceder en algo, en los pocos días que desempeñó el gobierno después de la rendición de Guanajuato, le dio una nueva forma, en que si bien es verdad la dejaba menos fuerte de lo que había sido bajo la administración de Jalapa, le daba de nuevo una existencia que acababa de perder completamente en la derrota. Esta nueva creación no estaba en las facultades ordinarias del presidente; pero como éste las tenía por entonces extraordinarias y omnímodas, acordadas por el congreso, aprovechó la ocasión para dar nueva vida a la clase a que pertenecía. Sin embargo, la milicia no podía ser temible sino por el fuero que no acababa de abolirse; los ataques materiales al gobierno quedaban sin efecto en presencia de una fuerza superior que lo apoyaba y era la cívica; y como, por otra parte, era indefectible que tales sublevaciones habían de repetirse y terminar por nuevas derrotas, claro es que esta clase en el estado en que se hallaba no podía inspirar grandes temores. Las operaciones del gobierno mexicano para acabar con la milicia nada exigen de positivo sino la abolición del fuero, lo demás todo es negativo: no reclutarla, no pagarla, no emplearla, no castigar las deserciones. Esto y no más que esto es lo que basta, y la administración de 1833 no hizo otra cosa, reservando lo del fuero para un tiempo que no llegó.

En cuanto al clero fue necesario proceder de otra manera; ya que no se quiso darle el golpe mortal, se convino en un plan por el cual debía quitársele cuanto en el orden civil constituye su poder: los bienes raíces y capitales impuestos; la educación pública; el apremio para la exacción de los diezmos y para el cumplimiento de los votos monásticos; los registros de nacimientos, matrimonios y entierros; la intervención en el arreglo del contrato civil del matrimonio, y en el conocimiento también civil de las causas de divorcio; además, se resolvió la supresión de los regulares de ambos sexos. Todo esto se intentó, algo se hizo y lo más quedó en proyecto. Tratándose de privar a esta clase privilegiada del poder que recibía de la sociedad misma, lo natural era empezar por los bienes que son los principales constitutivos de su fuerza e independencia.

La facultad de dar destinos y empleos perpetuos con dotaciones cuantiosas, medianas y aun mezquinas; la de tener ocupada en trabajos de toda clase una multitud de artesanos y operarios; la de cobrar un rédito de capitales exagerados sobre las fincas rústicas de propietarios arruinados por cien causas diferentes; y la de fijar el precio y aplicarse los productos de todos los arrendamientos de fincas urbanas en todas las ciudades grandes y medianas, y en una parte muy considerable de los pueblos: cuanto en esta enumeración está comprendido pertenece a las facultades del clero, y por ella se ve que son de tal naturaleza por sí mismas, que aun sin suponer otras bastarían para constituir a esta clase en rivalidad con la Sociedad. Y ¿cuál es el origen de este formidable poder? La posesión de cerca de dos centenares de millones de pesos, en capitales, en fondos territoriales rústicos y urbanos, y el derecho de disponer de ellos y de sus rentas sin dependencia de la autoridad soberana. Se podría, se debería si se quiere, consumir en las necesidades eclesiásticas la renta que corresponde a estos capitales; pero ponerlos o dejarlos a disposición de una corporación que ha manifestado tantas repugnancias y un espíritu tan abiertamente hostil contra los principios y leyes de la administración sería en esto faltar a sus deberes y renunciar a los beneficios que del sistema ya establecido debían resultar a las masas. Por otra parte, la autoridad pública, quitando al Clero, los bienes en nada ofendía los principios de la justicia. En la 3.ª sección de este tomo está demostrado, por principios y por hechos, que el poder soberano puede disponer cuando lo crea conveniente, cuando lo juzgue económica o políticamente útil, de los bienes de todos los cuerpos y comunidades civiles aunque tengan la denominación de eclesiásticas. El gobierno, pues, convencido de estar en su derecho y de que sus deberes lo exigían, no vaciló en resolverse a obrar de la manera indicada.

El principio y regla de conducta que se propusieron los hombres públicos de aquella época en orden al clero fue reducirlo a su simple misión espiritual, dejándolo en ella absolutamente libre pero sustrayéndole al mismo tiempo todo el poder civil de que gozaba por concesiones sociales. El poder eclesiástico, reducido a los fines de su institución, obrando en la órbita puramente espiritual y por medios del mismo orden, es un elemento benéfico, necesario a la naturaleza humana y del cual no se puede pasar la Sociedad. Las creencias religiosas y los principios de conciencia son la propiedad más sagrada del hombre considerado como individuo, y la autoridad pública no puede, no debe prescribirlos, ni atacarlos mientras no tomen otro carácter. Pero si el principio religioso se convierte en un poder político, y saliendo de las vías de la convicción que le son propias, pretende ejercer sobre los ciudadanos una fuerza coercitiva, tener rentas, imponer contribuciones, gozar de un foro exterior y aplicar penas temporales, su degeneración es completa, y en lugar de auxiliar al poder soberano en el orden directivo, se convierte en su rival en la parte administrativa. No se debe permitir que llegue este caso; pero si el curso de las cosas, en una mala administración, las hubiese llevado allá, necesario es restablecerlas al estado primitivo; y el medio más seguro de lograrlo sin ofender las conciencias es, no de imponer preceptos al poder eclesiástico, sino de rehusarle la sanción soberana y la cooperación civil. Éste fue el principio político de la administración de 33, y ojalá las cámaras no se hubieran separado de él como lo hicieron en la ley de provisión de curatos. A virtud de este principio la percepción del diezmo, cuyos inconvenientes son confesados y reconocidos por un sabio obispo y han sido demostrados en la disertación sobre rentas eclesiásticas, dejó de ser una obligación civil; a virtud del mismo se hizo igualmente cesar la coacción que sufrían los regulares para la profesión monástica, coacción que fue sólidamente combatida por el señor Espinosa de los Monteros y cuyos inconvenientes morales y políticos se hallan enumerados en la obra titulada México y sus revoluciones (tomo 1.º, página 278 y siguientes).

Estas medidas indirectas, unidas a la ocupación de los bienes del Clero y a la reducción o supresión de monasterios, medida consiguiente al cortísimo número de regulares y prevenida en las antiguas leyes españolas, eran, como se verá más adelante, una necesidad política moral y económica.

Otras consideraciones hicieron se contase en el programa de las reformas proyectadas en 1833 la devolución al poder civil de los registros cívicos y los arreglos concernientes al estado de las personas. Un poder extraño al de la nación se hallaba de muchos siglos atrás en posesión de reglar casi por sí mismo el estado civil de los ciudadanos en orden a nacimientos, matrimonios y entierros, y esto causaba mil embarazos al poder público nacional. Desde que se adoptó el sistema representativo se empezó a hacer sensible la necesidad de arreglar y conocer civilmente el estado de las personas; para lo primero era necesario recobrar el poder que se había dejado ejercer al clero en el orden civil, y para lo segundo establecer los registros cívicos que no existen. La base del estado de las personas es el matrimonio y la legislación vigente sobre él es en México una mezcla confusa de disposiciones civiles y eclesiásticas difíciles de aplicarse, cuya ejecución se halla exclusivamente confiada a los ministros del culto. Éstos, como es natural, procuran someter el contrato civil a la legislación canónica, cuidando poco de la civil; y a la verdad que en ello tienen razón, pues no siendo de su instituto tampoco se les puede exigir que lo hagan. El resultado es que el acto más importante de la vida se hace no solo sin intervención, sino aun sin conocimiento del magistrado civil que, por lo mismo, no puede cuidar se haga en regla y en el modo y forma que las leyes prescriben. El matrimonio en este punto se halla en un abandono inexplicable y cual no se conoce en el resto del mundo, pues aun en España el contrato se celebra ante escribano público y después se procede a lo demás. Siendo como es el matrimonio una necesidad social que ocurre con frecuencia, la Sociedad no puede prescindir del derecho de arreglarlo, estableciendo cuanto pueda requerirse: para su celebración, en orden a la habilidad o impedimentos de las personas; para su duración, fijando y garantizando los derechos y obligaciones de los casados entre sí y con la prole que tuvieren; para su recisión, designando los casos y situaciones que la exijan, los arreglos que deban seguirla y los tribunales civiles que deban pronunciarla. Y ¿qué hay de todo esto en México? Nada o muy poca cosa: todo desempeñado por autoridad extraña e incompetente en el orden civil. El Clero establece y pronuncia sobre los impedimentos del matrimonio, las obligaciones de los casados y las causas, ocasión y oportunidad del divorcio. Solo la fuerza de la costumbre que hace al hombre familiarizarse aún con las cosas más chocantes puede hacer no salte a la vista la disonancia de que hombres que hacen profesión del celibato se ocupen de estas cosas. ¿Qué motivo tienen para conocerlas, ni qué garantía pueden prestar para reglarlas con acierto? ¡Los eclesiásticos ocupándose de los detalles de las causas de divorcio y fallando en ellas como jueces!, ¡como jueces civiles!

La administración de 1833 creyó de su deber poner un término a este estado de cosas, dejando al Clero para los efectos espirituales la posesión en que se hallaba, pero reservando a sus leyes y tribunales el arreglo y decisión de estas materias en orden a los efectos y fuero civil. El matrimonio es un contrato civil y un sacramento, perfecto y cabal en la una y en la otra línea. Debe, pues, bajo el primer aspecto ser reglado por las leyes y ser contraído ante el magistrado civil, y bajo el segundo perfeccionado y bendecido por el ministerio eclesiástico. De otra manera el gobierno civil deberá hacer una de dos cosas: o dictar leyes que unas veces serán y otras se interpretarán reglamentarias del sacramento, o someter el contrato civil a un poder extraño e incompetente para reglarlo. Cuando el sacerdote es a la vez ministro del sacramento y magistrado civil que autoriza el contrato; cuando la bendición de la Iglesia constituye sola la legitimidad del matrimonio, y de los hijos que de él nacen, es necesario que el poder temporal intervenga hasta en la administración misma del sacramento y que prevenga o castigue el abuso que el ministro del culto puede hacer de su poder espiritual. Esta triste necesidad constituye en una posición falsa al poder temporal, que siempre aparece débil ante un ministro espiritual que le rehúsa la sumisión debida, atrincherado en sus convicciones verdaderas o supuestas de conciencia. ¡Qué triste es empeñar una lucha por un motivo, tan pequeño bajo un aspecto, y tan grande bajo de otro!, ¡qué envilecimiento para la religión y para el Estado! Los negocios religiosos no se arreglan sino de conciencia a conciencia; y la bendición nupcial no tiene valor si no reposa sobre la fe del que la confiere y de los que la solicitan. El poder civil incompetente para crear e incapaz para destruir esta convicción, tampoco debe reglarla. Para él, el matrimonio no es ni debe ser otra cosa que un contrato civil, que celebrado bajo las formas y condiciones que la ley exija, y firmado y consentido por las partes, debe surtir sus efectos civiles en orden a los derechos y obligaciones de los contrayentes entre sí, de la prole y de la sociedad entera. Lo demás es negocio de la conciencia de cada uno, que se manejará en esto según las reglas que ella le dicte. ¡Cuántas dificultades quedarían prevenidas por esta sola distinción! El gobierno civil debe contenerse en lo que es de su competencia, no dar importancia temporal a la bendición nupcial, ni establecer las leyes del matrimonio sobre una base que no está a su disposición.

Otro tanto y por las mismas razones debe hacerse con los registros de nacimientos y entierros: el Clero tendrá o no tendrá los suyos para lo que pueda convenirle; pero ellos no se considerarán como documentos auténticos que hagan fe pública en los negocios civiles. En lo sucesivo el gobierno tendrá sus registros en cada municipalidad para inscribir los nacidos, casados y muertos; tendrá sus cementerios en que sepultar los cadáveres, que hayan o no recibido las oraciones de la Iglesia: no se prescribirá ni impedirá que se bendiga el terreno, ni se pondrá obstáculo a que se agrupen los sepulcros de personas que han profesado la misma creencia; pero el local deberá ser exclusivamente designado, mantenido y cuidado por la autoridad pública, y los cadáveres no deberán quedar insepultos, porque el ministro del culto con razón o sin ella rehúse las oraciones de la Iglesia. Éstos fueron los designios de la administración de 1833 para comenzar el arreglo del estado civil de las personas, y sus motivos son de tal manera plausibles, que hoy, sin oposición del Clero y por convicción universal, se ven reducidos a leyes puestas en práctica en la mayor parte de las naciones de la Europa católica tales arreglos. Esto es poco, pero al fin es un principio para lo demás.

Más ya vemos que se nos dice: si el Clero como cuerpo civil y clase privilegiada es tan poco conforme con las exigencias sociales, ¿cómo es que uno de los hombres de Estado, que conocía el país a fondo, sus necesidades y los medios de acudir a ellas, lejos de aconsejar la abolición de los privilegios del Clero, los sostiene con calor como el medio único y eficaz de mantener el orden público? La respuesta a esta pretendida objeción es fácil y sencilla: lo que es bueno y necesario en una época y para ciertas circunstancias es inútil y perjudicial en otra y para otras.

En 1799 el obispo don Manuel Abad y Queipo sostenía, es verdad, la inmunidad personal del Clero, y de consiguiente la continuación de la existencia política de esta clase privilegiada. A este prelado, hombre de capacidad no vulgar, no podía ocultársele que el gobierno español había de ver con desdén las viejas pretensiones de independencia del Clero, basadas sobre las leyes que los eclesiásticos han expedido en favor suyo usurpando el poder civil. La defensa, pues, que hace de los privilegios de esta clase está toda basada sobre consideraciones políticas deducidas del estado del país y de sus exigencias sociales. Cuanto el señor Queipo dice sobre la necesidad de sostener esta clase política era entonces la verdad misma; y en aquellas circunstancias habría sido un delirio pensar en la abolición del Clero como clase privilegiada. Solo el Clero podía mantener en aquella época los principios de sumisión y orden público en una población cuya mayor parte se componía de dos clases (indios y castas), envilecidas por la ley, excluidas de todos los beneficios sociales y sometidas a la parte más pequeña de la población, compuesta de los blancos. En una situación que el gobierno español no tenía la voluntad ni la fuerza de cambiar, esa especie de gobierno teocrático era lo único que podía mantener la sumisión de clases ignorantes y oprimidas. Pero ¡qué diferencia del año de 1799 al de 1833! Hoy no existen clases envilecidas de hecho ni de derecho como entonces; hoy no hay en las masas aquella estúpida admiración por los ministros del culto, ni aquella deferencia absoluta a sus preceptos e insinuaciones, condición indispensable en el caso y sin la cual no pueden ser dirigidas o gobernadas por la teocracia sacerdotal; hoy finalmente ha desaparecido esta diferencia de castas, que se han perdido en la masa general por la fuerza eficaz, activa y disolvente de las revoluciones, deferencia que traía consigo la dominación de la raza privilegiada sobre las envilecidas y el odio de éstas contra aquéllas por consecuencia forzosa. Así pues, la necesidad de conservar el orden público, que en el estado social de 1799 no podía llenarse sino por medio del Clero, hacia que a la presencia de tan gran bien desapareciesen todos los inconvenientes de tolerar esta clase privilegiada. Cuando en 1833 el orden social mismo reconstruido bajo otras bases, la dignidad del gobierno desconocida en el ejercicio rehusado del antiguo patronato, la bancarrota de la propiedad territorial provenida de los gravámenes de capitales de obras pías, y una deuda pública de cerca de ciento veintiocho millones de pesos, que es exigida y no puede ser pagada por los recursos ordinarios, constituyen un estado social en el cual no se puede prescindir de la necesidad real, ejecutiva y urgente de proceder a la total abolición del sacerdocio como clase civil.

Por las mismas causas, motivos y medios, la administración de 1833-1834 acordó y llevó a efecto la supresión de otros cuerpos, que la metrópoli había legado a la República: de ellos unos eran auxiliares y dependientes del Clero, como la universidad y los colegios; otros eran incompletos o inútiles para su objeto, porque éste no existía ya o había dejado de ser importante; y todos tenían tendencias más o menos fuertes contra el sistema establecido y contra las autoridades de él emanadas.

Pero ya vemos que se nos dice ¿cómo es que se pretende que una nación pueda pasarse sin clero, sin milicia, sin cuerpos ni asociaciones políticas? ¿No son esta clase de seres morales los que dan el lleno a las necesidades espirituales, los que defienden la patria y sostienen al gobierno, los que educan a la juventud, los que socorren a los necesitados encargándose de los establecimientos de beneficencia, y los que promueven la ilustración, fomentan la riqueza y sostienen la economía pública en todos los ramos que la constituyen? ¿No es natural al hombre civilizado el espíritu de asociación, y no es a este espíritu al que se deben cuantos adelantos ha hecho la especie humana en todas líneas? Siendo esto pues así, como no puede negarse, ¿no es un designio insensato proyectar y un acceso de furor frenético el empeño de extirpar de la especie humana el espíritu de cuerpo o de asociación? Esto se llama formar el fantasma para combatirlo después, o en otros términos, desnaturalizar la cuestión para defender después lo que no se ataca, y suponer victoria cuando no ha habido combate: así se alucina a los necios, y entre tanto las cosas se quedan como estaban, que es lo que importa a ciertas gentes que no viven ni deben su bienestar sino a la miseria, ignorancia y credulidad ajena.

Ningún pueblo ha podido pasar sin clero y sin milicia: ésta es una verdad que nadie combate; pero ¿quién se atreverá hoy a negar que el Clero puede existir sin fuero ni bienes que especialmente se le consiguen para que los administre, aplique e invierta de la manera que le parezca? ¿Pues que no hay clero católico sino en los países en que este cuerpo tiene fuero y disfruta de bienes propios? ¿Qué cosa es pues el sacerdocio de Francia, España, Portugal, Austria y de otras muchas naciones católicas y no católicas en que hay iglesias de la comunión romana, cuyos ministros están a dotación fija, carecen de foro público y jurisdicción coactiva? Lo mismo decimos de la milicia: cotéjese el ejército francés e inglés con lo que se llama ejército mexicano, y se verá su inmensa diferencia; sin embargo, los dos primeros no gozan fuero ninguno civil, y se hallan los ciudadanos incorporados en ellos sometidos a la jurisdicción ordinaria, cuando el ejército mexicano, con fueros y por ellos mismos, es el azote de la República que mantiene en perdurable anarquía.

La administración de 1833 no rehusaba la existencia ni la cooperación de los cuerpos políticos civiles, lejos de eso creó muchos que aún no han podido acabar de destruir la reacción militar y sacerdotal. Lo que no se quería era que hubiera clases ni cuerpos privilegiados, cuyos miembros estuviesen exentos de las leyes y obligaciones comunes y de la jurisdicción ordinaria; lo que no se quería era que hubiese pequeñas sociedades dentro de la general con pretensiones de independencia respecto de ella; por último, lo que no se quería era que los poderes sociales destinados al ejercicio de la soberanía se hiciesen derivar de los cuerpos o clases existentes, sino por el contrario, que los cuerpos creados o por crear derivasen su existencia y atribuciones del poder soberano preexistente, y no pudiesen, como los ciudadanos particulares, alegar ni tener derechos contra él. Cuando la organización y existencia de los cuerpos políticos es emanada de la constitución del país y se halla en conformidad con ella; cuando sus atribuciones son definidas y sus derechos no van hasta hacerlos independientes de la soberanía y de los poderes destinados a ejercerla; finalmente, cuando la fuerza material y moral del gobierno es superior no solo a la de cada uno de ellos, sino a la de todos juntos: entonces los cuerpos son utilísimos, tienen lo necesario para ayudar a obrar el bien y son incapaces de entrar en competencia con la autoridad suprema, y producir los males y desórdenes que aquélla causa. De otra manera se rompe o no existe el equilibrio que debe haber entre el espíritu de cuerpo y el espíritu público, y desde que eso suceda no hay que pensar en unidad nacional. Lo dicho se entiende de los cuerpos considerados en general, pues en cuanto a las clases privilegiadas, clero y milicia, necesitaban arreglos especiales después de haber sido privada la primera del fuero y los bienes que disfrutaba, y abolida del todo la segunda para establecer bajo nuevas bases la fuerza pública que debería sustituirla.

La administración ocupada en destruir los obstáculos y vencer las resistencias que se oponían a su marcha, y en limpiar el terreno de los escombros del antiguo edificio que estorbaban para levantar el nuevo, no pudo pensar seriamente en el arreglo del Clero hasta marzo de 1834, es decir, dos meses antes de la reacción militar y sacerdotal, acaudillada por el presidente Santa Ana. Entonces se trató de hacerlo, pero en el modo de efectuarlo hubo diferencia de opiniones. El vicepresidente Farías, el señor Quintana, ministro de negocios eclesiásticos, y las personas de quienes se aconsejaba ordinariamente el gobierno, opinaron constantemente que todos los arreglos debían partir del principio de independencia absoluta entre el poder civil coactivo y el espiritual de conciencia y de convicción, y terminarse en la separación de las funciones que se deducen de la naturaleza de uno y otro poder. Esta opinión no era la de las cámaras: los señores Espinosa de los Monteros y Huerta, en la de Diputados, y el señor Rejón y las notabilidades del senado, conviniendo en la necesidad de que la autoridad soberana recobrase el ejercicio del poder público que había confiado al Clero, sostenían además que ella debía mantener todas las prerrogativas de que hasta la independencia había disfrutado el gobierno español, reconocidas en el último concordato y ejercidas a virtud del derecho de patronato.

El arreglo del Clero proyectado por el gobierno se halla reasumido en la sección quinta de este tomo. En él no se reconocen otros ministros del culto que los obispos, canónigos, curas y vicarios o auxiliares; otros templos que las catedrales, colegiata de Guadalupe, parroquias y ayuda de parroquias; a los altos funcionarios eclesiásticos y a las iglesias en que deben ejercer su ministerio se les asignan dotaciones inferiores a las que han disfrutado, pero todavía muy cuantiosas;

se aumenta el número de obispos y de iglesias catedrales, y se facilita en consecuencia el ejercicio espiritual de las funciones apostólicas. Las parroquias quedarían, como es de su institución, para administrar los sacramentos, y, a efecto de aproximarlas a las necesidades de los fieles, su número debía de pronto aumentarse manteniendo las que existen y erigiéndose de nuevo con este carácter las misiones y las que hasta entonces solo habían sido pilas bautismales. A cada una de ellas se le asignaba a lo menos dos ministros, con dotaciones competentes, y la facultad de percibir derechos por la pompa en la administración de los sacramentos y en las oraciones de los finados, todo con arreglo al arancel que se formase. Los ministros y el culto de las iglesias deberían hacerse con las dotaciones asignadas o que en lo sucesivo se asignasen por el gobierno; sin que éstas pudiesen consistir en fondos territoriales, ni en capitales que quedasen a disposición del Clero, sino en rentas provenientes de contribuciones que se votasen en los presupuestos anuales de los Estados y ayuntamientos. Los 30,031,489 pesos de bienes improductivos del Clero debían quedar para el decoro del servicio eclesiástico, y repartirse los que hubiesen pertenecido a los regulares entre las iglesias catedrales y las parroquias.

El gobierno debía establecer estos arreglos, pero no llevarlos a efecto por medios imperativos, sino en los que fuesen de su resorte como la prohibición de adquirir y tener bienes; lo demás debería ser obra de la persuasión y de rehusar se hiciesen otros pagos para el servicio eclesiástico que los que él mismo hubiese acordado o en lo sucesivo acordase: en esto consistía la sanción real y eficaz de semejantes disposiciones. Por lo demás, el gobierno debía renunciar a nombrar para destinos y puestos puramente eclesiásticos, a designar territorios, establecer ni autorizar jurisdicciones espirituales, a entrometerse en el ejercicio de éstas, establecer o interrumpir las relaciones que existen entre fieles, párrocos y pastores, dejando que los unos se entendiesen con los otros de la manera que pudiesen o quisiesen, en creencias, ceremonias y obligaciones de conciencia. Nada de esto era obra del momento, demandaba años, constancia y sobre todo calma de pasiones; pero como todo debía ser obra de un designio concebido y arreglado anticipadamente, se resolvieron estas bases como punto de partida.

Las cámaras, según va expuesto, se atuvieron al principio jurídico de patronato, que el Clero desde la independencia había rehusado reconocer al poder civil de la República. Con arreglo a este principio, se expidió la famosa ley de curatos, que el vicepresidente sancionó por fin. Esta medida que coincidió con el regreso del presidente Santa Ana al gobierno, y con su resolución de trastornar cuanto se había hecho, determinó la crisis que puso el poder en manos de la oligarquía militar y sacerdotal, y que ha conducido las cosas al estado en que hoy las vemos. El Clero sufría con disgusto, como se deja entender, que la autoridad civil retirase su sanción al pago del diezmo y a los votos monásticos, que recobrase los bienes y la jurisdicción que se le habían dado, y que se le privase del monopolio de la educación pública: todo esto lo veía con disgusto, pero no podía persuadir a nadie la incompetencia de la autoridad pública, que notoriamente obraba dentro su esfera. No fue lo mismo cuando se le impusieron preceptos positivos, cuando se le mandó obrar, cuando se pretendió nombrar los funcionarios eclesiásticos: entonces hubo ya escrúpulos, verdaderos o afectados, que provocaron resistencias de conciencia o que se decían tales. Esto produjo mártires, que son un fatal elemento para el gobierno que no ha sabido precaverlo o precaverse de él. Hoy no es posible saber cuál habría sido el valor de estas resistencias abandonadas a sí mismas y, sin el apoyo prestado por el gobierno que se hallaba en las manos de Santa Ana, es muy probable que ellas no habrían sido de todo el Clero, pues si bien es verdad que tales convicciones eran íntimas y profundas, en los señores Portugal, Zubiría y otros hombres austeros, ¿qué género de conciencia podía sugerírselas a don Juan Manuel Irisarri y a otros muchos de su clase que le son muy parecidos? Sea como fuere, lo que no tiene duda es que los embarazos producidos por estas resistencias no valdrían ni con mucho las ventajas que se esperaba reportar de superarlas.

La organización de la milicia o de la fuerza pública debía ser la misma que en los Estados Unidos: un pie veterano compuesto de algunos cuerpos de la misma clase en las tres armas, situados en las plazas artilladas y en las fronteras, especialmente del norte, por la vecindad de la república Anglo Americana, y por las incursiones de los bárbaros; una milicia urbana o cívica para mantener la seguridad pública y la tranquilidad interior en los Estados, en las poblaciones y en los campos, y hacer todos los servicios necesarios al desempeño de semejantes objetos, algunos colegios militares para la enseñanza de las ciencias conducentes a la profesión, y una dirección general militar encargada de la parte facultativa y que fuese en la materia el consejo nato del gobierno. Éstas son las bases, a lo que pudo saberse de la nueva organización destinada a la fuerza pública. El número de cuerpos y de las plazas de que debían constar quedaba librado a las exigencias públicas, que siendo de su naturaleza variables, no podían ser sometidas a una medida fija y precisa. Nada de fueros, nada de privilegios ni exenciones de las cargas públicas, de la ley común, ni de la justicia y tribunales ordinarios, en los negocios civiles ni criminales. Solo los delitos militares debían quedar sometidos a los consejos de guerra, y ellos debían ser definidos por ley de una manera precisa.

Este orden de cosas se hallaba ya establecido en su base, es decir, la milicia sin privilegios o cívica; ella existía por todas partes y había reemplazado a la privilegiada que se hacía desaparecer rápidamente, sin que hiciese falta para nada. Las exigencias públicas estaban satisfechas: entre ellas no se contaba la de una guerra exterior, que la administración Farías había sabido precaver, no por fanfarronadas militares, sino por actos administrativos de vigor, que tienen cumplido efecto cuando no se destruye a mano armada la constitución del país, ni se ofenden los intereses por ella creados. Aun cuando se supusiese la guerra de Texas sobrevenida, lo peor que podía haber sucedido es que las cosas llegasen al estado en que se hallan hoy: un ejército no puede servir sin ser pagado, y el de México no lo puede ser porque la milicia privilegiada destruye las fuentes de la prosperidad y crédito público, que son los medios de efectuarlo. Después de la independencia, la única vez que ha podido servir de algo esta milicia ha sido la presente: ¿y qué es lo que ha sucedido?... Dígase ahora que no tenía razón la administración Farías cuando obraba en sentido de abolirla, como perjudicial en lo interior e inútil e inservible para una guerra extranjera.

4.º Reconocimiento, clasificación y consolidación de la Deuda pública, designación de fondos para pagar desde

luego su renta, y de hipotecas para amortizarla más
adelante

5.º Medidas para hacer cesar y reparar la bancarrota de
la propiedad territorial, para aumentar el número de
propietarios territoriales, fomentar la circulación de
este ramo de la riqueza pública, y facilitar medios de
subsistir y adelantar a las clases indigentes sin ofender
ni tocar en nada al derecho de los particulares

La deuda pública mexicana es exorbitante para el país, considerada en sí misma, y más aún todavía con relación al estado que hoy tienen y que conservarán por mucho tiempo
las rentas públicas, que son los medios de amortizarla. Los
congresos mexicanos que se han sucedido desde 1821 hasta
1833 se han hecho como una obligación de olvidarla, y este
negocio, uno de los más importantes en los países civilizados, ha estado en México sepultado en el olvido hasta que lo
sacó de él la administración de 1833. Entonces fue cuando
empezó a sospecharse toda la profundidad del abismo en que
la República iba insensiblemente sumiéndose. Sospecharse es
la palabra propia y adecuada para indicar el estado de abandono en que la tribuna parlamentaria, la autoridad pública y
la prensa periódica habían dejado hasta entonces un asunto
de arreglo urgente y un ramo administrativo de la primera y
más vital importancia.

Los apuros crecientes del erario, la depreciación que de un
mes, de una semana y de un día para otro, sufrían las órdenes sobre aduanas marítimas, y sobre todo la imposibilidad
que se advertía en los particulares para ocurrir a los apuros
del gobierno, empezó a fijar la atención de los hombres pensadores. La administración del señor Farías, más inteligente

y menos espantadiza que las que le precedieron, se resolvió a examinar el negocio a fondo y poner en claro el origen del mal para procurar en seguida sus remedios. En discusiones privadas y en escritos sueltos o publicados periódicamente, se habían estado examinando, con más o menos calor desde que el país tuvo un gobierno propio, las cuestiones de ocupar al Clero los bienes de que es usufructuario y aplicarlos al crédito público; pero jamás habían sido consideradas en conjunto y bajo un punto de vista general, hasta que el ministerio Alamán estableció por principios de administración todos los que constituyen el programa de la marcha retrógrada. Entonces el espíritu de partido, las exigencias que habían creado en diez años, las nuevas ideas administrativas y, sobre todo, los inmensos gravámenes que se habían echado y se echaban aún sobre el país por los préstamos extranjeros y nacionales, empezaron a hacer sensible e indeclinable la necesidad de ocuparse del asunto y tratarlo de una manera práctica capaz de reducirse a ejecución. La discusión pública habida por la imprenta, aunque perseguida y desdeñada por la administración Alamán, había puesto en claro muchos de los puntos concernientes a este asunto. Cuando la revolución de 32 triunfó, siendo ya la discusión más libre, fueron ya más ilustrados y mejor entendidos tales puntos; además, como el poder había pasado a personas cuyas simpatías por semejantes ideas eran bien conocidas, fue fácil y natural concebir esperanzas más positivas y fundadas de realizarlas. Finalmente, cuando la revolución de Arista fue comprimida y vencida en ella las tendencias rebeldes de las clases privilegiadas, pasó todo esto a ser asunto de discusión general diaria, exigente y apasionada.

Aparecían por todas partes diferentes proyectos en los cuales se tocaban, con más o menos tino, las complicadas y difíciles materias que, por su enlace íntimo con antiguos abusos y preocupaciones, habían creado intereses poderosos que era importantísimo no contrariar ni alarmar, sino por el contrario robustecer, fortificar y darles una dirección favorable a la marcha sembrada de riesgos que era ya inevitable emprender. La Memoria sobre rentas y bienes eclesiásticos, escrita por el doctor Mora a excitación del gobierno y congreso de Zacatecas, acababa de publicarse y había contribuido en mucha parte a hacer de moda la discusión de estas materias. Pero como sucede siempre que la sociedad se halla agitada de poderosas pasiones y sometida a fuertes sacudimientos, las resistencias eran contadas por nada, y cada cual se prometía vencerlas en su proyecto favorito, que presentaba con una confianza sin límites y pretendía fuese adoptado sobre la marcha.

Desde el triunfo de Guanajuato el negocio se llevó a la Dirección de Instrucción Pública, donde se empezó a tratar de él, y los señores Espinosa de los Monteros, Couto y Mora lo tomaron especialmente a su cargo. Luego que los agiotistas lo entendieron, se pusieron en movimiento, y con el deseo y esperanza de hacer grandes ganancias ocurrieron al diputado don Lorenzo Zavala para que condujese el negocio en las cámaras, de manera que ellos pudiesen obtener grandes ventajas de que se ofrecían a hacerlo partícipe. Zavala, hombre poco delicado en todas líneas pero muy especialmente en materia de dinero, mal aconsejado por su pueril vanidad, creyó poder terminar el negocio a su modo, poniendo en ejercicio el influjo que pretendía ejercer sobre las cámaras. Para esto fue necesario anticiparse al gobierno, y la coyuntura era favorable en razón de que, aunque el general Santa Ana estaba para marcharse a su finca, todavía se hallaba ejerciendo la presidencia.

Zavala, pues, presentó en la cámara de Diputados el 7 de noviembre un proyecto para el arreglo de crédito público que contenía dos partes: la una relativa a la organización de sus oficinas y sueldo de sus empleados, que se leyó en público; y la otra de que se dio cuenta en sesión secreta relativa a la amortización de la deuda interior y a los medios de lograrla. El contenido de la primera es insignificante y no tenía otro objeto que excitar la empleomanía de algunos ahijados diputados y senadores, cuyo voto se pretendía obtener por esperanzas de colocación. No era lo mismo el de la segunda, pues en ella se tocaban, con poca delicadeza y menos tino, puntos muy graves de reformas políticas, de administración y de economía pública. En ella proponía Zavala la supresión de los regulares, la ocupación inmediata de los bienes del Clero y, en seguida, su venta en hasta pública, recibiendo su precio en créditos y dinero por mitad, y a los plazos que se estipulasen. La convicción general y bien fundada de que don Lorenzo Zavala no perdía ocasión de hacer dinero aunque esto fuese por los medios menos decentes; la naturaleza del negocio que le ofrecía la ocasión de satisfacer estas propensiones haciendo una fortuna rápida y las seguridades positivas y comprobadas que se tenían de haberse este diputado vendido a ciertas personas que hacían negocios con el gobierno, y que por consideraciones patrióticas nos abstendremos de nombrar mientras que ellos mismos no nos provoquen a hacerlo, causaron una alarma terrible al señor Farías, que veía comprometido por manejos vergonzosos el honor de la administración en un punto tan capital. Resuelto, pues, a impedir el curso del negocio propuesto y darle un giro más útil, decente y patriótico, acudió, como lo tenía de costumbre, a la Dirección de Instrucción Publica, y en una sesión que se tuvo el 14 de noviembre se examinó a fondo la materia de crédito público y la mayor parte de las cuestiones importantes que tienen con ella una relación necesaria; y el resultado de la discusión habida en ella puede resumirse en las ideas contenidas en los puntos siguientes:

«1.º Que había una deuda interior cuyo monto, estando a la letra de los compromisos contraídos, ascendía a más de sesenta millones.

»2.º Que la deuda exterior, con réditos capitalizados y dividendos no pagados, pasaba de treinta y cinco millones de pesos.

»3.º Que las rentas ordinarias de la República, aun suponiéndolas bien administradas en su maximum de rendimientos y destinadas a satisfacer los gastos de un Estado pacífico y ordinario, cosas todas por cierto bien difíciles y por lo mismo poco probables, apenas alcanzarían para este objeto, y a lo más dejarían un corto sobrante para satisfacer de una manera muy escasa e insegura una parte también muy corta de los intereses de la deuda pública.

»4.º Que no pudiéndose por espacio de muchos años a contar de una manera ya no segura, pero ni aun probable, para los gastos ordinarios con los productos también ordinarios de las rentas, y siendo de urgencia ejecutiva cubrirlos, era necesario de pronto apelar a recursos extraordinarios, so pena de hacer una bancarrota que hoy no pasa entre los pueblos civilizados, que podría causar reclamos desagradables y embarazosos al país por parte de la Inglaterra, que expondrían al país a una guerra en la que la independencia misma debería ser comprometida de una manera parcial.

»5.º Que los recursos extraordinarios de que inevitablemente era necesario echar mano no podían consistir en contribuciones sobre la propiedad territorial, porque: estando en bancarrota en razón de que los capitales que la gravan exceden al valor que ella misma tiene; hallándose estancada porque la casi totalidad de dichos capitales y toda la propiedad urbana pertenece al Clero; y permaneciendo indivisible porque el Clero mismo tiene derecho para oponerse y se opone a dicha división, no puede sufrir en tal estado contribuciones ningunas, no puede adquirir el valor que le da la circulación de ventas frecuentes y multiplicadas, ni éstas pueden tener lugar cuando lo que se pone en venta es un territorio de valor excesivo, que aleja la posibilidad de pagarlo y con ella la concurrencia de compradores.

»6.º Que dichos recursos tampoco podían esperarse de la propiedad e industria mineral, porque: gravada por los capitales del país y extranjeros, que reconoce después de la independencia, costosísima en sus labores, y todavía no reparadas completamente sus quiebras y la bancarrota en que yacía, apenas puede hoy sufrir las contribuciones ordinarias.

»7.º Que a lo que se llama industria manufacturera del país, estando reducido a poco menos que nada y habiendo sufrido todos los gravámenes impuestos anteriormente, las materias sobre que se ejerce, no podría racionalmente exigirle gran cosa; ni lo que ella hubiera de rendir debería pesar mucho en la balanza del déficit de la deuda.

»8.º Que siendo el comercio poco conocido y estando desnivelado en México por el contrabando que se hace en sus puertos, cual en ninguna otra parte del mundo, el aumento de contribuciones acabaría de arruinar las rentas públicas fomentando la circulación clandestina y la defraudación de derechos; por el interés de los introductores en hacer el contrabando, por la inmoralidad de los empleados, que se prestarán siempre a recibir el sueldo del gobierno con el precio de su infamia, y por la incapacidad en que se hallará por mucho tiempo el poder para reprimir o evitar estos manejos fraudu-

lentos. Que los impuestos o capitaciones forzosas, además de
su natural injusticia proveniente de la desigualdad inevitable
en su repartición y de la calidad de ruinosos a la prosperidad
pública, por recaer casi siempre sobre el capital, en México serían ineficaces, atendido que la parte más considerable
de ellos debería recaer sobre casas de extranjeros exentos de
ellos por sus respectivos tratados.

»9.º Que no siendo adoptable en un período indefinido de
años, el aumento de contribuciones sobre las ya existentes, y
no pudiendo por otra parte diferirse colmar el déficit, probable en los gastos de administración a interior de la República
y seguro en el pago de los intereses y capitales de la deuda
de dentro y fuera del país, si se hallaba un fondo considerable que pudiese servir al efecto y aplicarse para lograrlo, sin
violar por otra parte las leyes de la justicia, se debía proceder
a ocuparlo, destinándolo desde luego a las operaciones que
debían procurar este resultado.

»10.º Que este fondo existía y consistía en los bienes del
clero, cuya ocupación era posible, política, justa, eficaz para
el intento, benéfica a la riqueza pública y al bienestar de las
masas.

»11.º Que los obstáculos de donde provendría la resistencia a la ocupación de los bienes del Clero podían reducirse
a dos clases, a saber: el carácter de irreligioso bajo el cual
se debía presentar este acto por los interesados, y el riesgo
que podrían temer los particulares que tienen o ejercen derechos sobre dichos bienes de empeorar de suerte en el cambio
proyectado. Que para vencer el primer obstáculo bastaba de
pronto la energía del gobierno, más adelante su constancia,
y sobre todo su moderación y paciencia, para dejar correr y
sufrir todas las calumnias y dicterios del furor sacerdotal,
mientras no se pasase a las vías de hecho, en cuyo caso éstas

deberían ser reprimidas con energía sí, pero sin excesos, sin furor y sin encono; resultado que no sería imposible obtener, hallándose con anticipación prevenido a soportarlo. Que el segundo obstáculo para la ocupación de dichos bienes, provenido de los particulares que reconocen al Clero capitales considerables y de los que tienen sus fincas en arrendamiento, se salvaba mejorando la suerte de unos y otros interesándolos en el cambio, concediendo a los tenedores de capitales el derecho de conservarlos por tiempo indefinido, a condición de mantener las hipotecas y pagar el solo interés reducido por una quita; que a los inquilinos de fincas rústicas, lejos de despojarlos de ellas, debían dejárseles en propiedad, despachándoles el título correspondiente de propietarios de ellas, sin más condición que continuar pagando la renta como hasta allí, y con la seguridad positiva de no exigirles jamás la exhibición del valor de dicha finca, que debería calcularse al cuatro o cinco por ciento de la renta misma. A los arrendatarios de fincas rústicas, después de divididas éstas en porciones, cuyo valor aproximativo no excediese de veinticinco mil pesos, debía aplicárseles la que eligiesen, en los mismos términos y bajo las mismas condiciones exigidas y prescritas para la aplicación de las fincas urbanas. Tal proyecto, considerado en sí mismo, sería de una ejecución bien fácil, pues sin cambiar en nada la marcha de las cosas, ni el orden establecido en este ramo de la riqueza pública; sin interrumpir ni alterar los proyectos, goces ni esperanzas que sobre semejantes bienes pudieran haberse concebido, mantenía invariablemente los intereses creados, con la imponderable ventaja de segregarlos del Clero, que debía considerarse como una clase hostil, y ligarlos estrechamente al gobierno que se quería consolidar. Los particulares, en orden a la renta o interés que debían pagar, quedaban en el mismo o mejor estado por la quita que se les hacía; en orden a la cosa poseída, sus ventajas eran visibles, pues que en ningún caso posible podían ser despojados de ella mientras pagasen la renta o interés; además, siendo de hecho propietarios verdaderos, no solo gozaban de un usufructo imperturbable, sino del derecho de mejorar su fortuna, aprovechando las ocasiones que no dejarían de presentarse de vender con ventaja una cosa adquirida a tan fáciles y equitativas condiciones. La riqueza pública ganaría mucho igualmente por la facilidad y frecuencia de los cambios, que aumentan siempre el valor de las cosas por la multiplicidad de las ventas. De esta manera, la bancarrota de la propiedad territorial iría insensiblemente desapareciendo, así por el aumento de valor, natural y preciso en bienes que se ponen en circulación sobre los que se hallan estancados, como porque el interés individual e estimulado por el sentimiento creador y conservador de la propiedad haría en ellos las mejoras que no eran de esperarse de un usufructo más o menos precario, y sin otra seguridad que el beneplácito de los dueños titulares. La condición de las masas mejoraría también muy considerablemente, no solo por el aumento de valores o capitales que se ponían en circulación y facilitan los medios de subsistir y gozar a los miembros de la sociedad, sino porque así se despierta y estimula el espíritu de empresa que vivifica y pone en actividad las facultades y capacidades sociales.

»12.º Que los bienes eclesiásticos así ocupados debían exclusivamente destinarse, de pronto, al pago de los intereses de la deuda y, más tarde, a su amortización, sin que ninguno de sus productos pudiese entrar en las arcas nacionales ni aplicarse temporal o perpetuamente a otros objetos.

»13.º Que los gastos del culto deberían salir de estos fondos, empezando por segregar de ellos a razón de tres o cuatro mil pesos por cada uno de los regulares de ambos sexos, actualmente existentes en la República, a quienes se entregarían personalmente para descargarse la nación de las obligaciones contraídas con ellos al garantirles su estado; que los regulares de ambos sexos suprimidos, y para lo sucesivo el Clero, no podrían mantener, adquirir ni administrar bienes ningunos para su clase, sino que ésta sería pagada y sostenida por la nación; que el gobierno sostendría una iglesia catedral en cada estado, la colegiata de Guadalupe, dos ministros en cada parroquia, el número de las cuales debería aumentarse, y otros tantos en algunos santuarios célebres que no hubieran podido constituirse en parroquia, como debía hacerse por regla general con los templos de su clase; que el gobierno no asignaría el número de obispos, canónigos, curas ni ministros inferiores del culto, sino que pondría a disposición del Clero los templos y las cantidades asignadas para el culto y sustento de los ministros eclesiásticos, cuando éstos estuviesen ya nombrados (previa la exclusiva) y se hallasen ejerciendo su ministerio.

»1.º Que se debía empezar por fijar un término para que todos los acreedores del Estado presentasen sus documentos de crédito, y éstos deberían en seguida ser examinados, reconocidos y clasificados, así en orden al capital como a los réditos o intereses; que se pagaría la renta toda de lo reconocido y admitido, y esta operación empezaría a tener efecto al cabo de un año, pero que el capital no se amortizaría sino por orden sucesivo, destinando anualmente cantidades parciales al efecto, que serían todas las sobrantes después de satisfechos los compromisos y gastos anuales del establecimiento; que éste debía consistir en un banco destinado a recoger los caudales, a pagar los intereses de la deuda interior y a verificar las amortizaciones anuales, por sí mismo en la capital de la República, y por sucursales en las de los Estados; que la deuda interior podría en lo sucesivo correr también por cuenta de este banco, entrando con sus hipotecas a formar un fondo común; pero que esto debería diferirse hasta que la experiencia hubiese dado crédito a un establecimiento que, por ser reciente y hallarse bajo la autoridad de un gobierno hasta entonces sin crédito, no podía inspirar confianza, sino cuando repetidos hechos hubiesen comprobado la solidez de sus operaciones y la exactitud en sus pagos; que los fondos aplicables al crédito público debían ser los poquísimos hasta entonces a él consignados, los intereses de los capitales y las rentas de las fincas ocupadas al Clero, los productos de los embargos hechos contra los que no pagasen el interés o la renta expresada y el valor de las fincas embargadas, que entonces y solo entonces debían venderse poniéndolas en hasta pública y rematándolas en el mejor postor; que los Estados de la Federación, una vez planteado este establecimiento, quedarían libres y exentos de la obligación de contribuir para el pago de la deuda en lo sucesivo, y además percibirían una parte de la alcabala que estaban obligados a pagar los particulares por las aplicaciones o ventas de las fincas que se hiciesen a su favor.»

Éste es en compendio el resumen de la sesión expresada anteriormente, y a la cual asistieron los señores Farías, como presidente, Espinosa de los Monteros, como vicepresidente, y en calidad de vocales, los señores Quintana Roo, Couto y Mora (el doctor). El señor Rodríguez Puebla, en razón de una grave enfermedad, no había aún todavía entrado en la dirección para que estaba nombrado, y el señor Gorostiza, sin que nos sea posible recordar la causa, no hizo más que entrar y salir declarando que todo le parecía bien. Los señores Farías, Couto y Mora sostuvieron toda la discusión: tomó parte en ella y la ilustró con sus profundas y sólidas reflexiones el señor Espinosa de los Monteros, a pesar de la frecuencia con que era interrumpido por ser llamado sin cesar a la Cámara, donde su presencia era en aquel día más necesaria que de ordinario; el señor Quintana, como lo tiene de costumbre, habló poco, pero con acierto y sobre todo a propósito. Sentadas las bases del proyecto en las que no hubo divergencia, Mora se encargó de extender sus motivos, y lo hizo sin dilación en el Indicador de la Federación Mexicana de 20 de noviembre de aquel año. Este artículo se halla a la letra en este tomo, y su efecto fue tan decisivo en la masa de los que se ocupaban de estas cosas, que, desde su publicación, ya no se pensó en otras bases para el arreglo del crédito; y si se hubiera procedido a elevar a ley desde luego las contenidas en él, otra tal vez habría sido la suerte de la administración de 1833-1834.

Pero la excesiva confianza que había dado el triunfo, el empeño de que las cosas salgan perfectas desde los primeros ensayos y, sobre todo, el hábito de dejar para después lo que se debía hacer antes, dieron lugar a que los hombres que ya habían consentido en apoderarse de estos bienes según el proyecto de Zavala y el Clero, para quien cualquiera otra enajenación era mejor que la que se proyectaba, se pusiesen de acuerdo y obrasen de concierto para dar al negocio un giro diverso. Desde antes de la revolución de Arista habían empezado las enajenaciones simuladas, o a precios muy bajos de las fincas de los conventos y provincias de regulares. Una asociación de compradores la propuso al provincial y definitorio de Carmelitas, y don Francisco Sánchez de Tagle se constituyó el centro y alma de este negocio. Él era a la vez director de los asociados, consultor de los Carmelitas y comprador él mismo por su cuenta; claro es, pues, que el negocio debía ser conducido con acierto, probidad y, sobre todo, desinterés.

El gobierno, sin embargo, no fue de esta opinión y empezó desde entonces a prohibir y declarar nulas las ventas, pero ellas seguían a pesar de las prohibiciones: se hacía desaparecer la riqueza mueble; se creaban acreedores contra conventos e instituciones que jamás los habían tenido, todo por supuesto con data muy anterior a la época; por último, cuando esto no surtía efecto, aparecían como apoderados de los regulares los que no habían podido sostener o desconfiaban del título de compradores. Los frailes de todos los órdenes regulares, asustados con el riesgo que les amenazaba y se les procuraba abultar, estimulados por la esperanza de hacerse dueños personales del producto de las ventas, y habiendo hecho callar todas las inquietudes de conciencia, por la consideración de que, supuesta la necesidad de la pérdida de sus bienes, era mejor se aprovechasen de ellos los hombres religiosos que los querían comprar, que los impíos que pretendían destinarlos a objetos de pública utilidad se prestaron a todo, malbaratando casas muy valiosas y haciendo desaparecer cantidades de mucha consideración.

El Clero secular, más circunspecto e infinitamente más diestro en las intrigas de sacristía, se contentaba con inspirar y fomentar desconfianzas en la masa supersticiosa, y minaba sordamente, pero con una constancia infatigable, la unión que hasta entonces había existido entre los vendedores. Estos esfuerzos surtieron todo su efecto, como lo acreditaron los sucesos posteriores, y era éste ya tan visible y conocido, que cuando se presentó en la Cámara de Diputados el dictamen de su comisión para el arreglo del crédito nacional, adoptando todas las bases acordadas en la Dirección de Instrucción Pública, fue recibido con una frialdad muy marcada, y desde entonces se supo ya de positivo encontraría en el Senado una fuerte oposición que podría ir hasta desechar sus bases.

El trabajo de la comisión, inserto en este tomo, es la obra más perfecta, completa y acabada que se ha presentado en México a los cuerpos deliberantes; nada se echa menos en él, nada hay sobrado o redundante y, sobre todo, admira el tino y acierto con que se hallan tratados puntos tan nuevos y difíciles, e igualmente la unidad que se ha dado a materias que, pareciendo por su naturaleza divergentes, se presentan no obstante exactamente subordinadas a una idea simple y sencilla. Solo una cabeza fuerte, analítica y pensadora, era capaz de abrazar en grande y en todos sus pormenores un todo tan complicado, de manera que se pudiese descender del primer principio hasta la última y más remota consecuencia, sin perder de vista el uno por la distancia en que se halla la otra. El autor de esta notable producción es una de las principales y primeras notabilidades del país: don Juan José Espinosa de los Monteros es nativo del Estado de Guanajuato, e hizo sus estudios en el seminario conciliar de México, de donde salió para la carrera del foro, en la que empezó a ser admirado tan pronto como fue conocido. Una dedicación infatigable al estudio; un talento sólido y profundo en sus concepciones; un tino y tacto finísimo para comprender a la primera ojeada los negocios más complicados, para señalar con dedo certero el punto preciso en que se encuentra la dificultad de cada uno y el modo de resolverla; una facilidad prodigiosa, finalmente, para distribuir un asunto, colocar sus materias en el lugar que a cada una corresponde y darles el valor de que son susceptibles, todo sobre la marcha, por un solo acto y por un proceder momentáneo, hicieron que Espinosa fuese desde sus primeros ensayos reconocido como un hombre superior, de aquellos que no vienen al mundo sino tarde y pocas veces:

esta justa reputación, lejos de debilitarse, se ha robustecido y consolidado con el tiempo, que en una larga carrera ha traído el desarrollo de dotes naturales, cuya reunión forma y constituye la capacidad mental de este ilustre ciudadano. El señor Espinosa es hoy considerado como el primer jurisconsulto de la República, no solo por la extensión y profundidad de conocimientos en la jurisprudencia civil y canónica, con que se halla también el doctor Vélez, sino por ser la historia viviente de todos los tribunales, el depositario de sus tradiciones, el intérprete del espíritu verdadero de sus sentencias y acuerdos, y sobre todo por hallarse con un conocimiento cabal y perfecto de los títulos sobre que reposan los derechos de propiedad de las familias mexicanas de medio siglo a esta parte. Como hombre político, este ciudadano pertenece al partido del progreso, conoce a fondo sus principios, fines y objetos, los medios de realizarlos y las oportunidades de hacerlo: era el jefe reconocido de la política del gobierno en la Cámara de Diputados de 1833-1834, y en el ejercicio de esta especie de supremacía parlamentaria fue tan cuerdo y tan sensato, en medio de hombres celosos de su independencia hasta el exceso, que nadie tuvo el menor motivo para quejarse de ella, y todos se sometían sin violencia ni disgusto a una superioridad indisputable e indisputada. El señor Espinosa ha desempeñado dos ministerios, ha sido magistrado en los tribunales superiores y, por el concepto que disfruta y su posición social, ha influido poderosamente en las grandes ocurrencias del país. El general Iturbide hacía de él una confianza ilimitada, que desgraciadamente no se extendió a los secretos relativos a su elevación al imperio, no aprobada por Espinosa; la calumnia sin embargo supuso en él, sobre ésta y otras faltas, una complicidad que no existía, solo porque en los momentos de desgracia no tuvo el valor de que otros podían jactarse: el de ser infiel a un amigo de quien nada podía en lo sucesivo esperar.

La perfección del dictamen sobre arreglo de la deuda pública era en las circunstancias su mayor inconveniente: ellas exigían, no leyes perfectas, sino medidas prontas y enérgicas que no podían esperarse de la discusión en dos Cámaras de un proyecto de cerca de cien artículos, difíciles por la novedad de la materia, por los intereses que era necesario combinar y por la reacción teocrático-militar que estaba viniéndose encima por momentos. En efecto, ésta anduvo más aprisa y el proyecto quedó no solo sin ejecutarse, sino aun sin concluirse su discusión en la Cámara de Diputados; pero él no será perdido para el país. Sus bases son tan sólidas, tan conformes a las necesidades nacionales, tan propias para fomentar la riqueza pública y tan conformes con los principios del sistema representativo republicano, que lo harán renacer de sus propias cenizas y realizarse por sí mismo: no hay que dudarlo, el tiempo y la convicción traerán inevitablemente un resultado que la discordia frustró en 1834.

Cuando se extendió el proyecto en cuestión, se carecía de datos aun aproximativos, 1.º del monto de los bienes del Clero; 2.º del de los compromisos contraídos por la deuda nacional extranjera y doméstica; 3.º del que debería resultar por el presupuesto que se acordase para los gastos del culto; y 4.º sobre todo del valor de los capitales productivos, que son en México las fuentes de la riqueza nacional en los ramos de propiedad territorial, urbana y rústica, de minería, de comercio y de industria. Todo esto era necesario, sin embargo, para resolver las cuestiones siguientes, sin las cuales nada podía acordarse con acierto. 1.ª ¿Es posible hacer frente a los compromisos contraídos por la deuda pública con los recursos ordinarios del gobierno, o, lo que es lo mismo, con lo que actualmente rinden las contribuciones ya impuestas? 2.ª En el caso de que los recursos ordinarios no basten y sea indispensable apelar a los extraordinarios, ¿podrán obtenerse éstos por nuevas contribuciones? 3.ª No siendo posible imponer nuevos gravámenes, ¿sería político, justo y natural ocupar los bienes del Clero y destinatarios al efecto? 4.ª Estos bienes, saliendo del poder del Clero y pasando a manos industriosas, ¿serán bastantes a pagar de pronto los intereses, y más tarde a la amortización a lo menos de la deuda interior, e igualmente a satisfacer en el todo o en su mayor parte los gastos necesarios a la conservación del culto? 5.ª Ocupados estos bienes, ¿deberán venderse desde luego poniéndolos en hasta pública, o adjudicarse a los que hoy los tienen por cualquier título, sin más condición que pagar la renta o interés, y redimir el capital cuando quisieren o pudieren? 6.ª Supuesto este arreglo, ¿los bienes del Clero serán una hipoteca segura de la deuda en su amortización y en el pago de sus intereses? 7.ª ¿Deberá tratarse de amortizar la deuda por una operación simultánea, pagar solo los intereses, dejando la amortización a la compra de obligaciones por el gobierno, o asegurar el pago de los intereses y destinar una parte del fondo a la amortización sucesiva y directa del capital? Los datos, para resolver estas cuestiones de una manera positiva y numérica, se empezaron a buscar desde entonces. Muchos de ellos existían en poder del doctor Mora, otros se recogieron en diversas oficinas; pero para combinarlos se necesitaba el tiempo con que no se pudo contar: hoy esta combinación está hecha, los datos se publican en este tomo, y con ellos se procede a dar la resolución de las cuestiones indicadas.

No es posible hacer frente a los compromisos contraídos por la deuda pública con los recursos ordinarios del gobierno. El presupuesto anual del gobierno federal, porque el del central aún no se conoce, ha sido calculado de algunos años a esta parte de dieciocho a veintiún millones de pesos, sin contar en él los intereses de la deuda, ni la amortización parcial pactada para la extranjera; así consta de las memorias del ministerio de hacienda presentadas del año de 29 al de 35. Y es preciso que así sea porque el ejército jamás ha consumido menos de quince millones, y los empleados civiles y demás gastos de la Federación vencen por cerca de seis millones igualmente. Ahora bien, las rentas ordinarias jamás han rendido más de dieciséis millones de pesos como puede verse en las mismas memorias; luego es claro que aun para los gastos comunes y corrientes no bastan los productos de las contribuciones. Esto es cierto y la prueba más decisiva es que de año en año se haya ido colmando el déficit ordinario con la venta de los productos futuros de aduanas marítimas, o por préstamos en que se quita al país un gravamen por el papel que se recibe, y se le echa otro mayor por el que se emite. Lejos, pues, de buscar sobrantes por este camino para el pago de la deuda fija, es seguro no los habrá ni aun para la amortización de la flotante. Tampoco se puede contar para el pago de los intereses y la amortización de la deuda con la imposición de nuevas contribuciones. La propiedad territorial no las sufre por hallarse en bancarrota. (México y sus revoluciones, tom. 1.°, pág. 501 y siguientes:) La propiedad mineral aún no sale de la bancarrota en que se sumió por la insurrección, y hoy se halla gravada nuevamente por los capitales ingleses empleados en repararla; la industria no existe ni podría producir gran cosa siendo ella misma poquísimo; el comercio paga mucho y acabaría de arruinarse a la par que las rentas públicas por el contrabando, inevitable en la suposición de nuevos gravámenes. Hoy todas éstas son verdades prácticas que ha puesto en claro una dolorosa experiencia.

Es necesario ocupar los bienes del clero y destinarlos al pago de los intereses de la deuda y de su amortización. Cuando los ramos de la riqueza pública no pueden ocurrir a un gasto necesario, es indispensable que los que de ella se han segregado para destinarlos a objetos y manos improductivas vuelvan al fondo común de donde han salido y llenen el vacío que no puede colmarse de otro modo. Digan lo que quisieren las leyes, las corporaciones no pueden tener propiedad como los particulares, porque les falta la condición indispensable de la individualidad que no les pueden dar las leyes mismas, y sin la cual no puede existir ni concebirse la propiedad sino en un sentido abusivo. Que las leyes, cuando en la sociedad se hallan satisfechas las primeras, más estrictas y rigurosas necesidades, permitan a los particulares destinar o destinen ellas mismas una parte de sus sobrantes al sostenimiento de los cuerpos, nada más natural; pero que las leyes mismas pretendan mantener invariable y eternamente estancados en vinculación perpetua estos bienes, cuando aquellas necesidades aparecen de nuevo o se reproducen por cualquier motivo y los particulares no pueden cubrirlas sino con imponderable gravamen, nada más fuera de razón de equidad y de justicia. ¿La sociedad ha sido creada para las corporaciones o para los particulares? Y si es esto último, ¿por qué principio, no ya de justicia sino de lógica, se pretende nivelar el derecho de propiedad sobre sus bienes, que corresponde al ciudadano, con el de usufructo que se tiene acordado a la corporación? Si es lo mismo el derecho del particular que el del cuerpo, ¿por qué al primero se le reconoce la facultad más amplia e ilimitada para adquirir, enajenar, cambiar y destinar a lo que le diere la gana lo que tiene, y a la segunda esas leyes mismas le ponen restricciones para poder hacer todo esto? ¡Inconsecuencias del espíritu de partido, abuso de las voces y excesos de poder, de que hará justicia otra generación más remota y que se hacen pesar sobre la presente de una manera intolerable! Así es como se hacen constituciones y se dictan leyes a los pueblos por un poder usurpador. Todo mexicano debe preguntarse diariamente a sí mismo si el pueblo existe para el Clero; o si el Clero ha sido creado para satisfacer las necesidades del pueblo. La respuesta que él se dé a sí mismo será la solución de mil cuestiones importantes, como lo es de la presente. Justo es, pues, y natural ocupar los bienes del Clero para que la nación pague lo que debe en circunstancias en que, como en las presentes, no puede hacerlo de otra manera. Es también político el hacerlo, porque de esta manera la corporación, ya desarmada, será más modesta en sus pretensiones mundanas a fungir como poder social y universalmente regulador, y sobre todo cesará el escándalo de que haga la guerra a la sociedad con los bienes que de ella tiene recibidos.

Los bienes del Clero son bastantes a pagar la deuda interior y los gastos del culto en catedrales y parroquias únicos necesarios en el servicio eclesiástico. Esta proposición es aritméticamente demostrable. El culto tal como hoy se halla en catedrales y parroquias únicas necesarias al servicio eclesiástico, podría quedar como está, y esto sería lo mejor para no meterse en disputas con el Clero. En esta suposición los gastos del culto y el pago de la deuda pública interior podrían hacerse con solo los bienes productivos del Clero y aún quedar un pequeño sobrante como se puede ver en la siguiente demostración.

Las Iglesias catedrales con obispos y capitulares, y las parroquias con los gastos del servicio, fábrica y demás cosas concernientes a este ramo, se hacen hoy con el producto de los diezmos, de los derechos parroquiales y de las primicias.

Continuando pues como se hallan, debería emplearse en ello el producto de estas pensiones que asciende al capital de:

61,511,480
61,511,480

Actualmente el número de eclesiásticos, comprendiendo en él los regulares de ambos sexos, es mucho menor que el que había en 1831. Pero aun estando a los datos de la memoria del ministerio de negocios eclesiásticos de aquel año, resulta que este número es de 6.881 personas distribuidas de la manera siguiente:

Clérigos seculares	3,282
Regulares del sexo masculino	1,688
Id. del femenino	4,911
Total	6,881

De este número debe deducirse el que se sostiene de los diezmos, derechos parroquiales y primicias; y estando a los datos de la misma memoria (estado n.º 5), es como sigue:

Obispos	10
Capitulares de las Iglesias catedrales	167
Curas	1,182
Vicarios pueden estimarse en la mitad	591
Total	1,950

Con el sostenimiento de esta clase de eclesiásticos no puede cargar la nación directamente, supuesto que les deje libre, aunque no civilmente obligatoria, la facultad de percibir el diezmo, los derechos parroquiales y las primicias de que hoy subsisten. Deduciendo, pues, del total de eclesiásticos que consiste en

	6,881
Los que subsisten de estas rentas	1,940
Quedan a cargo de la nación	4,941
	61,511,480

A estas personas eclesiásticas, supuesto que la sociedad les ha garantido su estado como medio de subsistir civilmente, es de justicia darles lo necesario para que puedan establecerse por sí mismos, sin atenerse a pensiones del gobierno de cuyo pago siempre tendrán motivo de desconfiar. Tres mil pesos a cada uno es una cantidad suficiente, y siendo ellos 4,941 se empleará en este objeto un capital de

14,823,000

La deuda pública interior aun estando a sus títulos primitivos no monta el día de hoy sino a 82,364,978 pesos. Pero ocupados los bienes del Clero por el gobierno, todos los créditos del primero contra el segundo desaparecerían por este hecho y, como puede verse, quedaría reducida la deuda a

69,334,551

Los capitales, pues, que son necesarios para el pago de la deuda interior y para los gastos del culto como hoy existe en catedrales y parroquias son la suma de estas tres partidas y su monto es de

145,669,031

Los bienes del Clero sin contar los templos, sus alhajas, casas curales, pinturas, etc., ascienden a

149,131,860

Substrayendo, pues, la menor de estas cantidades de la que es mayor, resta sobrante de dichos bienes

3,462,829

La administración de 1833-1831 se había ocupado igualmente de mejorar el servicio eclesiástico aumentando el número de parroquias, de Iglesias catedrales y de obispados. Esta parte de su programa no llegó ni aun a iniciarse, pero sus ideas sobre la materia se hallan expuestas en la sección 5.ª de este tomo. Inútil es repetir aquí lo que en ella podrá leerse: baste decir que aun en la suposición del aumento de parroquias, iglesias catedrales y obispados, y en la de que todos los funcionarios eclesiásticos sean dotados por la nación, los bienes del Clero son suficientes para el pago de la deuda pública y para el sostenimiento del culto.

Los bienes ocupados al Clero no deberán ponerse en hasta pública para ser vendidos y rematados en el que mejor los pague; al contrario, los fondos territoriales rústicos y urbanos se adjudicarán a los inquilinos de casas y arrendatarios de fincas que quisieren recibirlos por su valor, calculado al 5% de la renta que hoy pagan, sin otra condición que continuar exhibiéndola en los plazos estipulados y redimir el capital cuando quisieren y pudieren; los que tuvieren a censo capitales del Clero continuarán con ellos en cuanto a su redención, bajo el mismo pie que los que adquieran las fincas y, en orden al rédito o interés, se les hará una quita que podría ser de 1%, quedando reducido a cuatro el interés de 5% que hoy pagan. Esta medida y los pormenores que abraza es lo único capaz de resolver de una manera satisfactoria la cuestión sobre la ocupación de los bienes del Clero. Por ella se impide y precave la resistencia de los particulares que hicieron ineficaz la consolidación intentada en tiempo de Carlos IV y siendo virrey de México don José Yturrigaray. En efecto nada hay que pueda alarmar a los que reconocen capitales y tienen fincas del Clero: no el estado material de las cosas, de los goces y de los proyectos de empresas futuras, pues que queda siempre el mismo, y aun mejorado, porque cuentan para lo sucesivo con cuantas garantías tienen hoy, robustecidas por la seguridad de no ser jamás demandados por los capitales, ni reconvenidos por el pago del interés sino en los términos que lo es un deudor ordinario; tampoco las vejaciones de la autoridad que queda sin derecho para despojarlos, sin fuerza para lograrlo y, sobre todo, sin la conciencia de salir bien de la empresa, conciencia que ha destruido de raíz la tentativa infructuosa de la consolidación española ensayada por un poder infinitamente más fuerte. Esta medida traslada del Clero a la Sociedad civil y a su gobierno esa masa de intereses que constituyen un poder tan formidable, y por una simple evolución hace perder al enemigo tanto poder cuanto es el que confiere a la Sociedad; o en otros términos, el uno queda completamente desarmado y la otra plenamente robustecida. Por esta medida se ponen bajo la acción del interés individual y directo, o lo que es lo mismo, bajo una fuerza motriz vivificadora y productiva, cerca de cien millones de pesos, que hasta ahora han sido casi perdidos para el país, en razón de hallarse más o menos sometidos a la inercia de las corporaciones y a la languidez de manos muertas e inactivas. Por esta medida y solo por ella se conserva el valor de una masa tan considerable de bienes que sacándola al mercado público no habría con qué pagarla y se vendería por nada; cargando de esta manera el gobierno con todos los inconvenientes de una ocupación, ofensiva a los intereses del Clero y a los de los particulares, y quedando por otra parte privado de las ventajas de asegurar el pago de la deuda y el de los gastos del culto, por la imposibilidad de acudir a ambos objetos con las mezquinas cantidades que produciría una operación tan ruinosa.

Por esta medida se cierra la puerta al agiotaje que disloca todos los negocios mercantiles y de Bolsa, pues no habiendo nada que comprar ni vender al gobierno y no necesitando éste tampoco pedir, no habría negocios de créditos ofrecidos a plazo, comprados por nada y vendidos en mucho: en una palabra, no habría fortunas colosales hechas en pocos días, sin utilidad pública, perjudiciales al erario y destructivas del trabajo penoso productivo, cuyo estímulo quedará sin fuerza mientras existan los provechos fáciles y prontos que proporcionan la usura y agiotaje en pocos días. Por esta medida, el fondo destinado a servir de hipoteca a la deuda pública quedaría plenamente asegurado contra las tentaciones de disiparlo y las tentativas que para lograrlo podrían ocurrir al gobierno. Los tenedores de capitales de obras pías que han sabido resistir su redención prescrita por el gobierno español y los inquilinos de fincas, que sin otro carácter han adquirido una cuasi propiedad contra la voluntad de los dueños apoyados en las leyes, sostenidos en el nuevo orden proyectado por las leyes mismas como propietarios o censualistas perpetuos, resistirían con más medios y motivos más legales y plausibles las tentativas de despojo a que tampoco se atreverían los depositarios de la autoridad pública, bien aleccionados por la triste experiencia de lo pasado. El fondo, pues, supuesto el proyecto, en ningún caso podrá ser disipado; y el gobierno, sus agentes, o las revoluciones del país, podían a lo más apoderarse o disipar uno, pocos o muchos años sus productos. Esta ventaja es demasiado importante para que pueda ser desconocida, y por ella los bienes del Clero aplicados de esta manera son y serán la hipoteca más sólida y segura del pago de los intereses y de la amortización de la deuda interior.

Resta solo que resolver la 8.ª de estas últimas cuestiones, y para hacerlo asentamos que la amortización directa de la deuda interior no puede ser obra de una operación simultánea, que debe hacerse de una manera directa y parcial en períodos fijos, y que desde que se organice la dirección del crédito debe pagarse el interés de la deuda en los términos que ella fuere reconocida, clasificada y consolidada. En una nación sin crédito, que ha faltado por muchos años a sus más solemnes compromisos y que está inevitablemente expuesta a incurrir en la misma falta por un término indefinido, en razón de no poderse asignar una época precisa ni aun probable a la desaparición de las causas que producen las turbaciones públicas, sería lo mejor si se pudiese pagar cuanto se debe y salir de una vez de este cúmulo de embarazos; pero la dificultad está en que esto no se puede, por obstáculos de la naturaleza misma de las cosas que no es dado al poder público hacer desaparecer. Hay con qué pagar, es verdad, pero es necesario no hacerse ilusiones; el fondo único destinable al efecto que consiste en los bienes del Clero no puede dar este resultado sino por los medios indicados. Si el Clero queda con él, irá desapareciendo lentamente en beneficio solo de los que lo administran, por la sencilla razón de que esta clase privilegiada no podrá ya jamás deponer sus temores de perderlo. Si como es más probable el gobierno, urgido de sus necesidades ordinarias, hace al Clero, bajo pretexto de sostenerlo, pedidos parciales que serán verdaderas órdenes, el resultado es el mismo: el fondo se disipa poco a poco en los despilfarros comunes, utilizándolos solamente los que de ellos se aprovechan, es decir, los militares. Si el gobierno pretende apoderarse de este fondo para sacarlo a venta pública y rematarlo en el que mejor lo pague, va a entrar en una lucha peligrosa y desigual contra los intereses formidables de la masa de inquilinos y tenedores de los capitales que lo constituyen; va a demeritar notablemente su valor perjudicando los objetos en que debe emplearse; va a disipar de pronto el producto de las ventas y a quedarse sin recursos, realizando a la letra el apólogo de la gallina que ponía huevos de oro: todo sin la utilidad de las masas, sin el fomento de la riqueza pública, sin la repartición de la propiedad, y con positivo descrédito de los que tal hicieren; porque hoy existe una justa prevención contra los que manejan caudales públicos de convertirlos en provecho propio, prevención que no desaparecerá sino por la evidencia material de la imposibilidad de entregarse a estos torpes y vergonzosos manejos. Es, pues, evidente que los bienes eclesiásticos son inevitablemente perdidos para el Clero, bien sea que el gobierno ataque a esta clase, bien parezca que la defiende; que ellos no se pueden conservar ni utilizar para los gastos del culto y el pago de los intereses y amortización de la deuda, sino manteniéndolos como existen; lo es igualmente que bajo estas condiciones la amortización no puede ser pronta ni simultánea. Necesario es, pues, resignarse a pagar los intereses de dicha deuda, y si esto se hace de una manera fija, constante e invariable, no se necesita más para darles valor a papeles que hoy no lo tienen, y hacer revivir caudales cuyo renacimiento no será indiferente para la prosperidad pública y que hace muchos años se consideran poco menos que perdidos. Sin embargo, como el crédito no se funda en pocos días cuando han precedido muchos años de descrédito y como los temores de que el fondo sea disipado, por infundados que sean o se supongan, no han de desaparecer sino en parte, la masa de los acreedores ha de preferir, a lo menos por algunos años, el reembolso del capital al pago del interés. Necesario es, pues, dejar abierta esta puerta que vendrá a robustecer el crédito, y el modo de lograrlo será el de una amortización parcial verificada cada año con los sobrantes del establecimiento, y de la cual puedan aprovecharse los que quisieren, y fueren además favorecidos por la suerte, único medio de hacer tolerable la desigualdad entre los tenedores de bonos que es por otra parte inevitable.

Los pormenores de estos arreglos y las sólidas y robustas bases sobre que reposan las medidas expuestas, y cuyos fundamentos y motivos no van más que indicados, pueden verse en el dictamen presentado por el señor Espinosa de los Monteros, en las bases que le precedieron, publicadas en el Indicador de la Federación Mexicana, y en el examen que se hizo en dicho periódico del expresado dictamen. Para terminar cuanto puede ilustrar este asunto daremos una noticia sobre la procedencia y monto de la deuda pública mexicana, e igualmente sobre el valor aproximativo de los capitales que constituyen la riqueza pública del país y la inversión de sus productos.

La deuda pública de México se divide en interior y exterior: la primera consiste en los capitales tomados en el país mismo de extranjeros o nacionales, por convenciones libremente estipuladas o por préstamos forzosos, con interés o sin él; se comprenden en ella también las rentas perpetuas, acordadas a favor de familias o corporaciones determinadas. Nada es más difícil que la liquidación de esta deuda, así porque no hay ni ha habido nunca un libro único, un registro general donde esté inscrita, ni una oficina encargada de ella especialmente; como porque los documentos en que consta, expedidos a los particulares, no están numerados, ni concebidos bajo de fórmulas fijas e invariables, ni tampoco se amortizan de una manera periódica y regular. El gobierno español pedía o exigía caudales para sus necesidades de aquellos que los tenían, y les expedía un documento otorgado ante escribano: si se estipulaban réditos, éstos eran pagados por un período más o menos largo que cesaba al cabo de cierto tiempo cuando los tenedores de estas obligaciones morían, o por la ruina de su fortuna u otras causas bastante comunes y frecuentes en México desaparecían del orden social. Cuando los tenedores de estas obligaciones eran Corporaciones, el rédito al cabo de cierto tiempo también cesaba de pagarse de una manera regular; pero se hacían a cuenta de él algunas ministraciones parciales de tarde en tarde, menos por un sentimiento de justicia que arrancadas por la importunidad. Los títulos de estos créditos eran también mejor conservados por las Corporaciones que entre los particulares.

Desde que en México empezó a sospecharse que los súbditos podían tener algunos derechos respecto de su gobierno, y que les era lícito considerarse como sus acreedores y hacerle reclamos en ciertos casos, estos títulos, antes desprovistos de valor, empezaron a estimarse en algo y a guardarse con más cuidado. Sin embargo, cuando esto sucedió, que fue a mediados del siglo pasado a la cesación de las flotas, los tenedores de estos títulos estériles de riqueza los conservaron ya con menos descuido: esto no quiere decir no se hayan perdido también después muchos; pero se han conservado la mayor parte y, en unión de los pocos que existían de la época anterior y de los juros o pensiones perpetuas, forman la parte de la deuda que precedió a la guerra de independencia de España respecto de Francia, y a la de México respecto de España. Entonces, siendo ya mayores las necesidades del gobierno, se aumentaron la frecuencia y cantidad de los pedidos, y como los medios de hacer fortuna y conservarla se hacían cada día más difíciles, los prestadores fueron ya más cautos y resistentes para dar, más exigentes para pedir lo que se les debía de capital y menos fáciles para soportar la falta de puntualidad en el pago de intereses. En los primeros días el gobierno respondía con castigos a estas resistencias que llamaba rebeldía; pero la fuerza de las cosas y la energía de los que la oponían acabó por triunfar de este bárbaro proceder, obligando a la autoridad a confesarse deudora, y sobre todo a reconocer que era justo y necesario pagar. Este reconocimiento estéril en casi todos sus efectos fue, sin embargo, la base del crédito público; desde entonces ya se contó con él como con un recurso y se empezó a abusar de él de una manera asombrosa.

Efectuada la Independencia, este estado de cosas se agravó. Se pedía sin cesar para satisfacer gastos decretados sin presupuestos ni datos que asegurasen la posibilidad de cubrirlos; se contraían deudas mayores para pagar otras menores; y se abolían contribuciones sin sustituirles otras nuevas, y aun sin saber lo que habían producido y dejaban de rendir: la caída del imperio fue debida en mucha parte a este universal desconcierto. Al imperio sucedió la Federación, y los Estados que fueron sus partes integrantes, en once años que tuvieron de existencia, administraron sus rentas de manera que salieron sin deber a nadie nada. No así el gobierno supremo en el cual continuaron obrando sin interrupción hasta 1833 las causas que van indicadas y produjeron un deficiente progresivo. Estas causas son las revoluciones, originadas por la clase militar, lisonjeada y temida de la autoridad suprema, que no tenía fuerza para reformarla ni valor para despedirla. Los militares por sus revoluciones disminuyen el producto de las rentas, entorpeciendo los giros; consumen cuanto dichas rentas producen, porque se les aplican sus productos o ellos mismos se los toman, y en uno u otro caso los gastan sin cuenta ni razón; aumentan de año en año el deficiente, porque hacen u obligan al gobierno a hacer préstamos cuyos productos gastan de la misma manera; porque en cada revolución hay estupendas y numerosas hornadas de generales, jefes, oficiales y funcionarios civiles, y destituciones totales de los vencidos de ambas clases conservándoles los sueldos: así es como el presupuesto general que en 1823 era de diez millones y setecientos mil pesos, en 1831 ascendía ya, según la memoria del ministerio de hacienda de aquel año, a veinte millones cuatrocientos noventa y nueve mil seiscientos ochenta pesos. No tenemos a la vista todos los presupuestos presentados al congreso general desde que el país se constituyó, pero las notas siguientes, aunque incompletas, son tomadas de las memorias oficiales del ministerio de hacienda presentadas a las cámaras en los años a que se refieren, y por ellas se ven dos cosas igualmente ciertas a la vez, a saber: el aumento progresivo de gasto y un deficiente anual igualmente progresivo. El señor Yllueca, ministro general, nombrado por el gobierno que sucedió al imperio calculó que se necesitaban para los gastos de la República de 1.º de julio de 1823 a id. de 1824.

Memorias del ministerio

De 1.º de julio 1824 a id. 1825
De   —1830
                                            —1831.
De   —1831 —1832
De — 1833 — 1834.

La deuda interior ha ido, pues, desde 1826 en un estado progresivo por el aumento de presupuestos, originado de los gastos militares y de las revoluciones también militares hasta 1833. Las reformas, especialmente las relativas a estos gastos, que se hicieron en aquel año y en la mitad del siguiente de 34, aunque incompletas, paralizadas y anuladas por la reacción de la oligarquía militar y sacerdotal, hicieron bajar el presupuesto desde cerca de veintidós millones de pesos en que para 1833 lo dejó la administración Alamán, hasta poco más de catorce millones en que para 1835 lo dejó la administración Farías. Hemos visto los presupuestos, el cálculo de productos de las rentas y el deficiente que de él resulta; ahora vamos a ver lo efectivo gastado, proveniente de las rentas nacionales y de los préstamos hechos al gobierno en la República misma. Partiendo del principio de que cuanto ha entrado se ha gastado, es claro que sabiendo cuáles han sido las cantidades recibidas en las cajas nacionales, se tiene la medida precisa de lo efectivo gastado en la República. Pues bien, en un estado que formó el departamento de cuenta y razón de la Secretaría de Hacienda, datado de 16 de febrero de 1832, y publicado en el registro oficial de 22 del mismo mes y año, constan los ingresos siguientes:

De 1.º de julio de 1824 a id.
De 1825 ingresaron 16,187,722
De — 1825 — 1826 — 13,715,801.
De —— 1826 —— 1827 —— 13,289,682.
De —— 1827 —— 1828 —— 10,494,292.
De —— 1828 —— 1829 —— 12,232,385.
De —— 1829 —— 1830 —— 14,493,189.
De —— 1830 —— 1831 —— 18,922,299.

Según la memoria de 1833, de 1.º de julio de 1831 a 1.º de enero de 1833: 22,858,877.

Según la memoria de 1835 de 1.º de enero de 1833 a 1.º de julio de 1834: 18,608,738.

Importa, pues, lo gastado en diez años por el gobierno general de la República proveniente de caudales de ella misma: 140,802,985.

Si a esto se añade lo recibido en efectivo por el mismo gobierno procedente de préstamos extranjeros, que asciende a: 21,888,000.

Resulta que el monto total del efectivo gasto de dicho gobierno en los diez años expresados asciende a: 162,690,985.

Éstas son las causas y el origen de la deuda interior de la República, deuda que es muy difícil saber a punto fijo a cuánto asciende, porque hay innumerables partidas como las de sueldos, retiros y pensiones, que una vez dejadas de pagar se dan por perdidas para el que debía cobrarlas, y el gobierno no se vuelve a acordar de ellas, ni las cuenta como obligaciones reales. Grandes dificultades ha habido que vencer para formar la noticia de la deuda interior que va al fin de este tomo. La enumeración de los compromisos contraídos por el gobierno que precedió a la Independencia se ha tomado del expediente instruido sobre la materia en 1822: expediente informe, lleno de faltas y hecho con precipitación, sin crítica, ni bastante conocimiento de la materia. No obstante, este documento, a pesar de sus nulidades, contiene materiales importantes que podrán servir de base a la enumeración y distribución de la deuda anterior a la independencia; y de él, como documento único en el caso, hemos debido valernos para formar la noticia, descartando de la enumeración de los compromisos que en él constan aquellos que no se hallaban comprendidos en las bases acordadas posteriormente por el congreso general para el reconocimiento de la deuda, en su ley de 28 de junio de 1824. La enumeración de los compromisos contraídos después de la Independencia se ha tomado de los documentos que constan en la noticia misma, todos oficiales y auténticos. Como la mayor parte de las cantidades percibidas por estos títulos lo han sido para ser reintegradas en un período más o menos corto, no han podido estimarse como deuda fija sino como flotante. De facto muchos de estos compromisos se han amortizado, o por el cumplimiento de los convenios estipulados, o por nuevos contratos en que tales obligaciones eran recibidas por el gobierno como pago, y de consiguiente amortizadas. Estas transacciones repetidas muchas veces y variadas hasta lo infinito han causado tal confusión en los créditos anteriores y posteriores a la Independencia (pues todos han jugado a la vez en ellas), que hoy no sería posible saber, sino por un trabajo de muchos años, asiduo, prolijo y ejecutado en el país mismo, cuáles de estos créditos han sido o no amortizados. Tal operación indispensable para el reconocimiento, clasificación y consolidación de la deuda no lo es para su liquidación en grande y por totales: para esto basta saber el monto de las cantidades recibidas y el de las amortizadas; cosa por cierto mucho menos difícil y a la que nos hemos atenido como podrá verse en el lugar citado. Resulta, pues, de esta operación que la deuda interior de la República asciende a 82,374,977 pesos.

La deuda exterior se contrajo en México más por un principio o error político, que por una necesidad financiera. Verdad es que supuestos los despilfarros del gobierno del país, las cantidades recibidas por los préstamos ingleses le eran necesarias; pero no se pensó en esto al solicitarlos, pues lo que ocupaba, por entonces de preferencia, la atención de los que gobernaban era el reconocimiento de la Independencia por la Inglaterra, que se decía debía apresurarlo el nuevo préstamo, por los intereses que mediante él debían crearse y robustecerse en el país. Tamaño error no era perdonable, ni aun en aquellos días de inexperiencia y falta de tacto sobre los motivos que determinan a obrar a los gabinetes de Europa; él, sin embargo, fue el principal agente del deseo que se tenía de contraer una deuda inglesa. En la Bolsa de Londres había más conciencia que en el gobierno y pueblo de México, sobre la plena seguridad en que se hallaba esta República en orden a su Independencia, contra las repugnancias de la España para reconocerla, o sus tentativas para someterla de nuevo. No se tenía, sin embargo, la misma confianza de la nueva nación, en orden a su capacidad de pagar que no se sabía cuál podía ser, atendido que aún no eran conocidos sus recursos. Así es que el préstamo de Goldschmidt fue muy desventajoso a México, por el deseo de su gobierno en contratarlo y por las desconfianzas de la Bolsa al concederlo. Este préstamo reducido a su más simple expresión es como sigue: el gobierno de México queda obligado a pagar según las cláusulas del contrato: 3,200,000 l. est. 16,000,000 ps.; sin recibir de la casa prestamista por tal obligación sino 1,600,000 l. est. 8,000,000 ps. Serán, además, de su cuenta todos los gastos que erogue el contrato.

El préstamo de Goldschmidt se contrató el 14 de mayo de 1823, y el llamado Barclay en 25 de agosto de 1824. Este último se celebró por los mismos motivos, fines y objetos que el anterior, y bajo de condiciones mucho más desventajosas para la República, pues si bien es verdad que se vendió con más estimación, no lo es menos que los gravámenes para el país fueron mayores; así porque el interés estipulado de 6% en una cantidad tan considerable como lo es la de dieciséis millones de pesos (3,200,000 libras esterlinas) recargaba considerablemente las rentas públicas respecto del anterior celebrado a 5 p. %, como porque los gastos y pérdidas fueron mayores, atendida la quiebra de la casa prestamista, que cogió a la República en dos millones doscientos cuarenta y cuatro mil quinientos cincuenta y tres pesos (448,907 libras esterl.), atendido el envío directo del oro a México, gravosísimo al gobierno por los gastos de conducción y seguros, y atendido sobre todo la falta de buena fe por parte de los prestamistas y el descuido culpable del gobierno de México, al estipular un interés reprobado por la ley inglesa, que hacía irreclamable ante los tribunales y dejaba de consiguiente sin sanción las cláusulas del contrato, cuando, como después sucedió, la casa prestamista faltase a sus compromisos.

Cuando las cosas se yerran en sus principios es raro que sean corregidas o mejoradas en sus consecuencias. Los préstamos mal concebidos y peor ejecutados bajo un designio político no podían ser sino mal economizados y peor invertidos en objetos igualmente políticos. Reconocida la Independencia mexicana en Inglaterra, por causas y motivos enteramente extraños a los negocios de Bolsa, los Mexicanos se obstinaron más que nunca en adjudicar a estos últimos aquel resultado. Desde entonces, lo que a favor de la nación habían dejado estos contratos ruinosos se aplicó casi exclusivamente a objetos políticos, y se invirtió en ellos de la manera más torpe y despilfarrada. Los miembros del gobierno y las legaciones de Europa gastaban sin término ni medida los fondos adquiridos a tanta costa, en uniformes y fusiles viejos e inútiles para el ejército mexicano, comprados en un valor casi duplo del que deberían tener siendo nuevos. Se quiso tener una marina nacional sin tener la mercante, que es su base, y se pidieron buques a Inglaterra, a Suecia y a los

Estados Unidos, ajustándolos a precios subidísimos que no todos se pagaron y recibiéndolos sin reconocerlos, porque no había entre los compradores quien tuviese la pericia necesaria para hacerlo con acierto. Muchos de estos buques, para cuya construcción se habían adelantado cantidades considerables como garantías de lo restante, no pudieron obtenerse porque en esta disipación y desconcierto no hubo ya con qué completar el pago. Los señores Rocafuerte y Michilena, secretario el primero y ministro el segundo de la legación mexicana en Londres, fueron la burla y el juguete de todos los charlatanes, que se hacían pagar de los fondos del préstamo sus exagerados e inútiles servicios prestados o por prestar a la causa de la independencia. Así se gastaron sumas considerables, en fomentar revoluciones liberales en España que no tuvieron efecto y en publicar periódicos para sostener la Independencia, periódicos que por ser escritos en español en sentido liberal no circulaban en España, ni eran leídos en el resto de Europa, sino solo en las nuevas repúblicas de América, que no necesitaban de ellos para adquirir tal convicción. Así se perdieron 50,000 pesos adelantados a Fulton para el famoso Torpedo (alias Bergantín Guerrero), destinado a la pretendida navegación submarina. Esta cantidad tampoco se pudo reclamar por ser el objeto del contrato celebrado contrario a la ley inglesa, y el señor Michilena estima en tanto su reputación de capacidad política y diplomática, y de destreza en manejar los negocios, que creyéndola comprometida si llegaba a saberse había sido engañado por Fulton de una manera tan torpe, quiso exponerse más bien a pasar por la sospecha de haberse embolsado el dinero de que no podía dar cuenta. Esta sospecha era muy natural, supuesto que no se presentaba el objeto que se decía comprado, ni se devolvía al gobierno de quien se había recibido, la cantidad destinada a verificarlo, y ella pesó mucho tiempo de un modo poco honorífico sobre el señor Michilena; pero el tiempo, que todo lo aclara, vino a vindicar el honor y probidad de este ciudadano a pesar puyo, aunque disminuyendo un tanto su reputación de capacidad para los negocios. Obtenidos algunos buques por el dinero de los préstamos, no se supo qué hacer de ellos porque no había oficiales ni jefes facultativos para mandarlos, ni marinería suficiente para que los tripulase. De aquí la necesidad de ocurrir a extranjeros para lograrlo, y el mal servicio que éstos prestan y prestarán siempre a una nación que no es la suya. Así sucedió en México, y de tantos y tan costosos sacrificios como se hicieron para tener una marina pasajera que desapareció bien pronto, no se reportó otra utilidad que la rendición del Castillo de Ulúa, debida por mitad a los servicios de la escuadra mexicana y al furor de los elementos conjurados contra los Españoles.

Los desórdenes y despilfarros que van sumariamente expuestos e indicados como de paso, lo mismo que los errores que los habían producido, fueron reclamados enérgicamente por los hombres notables del país, entre los cuales figuraba don José María Fagoaga como uno de los primeros. Nada de lo hecho podía ya remediarse, pero se trató de cortar e impedir el progreso del desorden, y se empezó por retirar al señor Michilena como persona poco apta para el desempeño de estos negocios. En seguida se trató de nombrarle un sucesor, y se eligió para el efecto al ciudadano don Sebastián Camacho, ministro del exterior de la República mexicana en aquella época. Para destruir la prevención de desorden, de desconcierto y ligereza, que la imprevisión y falta de práctica de negocios en que había incurrido la legación anterior, hacía formar del país un concepto desventajoso, se necesitaba enviar un hombre sesudo, circunspecto, de firmeza de carácter, y al mismo tiempo modesto y medido en sus pretensiones: Camacho es hombre en quien se hallan todas estas prendas, y con ellas y por ellas su misión fue plena y perfectamente desempeñada, a satisfacción de todos los interesados en Europa y México, quedando la reputación de esta República no solo reparada, sino también bajo un pie honroso y apreciable, que es a cuanto pueden aspirar en Europa las nuevas naciones de América. Camacho es hombre que por sus principios y convicciones, las cuales son en él profundas e invariables, pertenece al partido del progreso, al que jamás ha hecho traición, esto es, por lo relativo a las cosas; en cuanto al personal, este ciudadano es escocés, y ultrajes asociados de persecuciones no merecidas, que le han hecho sufrir sus enemigos los Yorkinos, le han hecho concebir contra ellos la más profunda aversión, circunstancia que ha sido muy desfavorable y de fatales consecuencias a la marcha rápida y expedita del progreso de las cosas. Camacho, sin embargo, jamás ha renunciado a los principios liberales que conoce bien a fondo, y ha sabido sostenerlos con firmeza y con honor en los diferentes puestos que ha ocupado en la República, que han sido los más distinguidos. En cuanto a su probidad, nada hay que decir que no sea en elogio suyo: ella es perfecta y cabal en sus relaciones privadas; y si en el ejercicio de las funciones públicas se le ha advertido alguna prevención contra sus enemigos políticos, no ha llegado a nuestro conocimiento haya abusado del poder para perseguirlos.

La misión del señor Camacho a Londres tenía por objeto el arreglo de varios asuntos importantes, entre los que figuraba como uno de los principales la liquidación de la cuenta que tenían con México las casas prestamistas, y la inversión que se había dado a los fondos nacionales resultantes de estos contratos. Para el desempeño de este negocio vino, como especialidad del ramo de cuenta y razón, el oficial del ministerio de hacienda don Guillermo O-Brien, quien bajo las órdenes del ministro plenipotenciario desempeñó esta comisión con el tino, acierto, celo y honradez que eran propios de su pericia y de la eficacia de su carácter. Hemos visto los documentos relativos a este negocio que paran en su poder, y los trabajos ejecutados con vista y presencia de ellos, trabajos hechos con conciencia y conocimiento que hacen honor a él mismo, al gobierno que lo envió y al ministro bajo cuyas órdenes los desempeñó. El estado que va al fin de este tomo es obra suya. Ha sido formado sobre los documentos expresados relativos a la liquidación y sobre los que le hemos ministrado, en orden a las transacciones verificadas posteriormente a aquella época.

Como desde 1827 ni se pagaron intereses, ni se hicieron las amortizaciones del capital estipuladas en los respectivos contratos, la deuda extranjera que en su origen fue de treinta y dos millones de pesos, y de la cual no se habían hecho sino muy cortas deducciones al capital, montaba ya con los intereses en 1830 a más de treinta y ocho millones de pesos. El ministerio de aquella época celebró con los tenedores de bonos una transacción por la cual se capitalizaban los intereses vencidos mitad de ellos en aquel año y la mitad restante en 1837. Esta operación se hizo a nombre del secretario de hacienda don Rafael Mangino, hombre de reputación financiera poco merecida, como lo prueba el hecho de que se trata. En efecto, nada hay que pueda justificar esta enorme falta, que ha gravado sin motivo a la nación en la capitalización de intereses que hoy ascienden a algunos millones. Hemos dicho que sin motivo porque no habiéndose pensado, ni siendo ya posible pensar para lo sucesivo, en especulaciones nuevas sobre la Bolsa de Londres, tampoco era necesario hacerle concesiones que fuesen más allá de los límites de una estricta y rigurosa justicia. Pagar los intereses vencidos era justo y necesario: supuesta la masa considerable a que habían ascendido y las escaseces y penuria del tesoro mexicano, nada más natural que pedir un plazo más o menos largo para verificarlo, plazo que se habría acordado ciertamente por los tenedores de bonos, a quienes no era desconocida la imposibilidad de ser de pronto ni de otra manera pagados. Decir como se dijo, que por semejante operación se restablecía el crédito nacional, es abusar de las voces y burlarse de la credulidad pública. El crédito no se restablece por los medios del tramposo de ofrecer pagar doble más adelante, sin saber si podrá hacerlo, una deuda que se contrajo sencilla. Este modo de proceder, lejos de levantar el crédito de un negociante, contribuye más eficazmente a arruinarlo y a fatigar al acreedor. Así ha sucedido en México, los intereses de su deuda extranjera capitalizados no han sido mejor pagados que lo habrían sido sin capitalizarse, y el país ha sufrido nuevos y gratuitos gravámenes. Decir que se contaba con que el país continuaría pacífico y podría tener sobrantes para pagar es condenar la operación misma. Si había sobrantes con ello, podían irse pagando parcialmente los intereses vencidos, y esto habría mejor restablecido el crédito que promesas lejanas y sin garantías; pero si estas esperanzas de sobrantes no eran reales, ¿para qué capitalizar? Además, ¿qué motivo había para contar con la pacificación del país? ¿No eran bastantes por sí mismas para ponerlo en combustión las reglas de conducta que se prescribió y observó la administración de aquella época? ¿No han producido ellas una conflagración general de la que tarde y mal se saldrá? Díganlo los hechos ocurridos posteriormente, que se predijeron a tiempo por el Federalista y otros periódicos de aquella época, escritos por personas que no tenían el candor de suponer fundadas las pueriles pretensiones de la administración para cambiar la naturaleza de las cosas, emprendiendo una marcha retrógrada, muy superior a las escasas fuerzas de las personas que componían el gabinete.

De todo este cúmulo de errores, despilfarros e imprevisiones que han precedido, seguido y acompañado a los negocios de los préstamos nacionales y extranjeros, resulta que México tiene hoy sobre sí una deuda interior de 82,364,978 pesos, otra exterior de 45,349,504. Estas dos partidas montan a la enorme suma de 127,714,482 pesos, cuyo pago no pueden sufrir los capitales del país, porque sus productos se disipan casi todos en gastos improductivos, y porque el pueblo mexicano paga por contribuciones a su gobierno en una proporción muy superior al resto de los pueblos del mundo y casi doble del de los súbditos de Inglaterra, que es una de las naciones más gravadas de la tierra. Que los capitales de México sean muy inferiores a lo que se debía esperar de una nación de tantos recursos, y que sus productos se consuman en gastos en su mayor parte improductivos, cuales son los que hacen el gobierno y el Clero, es una verdad demostrada por aproximación en los datos siguientes:

Calculo del valor de los capitales que se hallan en giro o son conocidos en la república

Del diezmo de 1829, añadiendo lo correspondiente a la azúcar y añil que pagan 4%, y a la zarzaparrilla, vainilla, jalapa, pimienta de Tabasco, que no pagan nada, resulta ser el valor de los productos agrícolas de 28,411,520 pesos que, suponiendo ser el rédito del capital correspondiente al valor de la propiedad rústica a razón de 5%, lo constituye en 568,230,400 ps.

Ocho millones de habitantes a cinco personas por cada hogar dan 1.600,000 familias: a tres familias por casa resultan 533,333 casas que, una con otra y estando a un cálculo bajísimo, ganan 72 pesos anuales. Su renta total resulta, pues, ser neta 38,399,976 pesos rédito al 5% de un capital que constituye el valor de la propiedad urbana en 767,999,526 ps.

Formando un estado de las exportaciones de platas y demás metales preciosos por los diversos puertos de la República, en los años que han corrido de 1830 a 1833, resulta ser el producto de las minas 15,200,000 pesos que corresponden al 5% a un capital de 304,000,000 ps.

Los capitales que circulan por el comercio interior y exterior de la República y que representan la industria del país (México y sus Revoluciones, tomo I, pág. 58.) son 136,537,936 ps.

Valor total de los capitales de la República: 1,776,787,862 ps.

La renta que corresponde a este capital deduciéndola a 5% es de 88,939,593 ps.

Gastos anuales de la administración pública y demás
improductivos al país

Presupuesto del gobierno federal (CLXX): 21,832,643 ps.
Presupuesto de los Estados (México y sus Revoluciones, tomo I, pág. 58.): 7,000,000 ps.

El clero tiene en su poder por capitales productivos e improductivos 179,163,734 pesos, entre los cuales los productivos producen o deben producir una renta de 7,436,393 ps.

No habiéndose fijado el valor de la deuda interior debe considerarse como tal el de los títulos primitivos de créditos contra la nación y montando éste con el de la deuda extranjera a la suma de 127,714,472 pesos, aun suponiendo el rédito de toda ella a 5% monta a 6,385,725 ps.

Para pagar el comercio exterior se exporta anualmente de la república 15,200,000 ps.

Valor total de gastos improductivos de la República: 57,874,964 ps.

Por estos datos se ve que los capitales empleados en la República son muy inferiores a lo que podían ser, y también se ve en los expresados datos la causa de que la riqueza pública no pueda progresar ni aumentarse las empresas productivas. La riqueza de un pueblo se aumenta porque de un año a otro los sobrantes de productos se elevan al grado de capital y se ponen también en giro: cuando la mayor parte, pues, de estos sobrantes se consume en gastos improductivos, la riqueza pública avanza muy poco o nada. Decimos nada porque es necesario también contar con los capitales que se pierden por las quiebras o bancarrotas; que en un país donde ellas no se castigan, donde las empresas comerciales corren grandes riesgos por el contrabando, y donde la usura más inmoderada hace asombrosos progresos, como sucede en México, tales desórdenes son más frecuentes y probables. Así pues, en ninguna parte se puede tener menos confianza que en México de que los capitales empleados en la producción sean seguros y duraderos, y por lo mismo la economía en los gastos improductivos debía ser mayor, aun cuando no se tuviese otra mira que reemplazar con los ahorros que se hagan los capitales que están en tanto y tan gran riesgo de perderse. Sin embargo no se hace así, porque ciertos hombres que se han encargado oficiosamente y sin misión de dirigir los negocios del país quieren mantener una milicia que tiene 5,000 soldados y 18,000 oficiales que gastan 14,568,943 pesos, cuando las rentas públicas solo producen 13,000,000, porque quieren mantener un Clero poco numeroso, insuficiente para las necesidades espirituales de los fieles, acumulado en las capitales donde no hace falta, y escaso en los pueblos, aldeas y campos donde se le necesita; un Clero, en fin, que tiene estancados 179,163,754 pesos y una renta de 7,456,593, cuyas dos tercias partes se consumen en diez obispos y ciento sesenta y siete canónigos.

Pregúntese ahora: ¿por qué México no progresa y se va continuamente sumiendo en el abismo a que cada día lo van aproximando sus directores oficiosos? La respuesta es clara: porque los que se han apoderado de la dirección de los negocios se han empeñado en obrar contra la naturaleza de las cosas, pretendiendo que el país prospere por, o con, elementos que lo destruyen. Así ha sucedido ya, y empiezan ya a hacerse sentir los efectos inevitables de esta ciega obstinación. Ningún pueblo de la tierra recibe menos beneficios de su gobierno que el mexicano, y no hay otro que contribuya con tanto exceso para obtener estos beneficios. Para probar esta verdad no apelaremos a investigaciones profundas de estadística financiera, que se hallan fuera del alcance de la multitud y dejan siempre algunas dudas sobre la exactitud de las operaciones y datos sobre que reposan. La autoridad y documentos de los promotores del centralismo, o en otros términos, los fautores de la oligarquía militar y sacerdotal, nos suministran datos suficientemente autorizados por hallarse en el periódico oficial del gobierno de México, creado y sostenido por estas Clases de privilegio. En el Diario del gobierno de los Estados Unidos Mexicanos, del jueves 3 de setiembre de 1835, cuarta llana, al fin de la primera columna, se hallan las siguientes notas de estadística financiera.

«Se ha calculado que en la República de México suben las contribuciones públicas a 20 pesos por habitante al año; en Inglaterra a 11 1/2; en Holanda a 7 1/2; en Egipto a 6 1/2; en la Turquía asiática a 6 1/2; en Francia a 6; en Bélgica a 11 1/2; en los pequeños Estados de la Confederación Germánica a 4 1/3; en Sajonia a 4; en España a 4; en los Estados de Cerdeña a 3 1/4; en el Perú a 3 1/4; en Prusia a 3 1/4; en Roma 3 1/4; en Dinamarca a 3; en Portugal a 3; en Colombia a 3; en Suecia a 2 1/4; en la Turquía Europea a 2 1/4; en el Brasil a 2 1/4; en Nápoles a 2; en Grecia a 2; en Polonia a 1 1/2; en Rusia a 1 1/2; en Austria a 1 1/8; en Suiza a 1; en Noruega a 1/8.»

Las contribuciones en todos los países civilizados, estando a las regulaciones de esta nota, van subiendo según la riqueza de los pueblos y la bondad de su gobierno en una ascensión graduada, desde una peseta anual que hallan en Noruega hasta 11 y? pesos que paga un súbdito británico que sin contradicción es reputado en Europa como excesivamente gravado, a pesar de la inmensa riqueza de la Gran Bretaña. Sin embargo, desde el súbdito británico hasta el ciudadano mexicano se tiene que dar un salto, casi igual al camino contribuyente que se ha hecho entre los puntos muy distantes que forman los dos extremos opuestos del país de las contribuciones regulares, la Noruega y la Inglaterra. Estas notas que el Diario del gobierno de México dice haberlas tomado de un periódico de Lima están exactamente copiadas de la estadística de Gordon publicada en 1833. Ellas son bastante exactas en su línea y prueban, hasta la evidencia, la triste verdad de que en México se consume en gastos improductivos (las contribuciones) el todo o la mayor parte del producto de los capitales puestos en actividad. Ahora bien, un pueblo en que tal sucede por la obstinación de sus directores acabará necesariamente o por arruinarse, o por una crisis que traiga una revolución sangrienta en que perezcan, como en Francia, vencedores y vencidos, y prepare para la generación venidera los beneficios de una regeneración completa. Para resumirnos y terminar el examen de los puntos contenidos en este parágrafo, ponemos a la vista de nuestros lectores los gravámenes que según los principios de gobierno, establecidos por la oligarquía militar y sacerdotal, debe portar el pueblo mexicano y los medios que tiene para cubrirlos.

Demostración

Productos totales de la república. 88,839,393
Gastos improductivos de la misma. 37,874,961
Restan para fomento de la prosperidad pública. 30,964,432

Se ve, pues, de este resumen que México ha contraído y sigue contrayendo una deuda enorme, POR LA MILICIA PRIVILEGIADA, Y PARA LA MILICIA PRIVILEGIADA, y que esta deuda no puede ser amortizada ni pagados sus intereses haciendo uso de los medios ordinarios; porque todos los ramos de la riqueza pública se hallan en bancarrota, o no pueden tener sobrantes para el fomento y creación de los capitales, cuyos productos se consumen en gastos improductivos. Que dicha deuda tampoco puede ser pagada, ni por los medios extraordinarios, porque se quiere conservar AL CLERO Y PARA EL CLERO EL ÚNICO FONDO DISPONIBLE AL EFECTO. En suma, y para reducirlo todavía a dos palabras y a su más simple expresión: LA MILICIA HA CREADO LA DEUDA NACIONAL Y ES CAUSA DE LA

MISERIA PÚBLICA, Y EL CLERO CONTRIBUYE A PER-
PETUARLAS, IMPIDIENDO EL PAGO DE LA UNA Y LA
CESACIÓN DE LA OTRA. Dígase ahora que no tenía razón
la administración Farías y los hombres de 1833 para aplicar
todos sus esfuerzos a fin de que desapareciesen de la escena
política estas dos clases privilegiadas.

6.º Mejora del estado moral de las clases populares, por
la destrucción del monopolio del Clero en la educación
pública, por la difusión de los medios de aprender y la
inculcación de los deberes sociales, por la formación
de museos, conservatorios de artes, y por la creación de
establecimientos de enseñanza para la literatura clásica,
de las ciencias y la moral

El elemento más necesario para la prosperidad de un pueblo
es el buen uso y ejercicio de su razón, que no se logra sino
por la educación de las masas, sin las cuales no puede haber
gobierno popular. Si la educación es el monopolio de ciertas
clases y de un número más o menos reducido de familias, no
hay que esperar ni pensar en sistema representativo, menos
republicano y todavía menos popular. La oligarquía es el régimen inevitable de mi pueblo ignorante en el cual no hay
o no puede haber monarca. Esta forma administrativa será
ejercida por clases o por familias, según que la instrucción
y el predominio se halle en las unas o en las otras, pero la
masa será inevitablemente sacrificada a ellas, como lo fue por
siglos en Venecia. México no corría riesgo de caer en la oligarquía de familias, porque la revolución de Independencia
fue un disolvente universal y eficaz que acabó no solo con las
distinciones de castas, sino con las antiguas filiaciones, privilegios nobiliarios y notas infamantes, que fueron por ella

enteramente olvidados. Pero precisamente esta revolución que niveló las familias fue la que robusteció la oligarquía de las clases y su preponderancia sobre las masas. La Independencia, proclamada por los pretextos religiosos y acaudillada por sacerdotes, aumentó el poder del Clero; la Independencia, disputada y obtenida en sus resultados más visibles por la fuerza material, creó el predominio de la Milicia; y el hábito de considerar como únicos poderes la fuerza brutal y las inspiraciones sacerdotales, y de tener por sancionadas sus pretensiones o desvaríos, consentidos o sufridos por la masa popular, han contribuido a perpetuar este predominio. El pueblo, además, al verificarse la Independencia, era como lo habían constituido los Españoles y la había empeorado la revolución, es decir, ignorante y pobre; y con esto está dicho todo para conocer que inevitablemente había de caer bajo el régimen de la oligarquía de las clases militar y sacerdotal, o sostener con ellas una lucha prolongada y desigual, en que los primeros lances debían serle necesariamente adversos.

En los días de la independencia nadie paraba la atención en estas cosas, y de consiguiente nadie se ocupaba de precaverlas o remediarlas. Sin embargo, sea el espíritu de novedad a una cierta charlatanería de parecer ilustrado, o, lo que es más cierto, el amor natural de hacer el bien y procurar adelantos, tan natural en el corazón humano cuando no se halla pervertido por prevenciones anticipadas, todos hablaban de educación pública, y manifestaban las mejores disposiciones para fomentarla. Esta propensión general produjo un bien positivo; la educación de las masas no mejoró, porque no se sabían los medios de lograrlo, pero se difundió con una rapidez asombrosa y de que hasta entonces no había ejemplo. Las escuelas fueron imperfectísimas, pero se establecieron en todas partes, y una parte muy considerable de las masas aprendía a leer mal y escribir peor, pero aprendía.

Entre tanto los escoceses que promovían entonces las reformas procuraron la introducción de nuevos métodos que mejorasen la enseñanza primaria, y establecieron la escuela lancasteriana, designando para fondos los productos de su periódico El Sol, una contribución mensual de dos pesos que se impusieron a sí mismos, y el valor de sus dietas, que para el efecto les cedió don José María Fagoaga. La dificultad consistía en que nadie conocía estos métodos a fondo, y mucho menos había visto practicarlos, y el charlatanismo, que es la plaga general de la República, vino a frustrar en su origen los benéficos efectos que debían esperarse de semejante introducción. Llamamos charlatanismo, ese espíritu de hablar de todo sin entender nada; ese hábito de proyectar y hablar de reformas y adelantos que no se tiene la voluntad ni resolución de efectuar; en suma, esa insustancialidad, ligereza y poca atención con que se tratan los asuntos más serios, y de que nadie debería ocuparse sino para tomar sobre ellos resoluciones positivas e irrevocables. Este hábito pernicioso vino, pues, a echarlo todo a perder: todos hablaban de sistema de Lancaster, pocos se hallaban en estado de dar razón de él, y se dejaron engañar por los Mexicanos que regresaban de Europa, los cuales en su mayor parte no permitían la menor duda sobre su ciencia universal, adquirida en los paseos y diversiones públicas de París y otras capitales de este continente. El licenciado don José María Jáuregui, el oidor don Isidro Yáñez, don Juan Antonio Unzueta y don Eulogio Villaurrutia, fueron los que se dedicaron con más empeño a estudiar la materia y han servido bien y eficazmente en este punto a la República; pero quien lo tomó como una ocupación seria y ordinaria, y logró instruírse a fondo no solo de la parte teórica del sistema, sino de su aplicación práctica, fue el licenciado don Agustín Buenrostro, hombre de conciencia y formalidad en el desempeño de sus deberes. La enseñanza primaria no se perfeccionó, pues, gran cosa, pero se difundió asombradamente por toda la República, pues los Estados, los prefectos y ayuntamientos trabajaron todo, con constancia, actividad y buen éxito en sacar a las masas del embrutecimiento en que se hallaban. El progreso de esta primera enseñanza, aunque imperfectísima, no dejó de ser rápido; al cabo de dos o tres años los hombres del pueblo, acostumbrados a leer y pensar, empezaron ya a tener sentimientos de independencia personal y a sentir propensiones de sacudir los yugos que se les tenían impuestos por la servidumbre colonial. Este sentimiento vago en hombres apenas iniciados en la civilización debía producir, y produjo de pronto, luchas empeñadas entre las masas y sus antiguos directores. El Clero pretendía mantener el antiguo predominio, y las masas le rehusaban aun la consideración debida a su ministerio y los medios de vivir que, aunque vejatorios y mal calculados, le aseguraban las leyes. Esto agrió los ánimos y produjo mil disputas entre los curas y ayuntamientos que se han prolongado hasta hoy, y no podían ni podrán terminarse sino por arreglos que definan de un modo claro y preciso los derechos y obligaciones de unos y otros, y que asignen a los curas otros medios de subsistir que los derechos parroquiales sancionados por la ley civil.

Desde los primeros días de la Independencia se empezaron también a advertir tendencias bien marcadas a la reforma de la educación científica y literaria; pero estas tendencias, lejos de emanar de la generalidad, como sucedía en la educación primaria, no eran ni aun de la mayoría, que preocupada por el espíritu de rutina, tan propio de la pereza y desconfianza característica a los Españoles, no conocía ni deseaba adelantos capaces de cambiar la marcha establecida. La minoría era la que deseaba y promovía débilmente estos cambios, de los cuales tampoco se tenía por entonces una idea precisa en orden a su naturaleza y resultados. Los primeros ensayos que en esto se hicieron fueron parciales y de importancia muy secundaria. Una imperfectísima enseñanza de derecho público constitucional en los colegios y universidades; un curso de economía política hecho por el doctor Mora a sus discípulos en el colegio de S. Ildefonso, y la variación del traje talar de los estudiantes, promovida por el mismo, fue todo lo que se hizo bajo el gobierno del general Iturbide. El Clero se declaró abierta y animosamente contra estos cambios, y por aquí empezó su resistencia al conjunto de principios y medidas emanadas de ellos, que constituyen el programa del progreso. Iturbide supo, sin embargo, mantener lo poco que se había hecho, y en todo esto manifestó más cordura que sus sucesores, que no acertaron a conservarlo. A la caída del imperio, el ministro universal don José Ignacio García Yllueca comisionó al doctor Mora para que propusiese al gobierno un plan de reforma del colegio de S Ildefonso que sirviese de modelo para el nuevo arreglo de todos los establecimientos de igual naturaleza existentes en la República. Mora había trabajado algo sobre la materia desde que recibió igual comisión de la Junta Provisional de Gobierno en los primeros días de la Independencia, y el plan que presentó, aunque menos malo que lo que existía, era todavía imperfectísimo.

Entre tanto Yllueca murió, y el ministerio que le sucedió, ya formalmente constituido y que dirigían don Lucas Alamán y don Pablo de la Llave, nombró una junta numerosísima para ocuparse de este asunto. Más de cuarenta personas se reunieron en palacio a una sesión que se tuvo a fines de

agosto de 1823, y acordaron nombrar de entre ellas una comisión que se encargase de formar un plan general de estudios, para presentarlo a la junta. La comisión tardó más de
dos años en este trabajo, que no era sino una repetición del
plan aprobado en las Cortes Españolas, absolutamente im-
practicable, porque casi todas sus disposiciones versaban sobre ramos de enseñanza de grande utilidad en naciones muy
avanzadas en la civilización, pero sin objeto en las que solo
se hallan iniciadas en ellas. La junta no se volvió a reunir, ni
aun siquiera para que se le diese cuenta con los trabajos de su
comisión, y el plan quedó como debía quedar, en nada; por
la sencilla y eficacísima razón de que no había dinero para
pagar los profesores, destinados a realizarlo, ni discípulos
para aprender lo que en él se prometía enseñar. Don Pablo
de la Llave fue el autor de esta reforma fantástica, que como
todas las de su clase acabó por introducir el desaliento aun
en los más animados y hacer que el negocio se sepultase en el
olvido hasta 1830, en que volvió a tratarse de él.

Sin embargo, los Estados impulsados por las obligaciones
que les imponía la forma de gobierno y los particulares estimulados por las exigencias y necesidades sociales, emanadas de la naturaleza misma de una sociedad progresiva, no
dejaron estacionario este ramo en tan largo período. Puebla,
Oaxaca, Mechoacán, Nuevo León y Durango poco pudieron hacer, porque no parecía regular crear colegios nuevos
existiendo los antiguos; y de éstos, dependientes algunos de
las mitras, y regenteados los otros por el Clero, oponían la
resistencia más obstinada a todo género de innovación. No
fue así en Guanajuato, S. Luis, Zacatecas, Veracruz y Tamaulipas, donde no había colegios o solo existían de nombre: los establecimientos de educación fueron de menos lujo,
imperfectísimos, porque no podía ser otra cosa en los prime-

ros ensayos; pero muy superiores a los antiguos, entre otras razones, por hallarse menos sometidos a la influencia del Clero y despejados de los vicios característicos de la antigua organización monástica. En Jalisco, aunque su capital lo es de obispado y había en ella universidad más regularmente constituida que la de México; las resistencias fueron comprimidas, la universidad se abolía y se estableció un instituto científico y literario por la voluntad enérgica del famoso Prisciliano Sánchez, gobernador de aquel Estado y uno de los pocos genios creadores que ha tenido la República mexicana. Este ilustre ciudadano era oriundo de una familia oscura y pobre, su educación fue descuidada, y como Sixto V empezó su carrera por donado de un convento: Sánchez no era de esos charlatanes que hablan de reformas sin conocer las exigencias que las demandan y los resultados que por ellas deben procurarse; dotado de talento claro para conocer lo que debía querer y de voluntad enérgica para ejecutarlo, jamás se equivocó en sus resoluciones, ni éstas dejaron una sola vez de ejecutarse, o dar un resultado diverso del que se procuraba y prometía; sus ideas políticas fueron siempre de progreso y su conducta la de un hombre de conciencia que no se contenta con opinar, sino que obra con actividad y perseverancia en conformidad con sus opiniones, cuando por las leyes y por la elección de sus conciudadanos es llamado al ejercicio de la autoridad pública; adversario, por principios y sin animosidad, de las pretensiones del Clero, atacó y dio golpes fuertes a la corporación, sin ofender personalmente a sus individuos, en los cuales supo lo que no es frecuente, respetar el carácter y derechos del ciudadano. Sus enemigos, con menos filosofía y más pasiones, lo han calumniado hasta más allá del sepulcro. El furor sacerdotal y el de los devotos aún no dejan en reposo su memoria, que es y será grata a la patria y a los amigos de la libertad pública.

El instituto de Jalisco fue el ensayo más feliz y perfecto que por entonces se hizo, no solo para despejar de todos sus vicios la educación y la enseñanza, sino para introducir los nuevos métodos que facilitan la una y la otra en los países adelantados en la civilización. Si Sánchez hubiera vivido un poco más, este establecimiento habría rendido frutos más perfectos y abundantes; pero sus sucesores desgraciadamente no contaban con sus cualidades, ni atinaron a seguir la marcha que había emprendido. Frío en sus pasiones e invariable en sus designios debe ser un reformador: atacar vigorosamente las instituciones y dejar a salvo los derechos de las personas, entre los cuales ocupa un lugar muy preferente el de quejarse; debe ser su regla de conducta, ¿tuvieron lo uno y se conformaron a la otra los sucesores de Sánchez? Nuestra opinión es que no. El instituto, aunque no en el estado perfecto de su fundación, se conservó hasta 1834, en que la reacción de la oligarquía militar y sacerdotal, mucho más brutal en Jalisco que en el resto de la República, dio en tierra con este establecimiento, como lo hizo con cuanto bueno se había hecho, para restablecer la Universidad e instituciones análogas.

El pueblo mexicano, cuya juventud no había recibido notables adelantos de educación y enseñanza en los establecimientos públicos, por los motivos indicados, los recibió y continúa recibiendo muy grandes en los pupilajes o pensiones de los particulares. Estas casas de educación, libres de los obstáculos y resistencias, que opone la rutina a todo género de mejoras, han podido ensayar y establecer con más libertad y éxito más seguro los nuevos métodos de educación y enseñanza, que encuentran resistencias tan formidables en los establecimientos públicos. Las pensiones bastante comunes en Europa eran en México casi desconocidas: había pupilajes, es verdad, pero solo para la enseñanza de primeras letras y no para los elementos de las ciencias como lo son actualmente estos establecimientos. Desde el año de 1824 los Mexicanos y una multitud de institutores e institutrices franceses comenzaron a establecerlos, y desde entonces hasta hoy las pensiones han ido constantemente en progreso por su número y perfección. En la ciudad de México y en las capitales de los Estados se han creado muchas, y más o menos en todas ellas se han ensayado los nuevos métodos, con éxito siempre favorable a la juventud de ambos sexos, que por su posición social se halla en estado de recibir una educación más cuidada. Esto ha ido insensiblemente desterrando los vicios de la antigua educación y preparando los elementos de una clase media, que quedará formada en la próxima generación y que hace tanta falta en la presente. Los hombres que no pueden ni deben hacer una profesión de las ciencias y de la literatura, pero que deben influir en el estado social por el lugar que en él ocupan sus familias, sin una instrucción clásica, que no es necesaria para los usos ordinarios de la vida, podrán fácilmente adquirir la cordura y buen juicio que dan los conocimientos elementales y el buen uso y ejercicio de su razón, inspirado en semejantes establecimientos. Estos saludables efectos se obtendrán y se obtienen ya en poco tiempo, por la perfección de los métodos, de manera que a los trece o catorce años de edad, los jóvenes de ambos sexos pueden volver a su familia para dedicarse a las ocupaciones serias, que formarán su estado para el resto de la vida.

En 1830 la decadencia de los Colegios y Universidad era ya tan visible, que la administración retrógrada de aquella época no pudo ya desentenderse de ella. El señor Alamán propuso e inició a las cámaras en su memoria de aquel año, un plan de reformas mucho más realizable que el que había abortado la acalorada imaginación del señor Llave. El mérito principal de este trabajo consistía en la división y clasificación de la enseñanza repartida en tantas Escuelas, cuantos eran los ramos que debían constituirla: en el establecimiento de la enseñanza de ramos antes desconocidos y sin objeto en el sistema colonial, pero indispensables a un pueblo que debía ya gobernarse por sí mismo y tener lo que se llama hombres de Estado; en la supresión de una multitud exorbitante de cátedras de teología, que se pasaban años enteros para que tuviesen un cursante, y eran de hecho en los más de los Colegios absolutamente inútiles; y, por último, en la dedicación exclusiva de cada Colegio a un solo ramo de enseñanza, o a los que con él tuviesen alguna relación. Los defectos del proyecto eran muchos y visibles: nada se hablaba en él de la suerte que debía correr la universidad a la cual se dejaba de hecho sin destino; no se consolidaba un fondo para pagar la enseñanza, ni se aumentaba el que existía insuficientísimo por sí mismo; finalmente, tampoco se trataba en él de facilitar a las masas los medios de aprender lo necesario para hacerlas morales y despertar en ellas los sentimientos de dignidad personal y de laboriosidad, que tan interesante es procurar a la última clase del pueblo mexicano.

Si el formar un plan en el que nada se ha inventado, y en el cual ha empezado por olvidarse el interés de las masas, el primero entre los nacionales; si el proponerlo a una asamblea, cuyas opiniones e intereses se hallan en diametral oposición con semejante iniciativa, sin tener los medios de superarlos o conciliarlos con él; finalmente, si el manifestar deseos, que no pasan de tales, de arreglar la educación nacional es un título a la gratitud pública, el señor Alamán es sin duda acreedor a ella en consorcio de una multitud de proyectistas que han hecho lo mismo que él. Sin embargo, hay ciertos hombres que son un poco difíciles en acordar esta recompensa nacional a las veleidades de los simples proyectistas, reservándola a hechos más positivos, cuales serían el haber puesto mano a la obra y luchado cuerpo a cuerpo con las dificultades que presenta y presentará siempre toda reforma: querer el bien y los adelantos del país, sin meterse en las dificultades que cuesta lograrlo, es una disposición que, a fuerza de común entre los hombres, se cuenta por poco menos que nada, y apenas puede figurar en última línea entre el desempeño de las obligaciones de un servicio ordinario; ¿a qué hombre habrá faltado este deseo, o mejor dicho, quién no lo habrá tenido muchas veces en el curso de la vida? Sin embargo, como las cosas no mejoran por simples deseos, que las dejan estarse como se estaban, muy pocos son los que pretenden hacerse recomendables por este género de servicios. El proyecto Alamán quedó sin efecto, como sucederá siempre que se quieran fundir elementos refractarios, y que se hallan en abierta y natural oposición. Los doctores de las cámaras discutieron el plan en sus comisiones y lo hallaron detestable; la Universidad y el Colegio de Santos, con quienes se consultó, preguntaron la suerte que se les preparaba, y nada pudo respondérseles; de los demás Colegios cada uno lo quería todo para sí, dejando para los otros lo que él mismo desdeñaba. El ministro autor de la iniciativa no pudo entenderse consigo mismo, ni con los elementos discordes que debían concurrir a la confección de su proyecto y que incautamente había querido reunir; así se formó un embrollo tal que nadie pudo ya desenredar, y todos de común acuerdo acabaron por abandonar el proyecto, y aun la discusión del punto, dejando los establecimientos en el estado en que se hallaban, es decir, caminando precipitadamente a su ruina.

En esto vino la revolución de 1833, y con ella la administración del señor Farías, en la que se hablaba poco, pero se procuraba hacer mucho. En ella no tuvieron cabida los charlatanes (hecha siempre la debida excepción de don José Tornel, que entró como lacayo del presidente Santa Ana cubierto con la librea de la casa): los hombres positivos fueron llamados a ejecutar las reformas, especialmente de educación; se pusieron a contribución las luces de los tímidos que no saben más que desear y proponer; y se emplearon imparcialmente tomándolas de todos lados las capacidades que pudieron encontrarse. En esto pudo haber habido y de facto hubo algunas equivocaciones, pero nadie dudó entonces ni después, de la sanidad de intención.

Instalada la comisión del plan de Estudios, con las mismas personas que más adelante formaron la Dirección general de instrucción pública, se ocupó ante todas cosas de examinar el estado de los establecimientos existentes destinados al objeto. La Universidad se declaró inútil, irreformable y perniciosa: inútil porque en ella nada se enseñaba, nada se aprendía, porque los exámenes para los grados menores eran de pura forma, y los de los grados mayores muy costosos y difíciles, capaces de matar a un hombre y no de calificarlo; irreformable porque toda reforma supone las bases del antiguo establecimiento, y siendo las de la Universidad inútiles e inconducentes a su objeto, era indispensable hacerlas desaparecer sustituyéndoles otras, supuesto lo cual no se trataba ya de mantener sino el nombre de Universidad, lo que tampoco podía hacerse, porque representando esta palabra en su acepción recibida, el conjunto de estatutos de esta antigua institución serviría de antecedente para reclamarlos en detall, y uno a uno como vigentes; la Universidad fue también considerada perniciosa porque daría como da lugar a la pérdida de tiempo y a la disipación de los estudiantes de los Colegios que, so pretexto de hacer sus cursos, se hallan la mayor parte del día fuera de estos establecimientos únicos en que se enseña y se aprende. Se concluyó, pues, que era necesario suprimir la Universidad. El Colegio de Santos, que por su institución debía ser una especie de foco en que deberían reunirse las capacidades científicas y literarias, para después tomarla de allí y emplearlas en el servicio público, no podía ya desempeñar este loable objeto, por la sencillísima razón de que las capacidades del país no podían caber, ni tampoco querían ya reunirse en él. Esto último es un hecho práctico y que no admite ya duda: después de la Independencia no ha habido en él más personas notables que los señores don Juan Quintero y don Antonio Calderón, los demás no pueden contarse en este número, y jamás han podido desde entonces estar llenas las plazas vacantes de dotación, porque las personas que se presentaban a solicitarlas no reunían las circunstancias requeridas al objeto, que tenía también el inconveniente, mientras fue efectivo, de ser una especie de monopolio proscrito en España, por los primeros hombres de Estado en el reinado de Carlos III.

Las instituciones de los demás Colegios fueron consideradas bajo tres aspectos: la educación, la enseñanza y los métodos, y todo se creyó defectuoso en sus bases mismas.

La educación de los colegios es más bien monacal que civil: muchas devociones más propias de la vida mística que de la del cristiano; mucho encierro; mucho recogimiento, quietud y silencio, esencialmente incompatibles con las facultades activas propias de la juventud, y que deben procurar desarrollarse en ella; muchos castigos corporales, bárbaros y humillantes, entre los cuales a pesar de las prohibiciones, no dejan de figurar todavía los azotes y la vergonzosa desnudez que debe por el uso precederlos y acompañarlos. Al educando se le habla mucho por los eclesiásticos sus institutores, de los deberes religiosos, de las ventajas y dulzuras de la vida devota; se le pone a la vista y se le recomienda para imitar los hechos de las vidas de los santos, que son por lo común eclesiásticos; se le insinúan de la misma manera, y sin hacer la debida distinción, los deberes de la vida del cristiano y los consejos evangélicos que constituyen la devoción. Nada se le habla de patria, de deberes civiles, de los principios de la justicia y del honor; no se le instruye en la historia, ni se le hacen lecturas de la vida de los grandes hombres, a pesar de que todo esto se halla más en relación con el género de vida a que están destinados la mayor parte de los educandos. Hasta los trajes contribuyen a dar el aspecto monástico a instituciones que no son sino civiles: el manto del educando se diferencia muy poco de la cogulla del monje, y tiene entre otras la desventaja de todos los talares, de contribuir al poco aseo y al ningún gusto en vestirse que manifiestan los que lo portan, cosas todas que hoy tienen una importancia real en la sociedad culta y en la estimación de las personas con quienes debe vivirse. Este conjunto de preceptos, ejemplos, documentos, premios y castigos que constituye la educación de los Colegios, no solo no conduce a formar los hombres que han de servir en el mundo, sino que falsea y destruye de raíz todas las convicciones que constituyen a un hombre positivo. El que se ha educado en Colegio ha visto por sus propios ojos que de cuanto se le ha dicho y enseñado, nada o muy poca cosa es aplicable a los usos de la vida ordinaria; que ésta reposa bajo otras leyes que le son desconocidas, de que nada se le ha hablado, y que tienen por bases las necesidades comunes y ordinarias que jamás son el objeto del estudio y se hallan, por lo mismo, abandonadas a la rutina. Esto lo conduce naturalmente a establecer una distinción entre lo que se enseña y lo que se obra, o como se dice entre nosotros, la teoría y la práctica. La primera se hace consistir en ciertos conocimientos capaces solo de adornar el entendimiento, y que se da por averiguado no son susceptibles de un resultado práctico; ella sirve para charlar de todo y no se la cree buena para más. La segunda, es decir, la práctica, se hace consistir en la manera de obrar establecida de años y siglos atrás en determinados casos y circunstancias, sin examinarla ni creerla susceptible de mejoras y adelantos. He aquí el origen del charlatanismo de México y de las gentes que se han encargado de gobernarlo, que son por lo general los que se han educado en los colegios; acostumbrados a hablar de mejoras solo para lucir lo que se llama talento, jamás se ocupan de ejecutarlas, porque las tienen por ideales e imposibles, y se atienen a la rutina, que es lo que bien o mal les ha servido de regla práctica de conducta. Por esto se suele encontrar más sensatez entre los hombres que no han recibido semejante educación, y tienen por otra parte buen juicio; pues estos últimos toman seriamente los principios de progreso, cuando para los otros tal teoría no es sino un objeto de ostentación y habladuría. El estado del país, después de la Independencia, ha recibido sobre este punto mejoras considerables, en ninguna manera debidas a la educación de los Colegios que no han hecho otra cosa que retardarlas y entorpecerlas.

La enseñanza de los Colegios no se halló mejor que la educación que en ellos se recibe: muchas materias que en otra época ha sido interesante aprender, porque su conocimiento era conforme a las exigencias de entonces, hoy no pueden ser asunto de una enseñanza general, porque no tienen objeto sino respecto de una muy corta parte de la población, o lo que es lo mismo, porque el interés que inspiran lejos de ser general es puramente parcial. Los estudios teológicos y canónigos son de esta clase, y las instituciones científicas y literarias de los Colegios están todas calculadas con el fin y bajo el objeto de disponer a ellos. Todo, pues, está subordinado al designio de formar buenos teólogos y canonistas, y como esta clase de sabios hoy no tiene ni puede tener más objeto que el del servicio eclesiástico, que no puede ser la profesión, sino de una fracción muy corta de los que estudian y deben estudiar, claro es que un método de enseñanza que tiene por fin y objeto difundir este estudio, se halla dislocado de las necesidades comunes y fuera de la marcha social. En este punto la marcha de las cosas ha sido más poderosa que la fuerza de las antiguas instituciones: a pesar de que en las instituciones de los Colegios, las gracias, los favores y los medios de aprender se prodigaban y prodigan a los que se dedican al estudio de la teología, las cátedras de esta facultad de algunos años atrás se hallan casi enteramente desiertas, y si son cursadas las de derecho canónico, es porque en ellas bien o mal se enseña el derecho civil romano.

Al mismo tiempo que en los Colegios hay redundancia de enseñanza no necesaria, hay falta absoluta de ella para ciertos ramos de que la sociedad actual no puede pasarse, y hay sobre todo repugnancia muy pronunciada para que ésta se establezca. Ni el derecho patrio, ni el político constitucional, ni la economía política, ni la historia profana, ni el comercio ni agricultura tienen cátedras para aprenderse, ni son enseñadas en México por principios. Esta clase de conocimientos indispensables para el curso de la vida se hallan librados entera y exclusivamente a la rutina, y son vistos con un cierto género de menosprecio originado de la profunda ignorancia de nuestros sabios mexicanos. ¿Cómo, pues, no ha de haber la más grande escasez de hombres públicos en un país que tanto los necesita? ¿Cómo podrán ser bien administrados los negocios del país en el interior, y ser la República representada en el exterior con la dignidad que corresponde, por hombres frívolos y ligeros, que no se penetran de la seriedad de los asuntos y pretenden tratarlos por los principios de la polémica escolástica? Así es como la dignidad del país se ha visto más de una vez comprometida, por las torpes mentiras y ridículas pretensiones de un ministro plenipotenciario abogado de Colegio, y de un aprendiz de estudiante su secretario. Ha habido y hay en el país algunos hombres públicos que le hacen honor, educados en los Colegios; pero no por eso, sino sin embargo de eso: más claro, estos hombres que han sido y son capaces de servir al público; para ponerse en estado de hacerlo, han debido comenzar y han comenzado por olvidar la mayor parte de lo que se les hizo aprender, y por buscar en sí mismos y en sus propias reflexiones lo que sería inútil esperar de los vicios de su educación; además, estos hombres de contingencia no abundan, y convendría multiplicarlos por los medios infalibles de otra educación mejor sistemada que los produciría. Pero todas estas faltas y vicios de la enseñanza desaparecen cuando se considera que, no hace quince años, la voz pública de los maestros y estudiantes de los Colegios destinaba exclusivamente al estudio de la medicina aquella porción de alumnos que por su incapacidad no habían podido aprender nada en los cursos de filosofía. Afortunadamente para la humanidad, algunos jóvenes de mérito resistían a esas seducciones de Colegio; pero cuando esto sucedía, se lloraba la suerte de los que iban a sepultar en este estudio los talentos que los habrían hecho brillar en el de la teología. Y ¿cuál era el estudio de la medicina? En los Colegios ninguno: en la Universidad había algunas cátedras en que se daban lecciones puramente especulativas, reducidas no pocas veces a la lectura de un libro que el catedrático decía ser de un autor célebre. Nada de estudio de las ciencias auxiliares o preparatorias, como la química, la botánica, etc., etc.; nada de disecciones anatómicas, de clínica, de examen del cuerpo viviente o de los cadáveres; nada, en fin, de cuanto hay en Europa, y aún no basta para constituir un perfecto y verdadero médico.

En orden a los métodos de enseñanza, no había otros que el de elegir un autor con la reciente fecha de cincuenta a cien años de atraso, cuyas doctrinas se explicaban bien o mal por el catedrático, y se sostenían aun contra la misma evidencia. Este hábito de dogmatismo, que no es propio sino de las materias religiosas, se extendía y se extiende a ramos que son susceptibles de aumento o perfección en la sustancia y en el modo. De esta manera se falsea y desnaturaliza la enseñanza, que es para conocer la verdad, y se engendra el espíritu de disputa y altercación, que aleja de este fin esencial a la juventud, la excita a ser querellosa y la prepara para ser pendenciera. Pero nada más irracional que contar los castigos entre los medios de enseñanza. ¿Qué es lo que se trata determinar en el hombre por los castigos, la voluntad o el entendimiento? Si lo primero es un acto de barbarie, pretender que la elección de una de las profesiones más nobles, cual es la de literato, sea iniciada o elegida por medios tan brutales como son los del apremio, especialmente si éste es corporal; si lo segundo, es decir, el entendimiento, ¿a quién puede ocurrirle que el apremio sea medio proporcionado para dar capacidad a quien se la negó la naturaleza, o ensanchar la esfera de quien la tiene limitada? Sin embargo, el irracional proloquio de que la letra con sangre entra, que ha servido de regla de conducta a nuestros antepasados, es todavía reclamado y puesto en acción con bastante frecuencia por nuestros nuevos institutores, y se ve gemir a jóvenes de una inocente incapacidad bajo el peso de castigos no merecidos. Éste era entonces, y es ahora con pocas e inconducentes diferencias, el estado de la educación y la enseñanza en la Universidad y los Colegios, exceptuados los de Minería y S. Gregorio. Si a esto se añade que de los trescientos sesenta y cinco días del año; en vacaciones, vacacioncitas, días de fiesta de todas cruces, asuetos, asistencias a fiestas o funciones religiosas, a actos literarios, procesiones o entierros, se empleaban más de doscientos días, se verá la enorme pérdida de tiempo que había en la juventud, para recibir esta poco útil y muy viciosa educación; pérdida que, alejando el término de la carrera de estudios, inutilizaba las disposiciones de los jóvenes para las ocupaciones laboriosas y positivas, que deben seguir a la educación y que no se hallan en buen estado sino entre los quince y veinticinco años.

Todos estos males existían en la educación, y refluían en la sociedad; su remedio, pues, era tan urgente como ejecutivo y no podía ya diferirse. La comisión partió de esta exigencia social, que hoy nadie pone en cuestión, y se fijó en tres principios: 1.º Destruir cuanto era inútil o perjudicial a la educación y enseñanza; 2.º Establecer ésta en conformidad con las necesidades determinadas por el nuevo estado social; y 3.º Difundir entre las masas los medios más precisos e indispensables de aprender. Esto era lo necesario, y sobre todo lo asequible por entonces, condiciones indispensables en cualquier proyecto que se pretenda realizar; lo demás lo daría el tiempo, la experiencia y las nuevas necesidades del orden social, a las cuales no sería difícil acudir una vez sentadas las bases en conformidad con este orden mismo. El gobierno comenzó por pedir al congreso la autorización necesaria para el arreglo de la instrucción pública, y una vez obtenida ésta por el decreto de 19 de octubre de 1833 se procedió a abolir la Universidad y el Colegio de Santos, que se consideraron, este último como inútil y la otra como perjudicial; se declararon también abolidos los estatutos y suprimidas las cátedras de enseñanza de los antiguos Colegios por las razones que lo fue la Universidad; se declaró que la educación y la enseñanza era una profesión libre como todas las demás, y que los particulares podían ejercerla sin necesidad de permiso previo, bajo la condición de dar aviso a la autoridad local y de someter sus pensionados o escuelas a los reglamentos generales de moralidad y policía. Por la supresión de los antiguos establecimientos, se precavían las resistencias y obstáculos que semejantes cuerpos opondrían a la nueva marcha, y con las cuales, supuesta su existencia, era necesario contar; con la libertad de la enseñanza se removían los obstáculos de todo género que supone el permiso previo de enseñar, y son indefectibles en él. Verdad es que una multitud de escuelas enseñarían mal a leer y escribir, pero enseñarían, y para la multitud siempre es un bien aprender algo ya que no lo pueda todo. Que los hombres puedan explicar, aunque defectuosamente, sus conceptos por escrito y que puedan, de la misma manera, encargarse de los de otros expresados por los caracteres de un libro o manuscrito es ya un progreso, si se parte como se partía en México de la incapacidad de hacerlo que tenía la multitud en un estado anterior; esto y no otra cosa era lo que se buscaba por la libertad de la enseñanza, y esto se ha obtenido y se obtiene todavía por ella misma.

Esto no quiere decir que el gobierno se desentendía de dar directamente una enseñanza expensada por los fondos públicos, y sistemada por la autoridad suprema: lejos de eso se extendió un plan que también se llevó a debida ejecución, el cual si no es una obra absolutamente perfecta, como no lo puede ser ninguno para empezar, contiene todos los principios elementales de una buena educación y las bases de una enseñanza científica, literaria y artística, proporcionadas a las necesidades y exigencias del estado actual de la Sociedad. Las bases orgánicas de este plan son: una Dirección general de donde partan todas las medidas relativas a la conservación, fomento y difusión de la educación y enseñanza; un fondo público formado de los antigua y nuevamente consignados al objeto, administrado, conservado e invertido bajo la autoridad de la expresada Dirección; para cada uno de los ramos principales de la educación científica y literaria, y para los preparatorios un colegio, escuela o establecimiento; una inspección general para las escuelas de primeras letras, normales, de adultos y niños de ambos sexos, de las cuales debía haber por lo menos una en cada parroquia; un establecimiento o escuela de bellas artes; un museo nacional; y una biblioteca pública.

La dirección general, como lo indica su nombre, estaba exclusivamente encargada de la parte directiva, económica y facultativa de la educación y enseñanza pública. Este cuerpo, que no tenía equivalencia en el antiguo sistema de estudios, era necesario para la subsistencia del nuevo; de otra manera debería suceder lo que ha sucedido y sucede con los establecimientos de educación y enseñanza, es decir, que no son atendidos, ni vigilados, ni conservan entre sí la uniformidad y armonía de métodos y doctrina, que es indispensable en este ramo cuando es pagado de los fondos públicos, y que no puede obtenerse sino partiendo de un centro directivo que no se ocupe de otra cosa. El gobierno no puede ser este centro, así porque los miembros del gabinete no son necesariamente facultativos, como porque ocupados en otros negocios, para cuyo desempeño aún no es bastante toda su aplicación, no pueden tener el tiempo ni la voluntad de ocuparse de este que es vastísimo y exige un cuidado y dedicación especial. Las facultades de la dirección eran en lo general lo que debían ser, para poder desempeñar su objeto en beneficio público: la conservación de las bibliotecas, museos y demás depósitos de instrumentos, máquinas o monumentos de las ciencias, literatura, antigüedades y bellas artes; el establecimiento, conservación y perfección de las materias de enseñanza y de los medios para facilitarla; la vigilancia sobre los establecimientos públicos; la recepción de los candidatos para los grados académicos; el nombramiento de profesores de enseñanza y la propuesta al gobierno para el de los directores y subdirectores de los establecimientos; finalmente, la inversión, cuidado y vigilancia del fondo y de los caudales destinados a la instrucción pública. Acaso habría sido conveniente más adelante cambiar o disminuir la extensión de estas facultades, que podrían parecer excesivas; pero en los primeros momentos en que todo estaba por crear, era necesario conservarlas en toda su integridad, si realmente se quería establecer algo. Las contradicciones, las resistencias y los obstáculos de todo género, que debía amontonar y amontonaba el espíritu de partido contra esta clase de innovaciones, no podían ser superadas sino por un cuerpo destinado exclusivamente al efecto, con el poder necesario para lograrlo, y que sería inútil procurarlo por otros medios diversos del ejercicio de semejantes facultades.

El fondo público destinado al sostenimiento de la instrucción nacional expensada por el gobierno se formó de los fondos particulares de cada uno de los antiguos establecimientos y de las consignaciones de diversas fincas ocupadas, de una manera poco legal, al duque de Monteleone, que tampoco tenía títulos legítimos para reclamarlas como propietario. Este fondo, constituido de la manera que lo fue por la ley del

24 de octubre de 1833, era suficiente para cubrir los gastos de la nueva organización de la enseñanza, y fue adelantado y administrado con pureza por los cuidados de don Pedro Fernández del Castillo, tesorero de la instrucción pública. La consolidación de este fondo fue un motivo de discordia, aun entre los que debían procurarla como miembros de la dirección, y más adelante fue una de las causas que contribuyeron a derribar el edificio levantado a tanta costa; pero ella era necesaria, así para la unidad y regularidad de la administración, como para la economía en los gastos, que era inconciliable con la multitud de pequeñas administraciones que suponían la multiplicidad de oficinas, de dependientes, de mayordomos y de cuentas. Ella era también necesaria para que de hecho desapareciesen los pretendidos derechos de los antiguos establecimientos abolidos ya por la ley.

Los establecimientos de enseñanza se constituyeron bajo de nuevas bases en todo diferentes de las antiguas. El primer objeto que se propuso la administración fue sacarlos del monopolio del Clero, no solo por el principio general y solidísimo de que todo ramo monopolizado es incapaz de perfección y adelantos, sino porque la clase en cuyo favor existía este monopolio es la menos a propósito para ejercerlo en el estado que hoy tienen y supuestas las exigencias de las sociedades actuales. Los conocimientos del Clero más que los de las otras clases, propenden por su naturaleza al estado estacionario, o lo que es lo mismo, dogmático. Los eclesiásticos que hacen y deben hacer su principal estudio de la religión, en la cual todo se debe creer y nada se puede inventar; contraen un hábito invencible de dogmatizar sobre todo, de reducir y subordinar todas las cuestiones a puntos religiosos, y de decidirlas por los principios teológicos. Esta inversión de principios, fines y medios extravía completamente la enseñanza, convirtiendo en fuentes de todos los conocimientos humanos las que deben solo serlo de los principios religiosos. Así en lugar de crear en los jóvenes el espíritu de investigación y de duda que conduce siempre y aproxima más o menos el entendimiento humano a la verdad, se les inspira el hábito de dogmatismo y disputa, que tanto aleja de ella en los conocimientos puramente humanos. El joven que adopta principios de doctrina, sin conocimiento de causa, o lo que es lo mismo, sin examen ni discusión; el que se acostumbra a no dudar de nada y a tener por inefable verdad cuanto aprendió; finalmente, el que se hace un deber de tener siempre razón y de no darse por vencido aun de la misma evidencia, lejos de merecer el nombre de sabio no será en la sociedad sino un hombre pretencioso y charlatán. ¿Y podrá dudarse que produce este resultado la enseñanza clerical recibida en los colegios? ¿No se enseña a los estudiantes a conducirse de este modo en las cátedras, en los actos públicos y privados, para obtener los grados académicos, o las canonjías de oposición? En efecto, la disputa y la obstinación y terquedad, sus compañeras inseparables, son el elemento preciso y el único método de enseñanza de la educación clerical; él comienza con los primeros rudimentos, y no acaba sino con la vida del hombre, que continúa en el curso de toda ella, bajo el imperio del sistema de ideas que se ha formado, de cuya verdad es muy raro llegue a dudar. De aquí nace la aversión con que se ve toda reforma y la resistencia obstinada a toda perfección o mejora; de aquí el atraso de las ciencias y el desdén con que se ve toda enseñanza en que no hay disputa; de aquí, en fin, ese charlatanismo universal que es la plaga de la República y esas pretensiones inmoderadas de reglar el mundo y la Sociedad, por los principios aprendidos en los Colegios, que nada tienen de común con lo que se pasa en el uno y con lo que es indispensable saber para regir la otra.

En cuanto a la educación, ya se ha hecho ver antes que el Clero ni da ni puede dar otra que la monástica, o alguna que más o menos se le parezca; y siendo, como es ésta, incompatible, o a lo menos inconducente, a formar hombres que deben vivir en el mundo y ocuparse de otras cosas que de las prácticas de los claustros, claro es que era necesario exonerar a la clase eclesiástica de este trabajo y de prestar a la Sociedad un servicio que no lo era. Hombres más a propósito fueron llamados a hacerlo tomándolos indistintamente de todas las clases de la Sociedad y de todos los partidos políticos.

La educación disciplinaria, moral y doméstica se procuró que fuese arreglada, pero sin exageración. De los alumnos se exigió el cumplimiento de los deberes religiosos y civiles, pero se tuvo el más grande cuidado en no imponerles otros que los que corresponden al común de los cristianos; porque si éstos se reputan suficientes para reglar la conducta de un hombre en el mundo, ¿por qué no han de tener el mismo efecto, respecto del joven que reside en un Colegio? Hoy ya no es materia de duda que la multiplicidad de obligaciones no necesarias es destructiva de la moral, porque acostumbra al hombre a confundir los deberes facticios con los esenciales, y a faltar lo mismo a los unos que a los otros, aumentándose como se aumentan las ocasiones de hacerlo, según crece o se aumenta el número de los preceptos. En el número de las obligaciones impuestas a los alumnos no se comprendió nada que tendiese a extinguir la fogosidad y el principio de la vida activa tan natural y desarrollada en la juventud; así, pues, no se prohibió a los alumnos correr, gritar, etc., sino en las horas de distribución, que tampoco se pusieron de una manera tan seguida, que no les dejase tiempo para descansar y entregarse a los recreos propios y característicos de su edad. Los antiguos institutores de los Colegios incurrieron en este punto en gravísimos errores, queriendo que los jóvenes, y aun los niños, tuviesen la seriedad y el reposo de un hombre maduro, y para lograrlo no se detuvieron en proceder por vía de castigos muy duros para semejantes faltas.

Los que en los nuevos establecimientos infringían los reglamentos no podían ser castigados sino con privaciones de goces permitidos; estas privaciones en las faltas más graves podían extenderse hasta la de la libertad por algunas horas; pero los castigos corporales fueron desterrados todos, y aun los de privaciones quedaron abolidos para las faltas de inteligencia o de memoria en el estudio de las lecciones, o en las explicaciones de las materias de enseñanza. Por estas providencias los profesores, privados del funesto derecho de castigar, recobraron la noble dignidad de la enseñanza, dejando el carácter de pedantes que envilecía sus nobles funciones; los alumnos pudieron ya ser más sensibles a los estímulos del honor y la vergüenza; y los regentes o directores de los establecimientos de educación perdieron el odioso carácter de verdugos que los hacía temibles y detestables a la juventud. Justo y muy justo era no recargar a los jóvenes con distribuciones muy penosas y seguidas; pero era imposible que el número de días de asueto continuase como hasta entonces, y fuese causa de una pérdida de tiempo equivalente cuando menos a la mitad del año. Por este principio se abolieron todas las asistencias a funciones literarias y religiosas exteriores a los Establecimientos, y en cada uno de éstos no se conservaron sino las precisas e indispensables: las vacaciones se redujeron a menor número de días; las vacacioncitas se hicieron desaparecer, y se previno que hubiese lecciones y cátedras todos los días del año, aunque fuesen festivos, menos los domingos y las principales fiestas del Señor y de la Virgen. Se suprimieron también los trajes talares como feos y deformes, como disonantes con el vestido común y ordinario de los demás ciudadanos, a cuya clase pertenecen los alumnos, como contrarios a la limpieza y como poco conformes con el hábito que deben contraer de vestirse bien y con gusto, los hombres destinados a vivir en una sociedad culta. Tampoco se les sustituyó uniforme ni distintivo ninguno, porque si estas cosas están bien en los países de categorías, de clases y distinciones, como son las monarquías de Europa, se hallan fuera de su lugar y son fuera de propósito en naciones republicanas, donde nada debe hacerse que destruya o debilite los hábitos y el principio de igualdad. Éstas fueron las mejoras y cambios más notables que se hicieron en el sistema moral y disciplinar de educación, y ellas hubieran naturalmente conducido a otras muchas que el tiempo y la experiencia habrían hecho conocer, si se hubiera continuado lo que se había comenzado.

En el sistema de enseñanza y en el modo de distribuirla hubo también cambios muy notables y bajo cierto aspecto totales. Una Universidad existía anteriormente de nombre, y muchas que lo eran realmente, pues en cada uno de los Colegios había cuanto era necesario para ser tenido y considerado como tal. En efecto, las Universidades tomaron en la Edad Media este nombre, porque en ellas se pretendía enseñar todo, y de facto se enseñaba lo poco o mucho que se sabía; posteriormente se dio ese nombre a los establecimientos en que se enseñaban diversas facultades, y bajo este aspecto los colegios de S. Ildefonso, del Seminario y de S. Juan de Letrán de México, eran otras tantas Universidades, tanto menos necesarias cuanto que en ellas se multiplicaba la enseñanza de teología y derecho canónico, que nadie o muy pocos querían estudiar, y escaseaba o faltaba del todo la de otros muchos ramos que son de necesidad indispensable y de aplicación práctica en el estado de la Sociedad. La regla, pues, que debía seguirse en la reconstrucción del nuevo edificio no podía ser dudosa: suprimir estas Universidades bastardas y formar Escuelas de cada ramo, como se hace en el resto del mundo literario; Escuelas en las cuales se enseñasen las materias que constituyen cada ramo, y fuesen examinados los que aspiran a obtener los grados académicos, o a ejercer alguna de las profesiones que la Sociedad no puede permitir, sino a personas instruidas en ellas y de aptitud calificada.

Bajo la influencia de esta idea y en consonancia con ella, se formaron seis Escuelas: la primera de estudios preparatorios, la segunda de estudios ideológicos y humanidades, la tercera de estudios físicos y matemáticos, la cuarta de estudios médicos, la quinta de estudios de jurisprudencia, y la sexta de estudios sagrados. A todas estas Escuelas se dio el nombre de Establecimientos, excluyendo de intento el de colegios, para que no sirviese de precedente a efecto de reclamar el uso o abuso de las rutinas establecidas en ellos.

La idea del primer Establecimiento fue de reunir en él la enseñanza de todos los conductores de las ciencias, o más claro, de todos los medios de aprender; así pues, se fijó en él el estudio de las lenguas sabias, antiguas y modernas, el del idioma patrio y los más notables de las antiguas naciones indianas, más por instrucción que por el uso que se haga de ellos en un país donde la lengua castellana es común a todos los miembros de la Sociedad. En el segundo Establecimiento se procuró reunir la enseñanza de cuanto, de una manera o de otra, contribuye al buen uso y ejercicio de la razón natural, o al desarrollo de las facultades mentales del hombre, y es conocido hoy en el mundo filosófico bajo el nombre de

Ideología; así es que se reunieron en él los estudios metafísicos, morales, económicos, literarios e históricos. En el tercer Establecimiento se reunieron todos los estudios científicos, y fue dotado con cátedras, de matemáticas puras, de física, de historia natural, de química, de cosmografía, astronomía y geografía, de geología, de mineralogía; además, se consideró siempre como perteneciente a él el establecimiento de Sto. Tomás con sus cátedras de botánica y agricultura práctica, anexos los plantíos, y con la de química aplicada a las artes. Pocas variaciones y aumentos hubo que hacer en este Establecimiento, pues el antiguo Colegio de minería que le sirvió de base era una de las instituciones más útiles, perfectas y bien montadas que existían, debida en gran parte al ilustre mexicano don Joaquín Velázquez de León. El cuarto Establecimiento, es decir, el de ciencias médicas, era y es una de las necesidades más ejecutivas del país, porque en él nada había ni hay que pueda llamarse una Escuela de medicina: en él se establecieron cátedras para la enseñanza, de anatomía general descriptiva y patológica, de fisiología e higiene, de patología interna y externa, de materia médica, de clínica interna y externa, de operaciones y obstetricia, de medicina legal, de farmacia interna y externa. En este Establecimiento se procuró que la enseñanza fuese toda experimental y práctica, y al efecto se le destinó el convento de Belén próximo al hospital de S. Andrés, se mandó establecer un gabinete de disección y cuanto podía ser necesario para hacer este estudio lo más práctico posible. Este Establecimiento fue el único, que por los esfuerzos y generosidad de sus profesores, sobrevivió algunos meses al vandalismo de la oligarquía militar y sacerdotal, que permitió continuase sin fondos con que pagar, no ya a los profesores, pero ni aun para hacer los gastos más pequeños; sin embargo, esta tolerancia no duró mucho y acabó por reemplazar la Escuela de Medicina con un convento de monjas. El quinto Establecimiento, destinado a estudios jurídicos, fue dotado de las cátedras de derecho natural de gentes y marítimo, de derecho político constitucional, de derecho romano, de derecho patrio y de elocuencia forense; así se llenaron en este ramo no todos los vacíos, sino los más principales que se notaban en la antigua enseñanza. La perfección como en todas las obras humanas habría venido con el tiempo. El sexto Establecimiento abrazaba los principales ramos que constituyen los estudios sagrados: historia sagrada del antiguo y nuevo testamento, fundamentos teológicos de la religión, exposición de la Biblia, estudios de concilios padres y escritores eclesiásticos, y de teología práctica o moral cristiana, fue lo que se acordó enseñar en él. Como la Religión reposa toda sobre hechos, su estudio es y debe ser innecesariamente histórico y crítico. Este medio de estudiar y conocer la Religión es más pacífico e instructivo, y él ha sido generalmente adoptado en el mundo católico, desde que la creencia religiosa ha dejado de ser atacada con sutilezas, y lo ha sido por hechos, que si no son bien conocidos, tampoco podrán ser explicados.

Éstas fueron las bases constitutivas de cada Escuela de enseñanza, y si en cada una de ellas se advierte alguna redundancia y repetición de cátedras, ésta fue una concesión necesaria al espíritu de cuerpo, que sobrevivió a la extinción de los antiguos Colegios: ninguno quería aceptar esta supresión ni desistir de las antiguas ideas de pequeñas Universidades, y reclamaba para la suya, como si todavía estuviese existente, el aumento de cátedras y ramos de enseñanza.

En cuanto a los métodos, no se hicieron notables variaciones, así porque no hubo tiempo para verificarlo, como porque no era bastantemente conocido lo mucho y muy bueno que en orden a ellos se ha adelantado y se halla puesto en práctica en Europa. Al Seminario conciliar se le dejó subsistir como se hallaba, y solo se reservó a la Dirección de instrucción pública, el derecho de vigilarlo por medio de visitas, cuyo objeto debía ser verificar si se hallaba arreglado a la planta, que para los de su clase estableció el concilio de Trento.

Organizada de la manera que va dicha, la instrucción que podemos llamar clásica, si no por el modo, a lo menos por su objeto, se procedió a sistemar y establecer la instrucción primaria. Este ramo era el favorito del gobierno del señor Farías y, justamente porque si la mejora de las masas en todas partes es urgente, lo era y lo es mucho más en México, en razón de que, bien o mal, de una manera o de otra, ellas hacen o influyen de una manera muy directa en la confección de las leyes. Este género de instrucción no puede, pues, sufrir retardos, y debe extenderse a los que sin ella se hallan en el ejercicio de los derechos políticos, y a los que deben ejercerlos en la generación que ha de reemplazarnos: los primeros son los adultos, los segundos los niños, y para unos y otros se establecieron escuelas primarias, cuyo número se habría aumentado si no se hubiese abolido cuanto se hizo. Dos fueron las escuelas de adultos, que se llegaron a plantear: la una en el ex hospital de Jesús y la otra en el ex convento de Belén, ambas bajo la inspección de los directores del segundo y cuarto establecimientos a que se hallaban anexas. Estas escuelas se abrían a las siete y se cerraban a las diez de la noche: en ellas se enseñaba a leer, escribir, las cuatro reglas de aritmética y el dibujo lineal, dando a los concurrentes papel, tinta, plumas y lápices. Increíble parecerá el número de artesanos y jornaleros que a ellas concurrieron y llegaron a instruirse en el poco tiempo que permanecieron: este número ascendía a 386. Todo México lo vio, y ésta es la prueba más decisiva del deseo que estos hombres tienen de suplir de una manera o de otra su falta de educación. Este servicio se les hizo, y ellos sabrán conocer lo que deben a la administración Farías o al régimen militar y sacerdotal.

Las escuelas de niños de ambos sexos y las normales se pusieron todas bajo la vigilancia de un inspector, cuyas funciones eran: proponer a la dirección general los métodos que abreviasen, simplificasen y perfeccionasen la enseñanza; hacer la propuesta de los maestros y maestras que debían enseñar en ellas, de los puntos en que debían establecerse, de los locales que deberían destinarse al efecto, y de la distribución y amueblamiento que en ellos debía hacerse. El inspector debía, sobre todo, ocuparse de preferencia de visitar, vigilar y cuidar del cumplimiento de las leyes y reglamentos, de la limpieza de los niños y de la puntualidad de los maestros en el desempeño de sus obligaciones. Quince escuelas se hallaban establecidas a mediados de 1834, dos de ellas normales, y trece de niños de ambos sexos; en todas ellas la enseñanza estaba más o menos arreglada al sistema de Lancaster, y asistían a las lecciones mil doscientos ochenta y cinco niños, de los cuales trescientos pertenecían al sexo femenino, y los restantes al masculino. Los que vieron dichas escuelas, los que asistieron a los exámenes periódicos y distribución de premios, podrán decir si antes o después se habían visto establecimientos tan bien asistidos, perfectos y acabados en esta línea.

Este servicio patriótico fue debido, casi en su totalidad, al ciudadano don Agustín Buenrostro, la persona más inteligente y celosa por el progreso de la enseñanza primaria que pueda encontrarse en la República. Este hombre modesto y sin pretensiones, cosa bien rara en México, en medio de la escasez de fortuna y de la necesidad de proveer a la subsistencia de la familia de un hermano víctima del cólera, supo desempeñar el cargo de inspector, penoso a la par que difícil y sin brillo. El señor Farías hizo un acto de justicia, elevándolo a la clase de magistrado, de la cual fue privado por los hombres de la oligarquía militar y sacerdotal cuando ésta llegó al ejercicio del poder. Sus servicios no han sido ni serán por eso menos importantes, el día en que la patria llegue a recobrar sus derechos usurpados.

Poco se hizo para el Establecimiento de Bellas Artes que debía serlo lo que antes había sido la Academia de S. Carlos. El ministro don José Gálvez puede considerarse como el creador de esta útil institución, bien montada bajo todos aspectos, enriquecida con un gabinete de yesos, en que se hallan copiados los principales monumentos de la antigua escultura, y provista de todo lo necesario para propagar en la juventud mexicana el gusto por la pintura, escultura y arquitectura. Sin embargo, este utilísimo establecimiento, en poco más de veinte años, había venido a la mayor decadencia: sus fondos habían desaparecido, faltaban maestros que enseñasen y los premios y pensiones, que son el alma de las bellas artes, no existían ya o estaban reducidos a poco menos que nada. La Dirección de instrucción pública empezaba a tomar conocimiento de tan importante ramo cuando acabó con ella el presidente Santa Ana y las cosas quedaron en el estado en que se hallaban, o mejor dicho, empeoraron hasta venir al grado de decadencia en que hoy se encuentran para que todos los que visitan el país digan como dicen de los Mexicanos, que lejos de adelantar los establecimientos útiles que les dejaron los Españoles, no han sabido ni aun conservarlos.

El museo nacional, creado por el celo y eficacia del doctor don Isidro Icaza, es posterior a la Independencia, y aunque absolutamente considerado, era todavía muy poca cosa, atendida la reciente data de su creación, no podía desconocerse ser una reunión ya bastante considerable de monumentos raros y preciosos. Esta colección se hallaba mal distribuida y peor clasificada, porque ninguno de sus directores era ni había sido facultativo; también se veían interpolados monumentos de la primera importancia con cosas que no ofrecían el menor interés. La dirección lo puso al cuidado de un hombre facultativo que fue don Miguel Bustamante, y por las órdenes del gobierno se hizo un acopio considerable de lienzos de los maestros de la escuela mexicana, Ibarra, Vallejo, Cabrera, etc., etc. La galería donde debían ser colocados se empezó a construir en la capilla de la Universidad: estaba ya muy adelantada cuando este cuerpo se restableció, y su primer cuidado fue como era de suponerse destruir cuanto se había hecho para restituir el edificio al uso antiguo de misas cantadas y rezadas, de sermones y procesiones. En México hay en abundancia cuanto es necesario para construir un museo. En el ramo de historia natural, producciones minerales preciosísimas, fósiles enormes y bien conservados de una antigüedad remotísima, aves vistosas y de bello plumaje en todo género, reptiles, insectos y cuadrúpedos de todas clases, propios de un país donde se halla multiplicada al infinito la naturaleza viviente. El ramo de antigüedades, aunque poco estudiado y de consiguiente desconocido todavía, ofrece ya un número considerable de monumentos de todas épocas pertenecientes a diferentes naciones de origen incierto y data desconocida, pero de antigüedad muy remota, según las conjeturas más fundadas y bastante avanzadas en la civilización y en las artes de imitación, como no puede dudarse a la vista de los monumentos mismos. En cuanto a las Bellas Artes: la pintura tiene lo que se puede llamar una escuela mexicana hija de la flamenca y con bastantes analogías con ella, por haber sido éste el gusto de los Españoles en el siglo de la conquista, y por existir en la República una multitud de lienzos de los más célebres maestros de los Países Bajos, nación sometida en aquella época a los Españoles mismos. Los frailes de aquel siglo que fueron a México eran hombres de gusto, y trasladaron a sus conventos y templos una multitud considerable de pinturas de mérito, que han permanecido por muchos años en los antiguos retablos sepultadas en olvido, de donde las ha sacado la nueva forma que se ha dado a los altares destruyendo los antiguos. Por otra parte, los maestros de la escuela mexicana, Vallejo, Ibarra, Cabrera y Henríquez han enriquecido con sus obras no solo las casas de los particulares, sino todos los edificios públicos, especialmente los claustros de los conventos, donde se hallan obras de mucho mérito relativas a la vida de los santos.

México no es rico en los monumentos de escultura: sobre madera se han hecho cosas de algún mérito, todas relativas a asuntos religiosos, pero muy poca cosa sobre bronce y nada sobre mármol. Sin embargo, la estatua colosal de Carlos IV, fundida por el célebre Tolsa, es un monumento único en verdad, pero muy superior por su masa, por la corrección de sus formas y por el efecto que su todo produce en el espectador, a cuanto existe sobre este género en Francia y en la Italia misma. La opinión del barón de Humboldt, juez competente e imparcial en la materia, está en este punto de acuerdo con la nuestra.

Monumentos clásicos y sobre todo originales los hay en grande abundancia en el ramo de arquitectura. Casi todos los templos, que son muchos en México, son imponentes por su masa, y están construidos en el estilo griego o romano; góticos o arabescos no hay ninguno, ni cosa que se les parezca.

Los que se han levantado de medio siglo a esta parte, aunque de menos masa, son más correctos, sus formas más graciosas y su ornato arquitectónico mucho más rico que el que se advierte en los antiguos; pero todos son monumentos vivos de la pericia de los arquitectos mexicanos, y en lo general muy superiores a los que de su clase hemos visto en Europa. El altar mayor o ciprés de Puebla, el de la misma clase de Guadalupe, la capilla del Sto. Cristo de Santa Teresa en México y el templo del Carmen en Celaya se harían notables y llaMarían la atención en las ciudades primeras de Italia, no solo por el plan de su construcción sino por la riqueza de sus mármoles, todos mexicanos, y el gusto y delicadeza con que han sido elegidos, trabajados y colocados. Velázquez, Castera, Paz y, sobre todo, Tolsa y Tresguerras son los arquitectos de más mérito, que han poblado a la República de sus monumentos de medio siglo a esta parte y han propagado y perfeccionado el gusto por las artes de construcción y ornato, aunque sin haber dejado discípulos dignos de sucederles.

Los edificios de los particulares ricos, en Guadalajara, Puebla, Guanajuato, Celaya y, sobre todo, en México se hacen notar por la extrañeza o bizarría de su construcción: no están ciertamente sometidos a las leyes ordinarias, ni tienen la belleza que da la exacta observancia de las proporciones, pero tienen indisputablemente la que da la valentía del genio y la originalidad. ¿Quién puede ver sin llenarse de admiración los palacios, pues merecen este nombre, de los antiguos marqueses y condes del Valle, de Miravalle, de Rul, de San Román, de Pérez Gálvez, de la Cortina y de S. Mateo Valparaíso? Aquellos arcos inmensos desde quince hasta cuarenta varas de abertura, aquellas columnas a la vista incapaces de sostener nada y que sostienen masas enormes, aquellas escaleras de todas formas, unas graciosas y extrañas, y las otras majestuosas e imponentes, ¿no son monumentos dignos de ser estudiados y puestos a la expectación pública? Pues de todo esto debían encargarse según las ideas y designios de la administración Farías, el Establecimiento de Bellas Artes y el museo nacional: el primero conservando los monumentos de arquitectura públicos, y haciendo de ellos y de los particulares un estudio continuo, con el objeto no solo de aprender, sino de perfeccionar y adelantar todo lo concerniente a este ramo; el segundo (el Museo) debía continuar reuniendo de una manera más activa y eficaz todos los objetos interesantes y muebles, que el tiempo y las revoluciones habían sacado fuera de su antiguo lugar, en los ramos de antigüedades, pintura y escultura, y aquellos que por su extrañeza, mérito y escaces pudiesen obtenerse de los tres reinos de la naturaleza animal, vegetal y mineral. La obra se había ya comenzado por una colección bastante abundante de cuadros de poco mérito artístico si se quiere, pero de un grande interés histórico. Una de las galerías en la capilla de la Universidad estaba casi al concluirse, y la otra, que servía de biblioteca en el mismo establecimiento, no necesitaba sino de desocuparse.

Para la Biblioteca nacional se había destinado el edificio del Colegio de Santos, y de pronto debía formarse de los libros de este antiguo establecimiento y de los de la extinguida Universidad. Como en ambas colecciones faltaban una multitud de libros interesantes, que excluía de ellas la influencia del Clero, a la cual se hallaban más o menos sometidos estos establecimientos, se destinaron tres mil pesos anuales para ir supliendo poco a poco estas faltas y tener la nueva biblioteca al corriente de las nuevas publicaciones del mundo sabio. La obra material de la biblioteca estaba concluida y se había consumido mucho dinero en abrir salones y fabricar armarios, a la época malhadada en que el general Santa Ana, cual otro Atila de la civilización mexicana, vino mal a propósito a derribar, por un poder usurpado, cuanto hasta entonces se había hecho.

Esto es en compendio cuanto se hizo e intentó en el ramo de instrucción pública bajo la administración Farías. De cuantos ocuparon puestos en ella, solo los pretendieron los señores Gorostiza, Ortega, Olaguibel y los doctores Icaza y Guzmán: esto no quiere decir que no hubo muchos pretendientes; las solicitudes llovían de todas partes, especialmente de la de los eclesiásticos, que eran los más importunos. Aunque en poder de quien esto escribe existen treinta y dos cartas originales solicitando la colocación de diecinueve personas de esta clase privilegiada, que entonces y ahora calumniaban y continúan calumniando el arreglo que se hizo entonces de la instrucción pública, por honor de ellos mismos nos abstendremos de publicarlas, en tanto que sus actos públicos no nos pongan en el caso de hacerlo.

Por esta última razón no debemos ser reservados respecto de dos doctores, don José María Guzmán y don Epigmenio Villanueva, que instaron de la manera más activa y eficaz para ser colocados en cualquier cosa. El primero que por todos sus antecedentes no debía tener la menor esperanza de ser colocado, lo fue en lo que quiso, y el doctor Mora no tuvo poca parte en que así se verificase; sin embargo, el señor Guzmán, cuando las cosas cambiaron, volvió las espaldas a los hombres que le dieron de comer (estas eran las expresiones con que solicitaba su colocación), suponiéndoles miras que no tenían, y detestó un plan de instrucción pública que había colmado de elogios cuando esperaba deber a él la subsistencia que no podía aguardar de otra parte. En cuanto al señor Villanueva, es verdad que nada pudo obtener a pesar de sus esfuerzos, pero como la cosa no quedó por él, su compromiso es el mismo; a pesar de él, este señor en el ministerio del señor Gutiérrez Estrada, cuando el gobierno solicitaba facultades para el arreglo de la instrucción pública, se opuso a ellas pretextando desconfianza, por temores de conciencia de que se volviese a lo que se había hecho en la administración del señor Farías. Ahora bien, o estos señores creían realmente que lo que se hizo entonces era irreligioso y perjudicial a la educación, o no. Si lo creyeron, ¿con qué conciencia no solo pretendieron servir en él, sino que se allanaban a prestar juramento de observancia a sus leyes? Y si no lo creyeron, ¿no es claro que es una calumnia cuanto después han dicho contra los hombres y las cosas de aquella época?

Entre los que pretendieron colocación solo la obtuvieron las personas arriba mencionadas, y de todos ellos solo fue importuno el doctor Icaza, acaso por el temor infundado de que no se lo colocase. Los demás fueron llamados porque se les creyó aptos, y a muchos de ellos fue necesario instarles para que admitiesen.

Entre estos últimos debe contarse al doctor don Simón de la Garza: este ciudadano es nativo de Monterrey, capital del Estado de Nuevo León, e hizo sus estudios en el Colegio de San Ildefonso de México, donde desde sus primeros años dio idea de lo que sería y después ha sido, es decir, un hombre de juicio recto, de comprensión clara y fácil, de ideas justas y precisas, y, sobre todo, sin sistema y despreocupado en todas líneas. El señor Garza fue el primero que enseñó en S. Ildefonso lo que se llama en las escuelas filosofía moderna, por contraposición a la antigua escolástica; y siendo profesor de teología, a pesar de las trabas que el tiempo y los reglamentos le imponían, insinuaba al dar sus lecciones que muchas de las opiniones favorables al poder eclesiástico, que se sostenían casi como incuestionables, estaban lejos de serlo. Verificada la Independencia, Garza ha sido con cortas interrupciones diputado o senador, y ha votado constantemente por el progreso, con especialidad en materias eclesiásticas, que son de las que ha hecho más estudio y conoce más a fondo. Sus reclamos para establecer el orden y la economía en los gastos públicos, aunque infructuosos, han sido siempre constantes; y si la mayoría de los legisladores los hubiesen atendido, las rentas públicas no estarían hoy en México en el miserable estado que tienen. Todas las comisiones que se le han dado han sido desempeñadas con lealtad, con honor y con pureza: entre éstas debe contarse la de subdirector del establecimiento de jurisprudencia bajo la administración Farías.

El nuevo arreglo de la instrucción pública fue de la aprobación de todas las clases de la sociedad sin otra excepción que la del Clero; hasta el señor Alamán que es el jefe ostensible del partido eclesiástico no pudo menos de aprobarlo, pues que en su defensa no disimula sus pretensiones a ser el autor de sus bases. ¿Por qué, pues, no subsistió? Porque en la administración arbitraria del general Santa Ana hubo un hombre que quiso vengar, en las instituciones del nuevo arreglo, los desaires que en su establecimiento tuvo que sufrir de parte del vicepresidente Farías. Este hombre fue don Francisco Lombardo, que llevaba el nombre de ministro, pero no era en la administración Farías más que un secretario responsable a quien se daban hechos y redactados los proyectos de decretos, para que los firmase sin haberlos acordado anticipadamente con él. Lombardo, que había aceptado de una manera implícita, pero no menos verdadera, estas condiciones degradantes, concibió grande encono con cuanto se le hacía firmar; y aunque con el general Santa Ana continuó bajo el mismo pie, no dejó de aprovechar la disposición en que éste se hallaba para abolir cuanto había hecho su antecesor, especialmente en asuntos que como el de instrucción pública eran poco conocidos y menos apreciados del presidente, que obraba por facultades omnímodas y usurpadas.

7.º Abolición de la pena capital para todos los delitos
políticos, y aquellos que no tuviesen el carácter de
un asesinato de hecho pensado. Necesidad del poder
extraordinario para la represión de los delitos políticos
en las rebeliones armadas que amenazan muy de
cerca la existencia de la Sociedad. Uso que se hizo de
semejante poder, bajo la administración Farías

No entra en nuestro plan discutir el derecho que unos acuerdan y otros rehúsan a la sociedad para imponer la pena de muerte. Esta cuestión filosófica se halla completamente agotada, y cuanto sobre ella puede decirse para sostener el pro y el contra es sabido de todo el mundo. Así pues, la cuestión abstracta no es de nuestra competencia; pero sí lo es ella misma considerada con relación a las circunstancias que forman y formarán, inevitablemente por muchos, el estado político de la República mexicana.

Cuando la sociedad se halla dividida en dos fracciones que tienden a un estado político de diferentes y aun opuestos principios y resultados por sus miras, fines y objetos; cuando estas dos fracciones son casi iguales en poder, ya sea por el número, la obstinación o importancia social de los que las componen; finalmente, cuando en el estado social no existe un poder superior que pueda refrenar las tendencias a hostilizarse a que irresistiblemente son conducidas estas dos fracciones, el choque continuo y la lucha frecuente entre ellas es una calamidad que debe deplorarse, pero es también a la vez un suceso inevitable que es necesario aceptar, y del cual debe partirse para reglar en cuanto fuere posible la marcha política. Ahora bien, esto es a la letra lo que sucede en México; las revoluciones o revueltas han de existir por la fuerza misma de las cosas, mientras uno de los principios políticos que se hallan en contienda no llegue a sobreponerse al otro de una manera decisiva. Para que esto se logre es necesario que el principio vencido pierda hasta la esperanza de recobrar el poder que se le ha escapado de las manos, y como los triunfos y derrotas han sido también por la fuerza misma de las cosas, frecuentes, alternativos y de poca duración, esta esperanza no será fácilmente destruida, sino por una administración vigorosa y enérgica para reprimir las facciones, e ilustrada para hacer a las exigencias sociales las concesiones que no será posible rehusar sin gran peligro. Y ¿qué motivo hay para contar con esta administración que no es una consecuencia precisa del estado social y que podrá o no presentarse? Ninguno ciertamente. Es, pues, claro que por el orden común, el triunfo de uno de los principios no vendrá sino bien tarde, y entre tanto las revueltas continuarán arrastrando tras sí la mitad de la población, dirigida y acaudillada por hombres notables, cuyo delito en último resultado no podrá traducirse ni explicarse sino por una opinión, la cual podrá ser mañana la base de un gobierno. Si esto es así, como no puede negarse, ¿quién podrá tener la atrevida pretensión de poner en paralelo este delito, o mejor dicho, esta falta con los crímenes comunes, y querer sea castigado con las mismas o más graves penas que las que se imponen a éstos? La pena de muerte que causa un perjuicio irreparable y que hoy apenas se sufre en los pueblos civilizados, para los asesinos de hecho pensado, ¿se impondrá a las opiniones, o si se quiere, a los extravíos políticos? Y ¿a quiénes deberá imponerse esta pena? ¿Será a la multitud como se hacía bajo la administración Alamán?

Pero la multitud cuando es una parte muy considerable de la sociedad no debe ser castigada, por el sencillísimo motivo de que el crimen es un estado excepcional, que nunca puede tener lugar sino en una parte mínima de los asociados; por eso se dice, y con razón, que jamás puede haber justicia en mandar veinte hombres cada semana al patíbulo. ¿Se impondrá la pena capital a los directores o jefes de las revueltas? Pero aunque entre estos hombres haya o pueda haber muchos depravados, es indudable que otros muchos son hombres de probidad y mérito, y siendo esto así, ¿deberán confundirse los unos con los otros, o establecerse entre ellos alguna distinción? Lo primero es la más grande injusticia, como lo será siempre el confundir las faltas con los crímenes; lo segundo es de muy difícil aplicación, y basta haber vivido en tiempos revueltos para conocer la parcialidad con que el espíritu de partido eludiría distinciones, que además sería bien difícil de establecer. Es necesario tener también en consideración que los hombres que proclaman, aun cuando sea turbando el orden social, a alguna idea o principio político, jamás son considerados como criminales por la multitud, aun cuando sus intenciones sean siniestras; sin embargo, la sanción de la multitud es un elemento necesario para que el castigo sea eficaz en sus resultados, y la pena capital impuesta por faltas o delitos políticos, lejos de producir la detestación del que la sufrió, lo convierte en héroe y lo diviniza.

La administración Farías, por estas razones y otras igualmente plausibles, no solo se abstuvo de derramar sangre por motivos políticos, sino que erigió semejante conducta en principio a que nunca se faltó: conducta tan loable como difícil, así por haberse tenido con los hombres de una administración de sangre (la de Alamán), como porque la revolución de los fueros amenazó más de cerca que ninguna otra al poder establecido.

Lo hasta aquí expuesto no quiere decir que la Sociedad deba quedar sin defensa contra las rebeliones que la amenacen. El extrañamiento debe ser la pena, o mejor dicho, la precaución social contra los jefes de revueltas, impuesto por los tribunales en las conspiraciones o rebeliones que no amenacen a la Sociedad muy de cerca, y por el gobierno en ejercicio del poder extraordinario en las que fueren de este último carácter.

Cuanto puede decirse sobre el poder extraordinario se halla compendiado en el siguiente artículo, que publicamos en 1833.

«Las épocas de guerra intestina, particularmente aquellas que ponen en riesgo la existencia de la autoridad o amenazan con un cambio de sistema, son el tiempo de prueba para los gobiernos. En este período de turbación y desorden, todos los depositarios del poder salen del orden común que las leyes establecen, y todos son a la vez inculpados por los que sufren las consecuencias de medidas represivas y de actos de severidad que a su vez han ejercido. No ha habido jamás en el mundo gobierno alguno que no haya salido de las reglas comunes establecidas para regir a los miembros de la Sociedad, más o menos, según era mayor o menor el riesgo que corría o se figuraba correr en las turbaciones públicas, y este modo constante y uniforme de obrar es una de las pruebas más decisivas de que el orden de las Sociedades no está ni puede estar sometido a reglas que sean comunes a estos diversos períodos. Los antiguos Romanos nombraban unas veces un dictador, otras autorizaban a los supremos magistrados con la fórmula de caveant consules, ne quid Respublica detrimenti capiat. En ambos casos las formas y las personas eran diversas; pero la suma del poder público que se depositaba en sus manos era la misma, y ante ella doblaba la cerviz el pueblo más orgulloso de su independencia y soberanía que se conoce en la historia.

»Estos hechos constantes y repetidos con absoluta y total uniformidad necesariamente deben llamar la atención de los hombres pensadores y suscitar dudas fundadas y dignas de examinarse sobre las reglas de conducta, que de hecho se prescriben, y las que convendría prescribir a los gobiernos en lances críticos que no dejan de ser frecuentes. Hasta ahora no hemos visto que se examine esta materia con la imparcialidad ni calma precursora segura del acierto: siempre estas cuestiones se han ventilado cuando algunos han sido víctimas de la resolución sugerida por las pasiones, y cuando otros han temido serlo de los sacudimientos políticos. En esta época nos hallamos, y sin embargo, de las desventajas de semejante posición no podemos menos de aventurar algunas reflexiones que, al mismo tiempo que ilustren la materia, sirvan para sostener la administración actual y vindicarla de los cargos que se le hacen por haberse desviado en el curso de la revolución del orden común y establecido para la marcha ordinaria.

»Desde luego, es necesario convenir en que los gobiernos, lo mismo que los particulares, tienen el sentimiento de su propia conservación, y que para éstos así como para aquéllos, es la primera de sus necesidades. Este hecho es indisputable, y está fuera de toda duda por la experiencia no desmentida por cosa alguna contraria. ¿Y cuáles son las consecuencias de un impulso e instinto semejante? Las mismas en el particular que en el gobierno, a saber: el arrollar con todo antes que sucumbir, y no pararse en medios para repeler la agresión. Este impulso funda en el particular un derecho discrecional, no solo para salir de las leyes comunes, sino para hacer viso de sus fuerzas hasta donde las circunstancias y el cálculo del momento le sugieran ser necesario para salvar su existencia. ¿Por qué, pues, al gobierno, cuando se halla en el mismo caso, se le ha de negar un derecho semejante? Tan importante es a la Sociedad su existencia como lo puede ser al particular la suya; si la conservación de ella funda, pues, en este último el derecho de atropellar con todo para salvarse, no se alcanza porque no ha de fundar él mismo en aquélla. La única diferencia que puede haber en uno y otro caso es que el derecho del particular es natural, y civil el de la Sociedad; mas esto nada tiene que ver con su existencia ni con el uso que se haga de él.

»Pero ¿es posible ni racional el reconocer en la Sociedad un poder ilimitado? Y un poder semejante, lejos de llamarse conservador, ¿no es en la realidad y debe considerarse como destructor? Para contestar a estas cuestiones, debe tenerse presente que no es lo mismo un poder que sale de las reglas comunes que un poder ilimitado: el primero tiene muchas a que sujetarse, el segundo no tiene ningunas. ¿Y cuáles son estas reglas? Las mismas que deben moderar la conducta del particular en el caso de agresión, y que todas pueden refundirse en una sola, a saber: no causar al enemigo mayor mal que el que las circunstancias exigieren para la conservación propia. Es verdad que ellas quedan libradas a la prudencia; pero lo es igualmente que no puede ser otra cosa, y la razón es perentoria, porque como los casos y riesgos pueden ser infinitamente variados, y la resolución ha de ser pronta por la naturaleza misma de las cosas, no es posible establecer otro regulador que el de la opinión que cada uno se forme del riesgo momentáneo y de la eficacia de los medios de evitarlo. Nadie puede dudar que semejante opinión podrá ser y aun será muchas veces poco acertada; pero esto lo que prueba es que nada puede ser perfecto en el mundo, y que hay males que no dejan de existir porque se pruebe que lo son. Si el particular, para deshacerse de su agresor, dio fuego a una pistola e hirió o dio muerte a alguno de los transeúntes, indudablemente causó un mal, pero de él nadie ha pretendido hacerle un cargo; y esto mismo debe decirse de la Sociedad cuando, por un error de cálculo, hace padecer por equivocación a algunos inocentes, y solo tiene el designio de deshacerse de los culpados. Pero este error se puede evitar, se nos dirá, con sujetarse a las leyes comunes establecidas precisamente con este objeto. Ésta es una verdad indisputable; pero no lo es menos que si de evitarlo ha de resultar la ruina del cuerpo social, menos mal es incurrir en él que exponerse a caer en otros mayores y de una trascendencia más funesta y duradera. No nos cansemos, por más que se quiera decir, ningunas instituciones son tan perfectas que basten por sí mismas a sostener la Sociedad contra los ataques infinitamente variados a que puede hallarse expuesta, por la razón sencillísima de que no han podido preverse sino un corto número de ellos, y como, por otra parte, es indispensable ocurrir a todos, de necesidad es admitir un poder discrecional, del cual se haga el uso que convenga en el momento de obrar. He aquí la necesidad de las facultades extraordinarias para ciertos casos, que no pueden ser otros que los de una agresión armada, a virtud de la cual se pone en riesgo la existencia de la Sociedad. Asegurar, pues, que las facultades extraordinarias son contrarias a la constitución es no saber lo que se dice, ni distinguir los tiempos en que son necesarias las unas, de aquellos en que debe regir la otra.

»Las facultades extraordinarias son para la Sociedad lo que para el particular el derecho de defensa contra la agresión privada, es decir, el de repeler la fuerza con la fuerza del modo que se pudiere; y así como el particular cuando se ve acometido puede disparar golpes que lo salven, sin pararse ni detenerse, porque pueda ser por ellos herido o muerto un tercero que sea inocente, y esto a nadie ha ocurrido que sea materia de un cargo, de la misma manera, la Sociedad o su representante, que es el gobierno, en el momento de verse atacada, no puede ni debe limitar su defensa a los medios ordinarios si ellos son ineficaces, ni detenerse porque un tercero, aunque inocente, pueda sufrir algo de las medidas destinadas a sostenerla.

»Nos hemos detenido a fundar la necesidad y conveniencia de salir de las leyes comunes en caso de revolución, o lo que es lo mismo, de hacer uso del poder extraordinario, porque los cargos principales que se hacen a la administración (la de 1833-1834), en el período de la guerra, son el haber establecido semejante poder y el haber abusado de él. Se dice y se repite hasta el fastidio: la constitución no existe, las garantías individuales han desaparecido, y se ha entronizado el poder arbitrario. Aunque no con la extensión que se anuncia en estas quejas, es necesario convenir que las garantías constitucionales desaparecen en toda revolución que amenaza muy de cerca la existencia de la Sociedad, como ha sido en la última contra la Federación. Pero la cuestión no es si desaparecen semejantes garantías, si no, si es posible mantenerlas en él; mientras no se pruebe, como no se ha probado hasta hoy, esta posibilidad, nada se puede adelantar contra el poder extraordinario. Por solo el hecho de confesar, como es necesario hacerlo, que la Sociedad, en ciertos casos, no puede salvarse por los medios ordinarios, es indispensable en ellos autorizarla extraordinariamente, y pasar por los inconvenientes temporales que pueda traer consigo el ejercicio de semejante poder. Estos inconvenientes no son evitables en su totalidad, pues el ejercicio del poder discrecionario de su naturaleza es expuesto al abuso; pero sí pueden reducirse a ciertos límites para ocurrir de alguna manera a los fundados temores y recelos que necesariamente debe inspirar.

»La primera limitación, y que está en la naturaleza de las cosas, es la del tiempo. Como lo único que puede justificar este formidable poder son circunstancias muy apuradas, y éstas son de su naturaleza pasajeras, el remedio debe ser, como ellas, eventual y de una duración ceñida a período determinado de tiempo, pasado el cual, debe restablecerse el curso ordinario de las cosas, y con él las garantías sociales, sin las cuales no se concibe sea posible conservar la libertad de un modo estable y duradero. La Constitución debe recobrar su imperio desde que cesó el motivo que creó la necesidad de interrumpirlo. De lo contrario, no valía la pena de conservar una Sociedad en que todo debía sacrificarse para no asegurar nada, y éste es el punto principal por donde falla el plan revolucionario (el de Arista): él creaba un poder absoluto para salvar a la nación de males que no existían, y frustraba completamente los fines del orden social por solo el hecho de no limitar a período fijo de tiempo esta dictadura, ya por sí misma innecesaria y fuera de propósito. Se concibe muy fácilmente que el hombre se someta momentáneamente a todo género de privaciones para asegurar más adelante goces permanentes y duraderos; pero es absolutamente inconcebible que se empiece por renunciar indefinidamente los goces de que se está en posesión y sin riesgo, para someterse a privaciones sin término y cuyo objeto es desconocido. El primer caso es el de los partidarios de la administración, el segundo es el de los de la revolución y el público no podrá desconocer la inmensa diferencia que existe entre ambos.

»El poder extraordinario sobre las personas tampoco debe extenderse más allá de la destitución de empleos, suspensión de la libertad y extrañamiento del territorio. La vida del hombre es demasiado sagrada para someterla a un juicio discrecional, ni exponer a un inocente a sufrir un daño irreparable. Para que la Sociedad se ponga a cubierto de los tiros de los conspiradores, basta que de pronto pueda ponerlos fuera de combate y, más tarde, en la imposibilidad de perjudicarla. Lo primero se obtiene por el derecho de arrestar, y lo segundo por el de extrañar aquellos cuya constante conducta ministra al gobierno justos motivos de temor. Mucho más fundado y racional es semejante poder respecto de los que han sido aprehendidos con las armas en la mano, pues entonces la notoriedad del hecho aleja del todo el temor de equivocar la conducta de la persona y el de confundir al inocente con el culpado, verdadera y única razón acaso que milita contra el poder discrecional. Cuando sea preciso exponerse a causar mal (y, por desgracia, esto sucede muchas veces en épocas tempestuosas), es indispensable limitarse a las exigencias de las circunstancias y no traspasar este límite indicado por la naturaleza de las cosas.

»Que el gobierno, en revoluciones armadas que amenazan su existencia, deba quedar expedito para arrestar, confinar y extrañar, nos parece no solo una verdad muy clara, sino también una medida de indispensable necesidad. Inutilizar al enemigo, y prevenir un golpe de mano con prontitud y rapidez, es lo único que puede precaver una revolución y evitar que se repita: y ¿cómo podrá hacerse todo esto por los trámites ordinarios de un juicio, cuya lentitud y morosidad son no solo conocidas de todos, sino positivamente intentadas por el legislador? En las crisis peligrosas de la Sociedad, la salvación del gobierno depende de aprovechar los instantes, que serán inevitablemente perdidos si se pretende ligar su acción a las formas ordinarias. La razón de esto es muy clara: el conspirador se halla enteramente expedito para obrar, nada le liga desde que sacudió el yugo de la ley, y puede echar mano de todos los recursos que tenga a su alcance sin reconocer otros límites que los de sus fuerzas naturales; el gobierno, por el contrario, sometido a fórmulas que no le permiten obrar sino de un modo determinado y ceñido a ciertos procedimientos que le dan toda la ventaja contra un delincuente ordinario y aislado, pero que lo ponen muy en riesgo contra una revolución armada, cuyas fuerzas tal vez consisten en la libertad de obrar, necesariamente ha de sucumbir en lucha tan desigual.

»Pero todo esto, se nos dirá, lo más que prueba es que el gobierno debe tener la facultad de arrestar, mas no prueba ni funda la necesidad de autorizarlo para extrañar sin forma de juicio a los ciudadanos. Nosotros convenimos en que algunas veces la sola facultad de arrestar basta para la seguridad del gobierno: cuando una revolución no ha estallado todavía, sino que se halla en sus principios y en la clase de conspiración; cuando lo que ella se propone alcanzar no gusta ni halaga sino a muy pocos, y la totalidad de la nación se halla en sentido contrario a ello; finalmente, cuando por otras combinaciones, que sería largo enumerar, puede ser contenida por simples arrestos, entonces muy justo y debido es que nadie sea extrañado sino a virtud de un proceso, que puede seguirse en todos sus trámites sin graves inconvenientes. Pero hay casos en que se sabe con evidencia la culpabilidad de las personas, sin que sea posible probarla en juicio, y esto es demasiado frecuente en delitos políticos y muy raro en los comunes. Si todo hubiera de parar en que dejase de ser castigado quien lo merecía, de esto no resultaría el mayor de los males; pero los conspiradores que se llevan a los tribunales no solo quedan impunes, sino que siguen siendo una amenaza perpetua al orden establecido, y la manía de proyectar trastornos no cesa en ellos sino por ser alejados durante un tiempo considerable del país que ha sido el teatro de sus empresas. Resulta, pues, que en los delitos políticos los procesos que se intentan contra los conspiradores quedan casi siempre sin el resultado que en ellos se busca para asegurar la tranquilidad pública, y como ésta es la primera de las necesidades sociales, si no es posible obtenerla por este medio debe recurrirse a otros, que no pueden ser sino los que ministra el poder extraordinario de extrañar por cierto tiempo sin forma ni aparato de proceso.

»Esta facultad, en cierto modo, debe estimarse personalmente favorable a los que han tenido la desgracia de conspirar; y aunque la proposición parece una paradoja, no es por esto menos cierta, pues ella asegura la vida a muchos que de otra manera infaliblemente la perderían. En efecto, no hay que hacerse ilusiones: por más que se clame contra el poder extraordinario, los gobiernos, cuando ven amenazada su existencia, siempre lo han ejercido y han de ejercerlo, o ya sea por las comisiones militares y tribunales extraordinarios con los aparatos, aunque sin la realidad de un juicio, o ya sea por la facultad franca y abierta de extrañar sin las apariencias estériles del poder tutelar que se busca en los tribunales. Ahora bien, ¿quien podrá dudar que se sufre menos y se corre menos riesgo en el segundo caso que en el primero? Ninguno, ciertamente, y si alguno se atreviese a sostenerlo, bastaría recordar las escenas sangrientas de 827, que, con razón o sin ella, ambos partidos, en diversas épocas, atribuyeron al señor Pedraza, y las que en 830 reprodujo el plan de Jalapa bajo la administración de los señores Alamán y Facio. ¡Por cuán felices se habrían tenido las víctimas de ambas épocas si se hubiesen hallado bajo la administración actual con sus facultades extraordinarias, y cuánto menos desgraciada habría sido su suerte que lo que lo fue bajo la exterminadora ley de 27 de setiembre! Y ¿cuál es la razón de esta diferencia? La más sencilla que puede ocurrir. El poder extraordinario, cuando se ejerce franca y abiertamente, da resultados más humanos que cuando se esconde bajo las fórmulas legales y el aparato de un juicio.

»No pretendemos persuadir a nadie que la existencia de semejante poder es un bien; la reconocemos como un mal, pero como un mal necesario que la revolución trae consigo y evita no solo el mayor de todos, que es la disolución del orden social, sino hasta los que pesarían de otra manera y harían de peor condición la suerte de los que no deben atribuir sus desgracias sino a sí mismos. Seamos justos: nunca ha habido más razón para autorizar por un corto período, extraordinariamente, al gobierno que cuando se pretendía establecer para siempre y sin embozo el absolutismo. Sin embargo, nadie ha clamado tanto contra esta dictadura imperfecta y temporal, como los que la querían eterna, omnímoda y absoluta. ¿Por qué así? Porque ahora sufren personalmente no todos, sino una parte de los males que pretendían hacer pesar sobre sus enemigos, porque son víctimas cuando aspiraban al honor de verdugos: en una palabra, porque querían dictadura no para sí, sino para otros. Este rasgo caracteriza más que todo la buena fe, honradez y hombría de bien de los pronunciados, de sus adictos y de las clases privilegiadas.»

He aquí los fundamentos del poder extraordinario, ejercido franca y abiertamente. Este mismo poder había sido ejercido por la administración Alamán bajo todas sus formas, y en una extensión tan considerable a lo menos como la que se le dio bajo la administración de 1833. Los comandantes unas veces, y las comisiones militares otras, asesinaban por todas partes los sublevados contra el gobierno; la ley que se llamó de amnistía lo fue solo de la pena capital, y autorizó al gobierno para desterrar; por último, el señor Pedraza, que regresaba de Europa, para donde no había salido por disposición de ninguna autoridad, se le impidió el desembarcar y regresar a su patria. Las violencias de la administración Alamán fueron menos conocidas en sus pormenores, porque recayeron sobre personas pobres y oscuras incapaces de defenderse ni hacer escuchar sus quejas en los campos o pequeñas poblaciones donde se ejercían. Al contrario, los destierros de 1833 casi todos recayeron sobre personas visibles y poderosas, o ligadas con las que lo eran. Éstos llamaban justicia los actos sanguinarios, que ellos mismos habían aconsejado o ejecutado, y daban el nombre de iniquidad a los destierros que sufrieron; sin embargo, la diferencia de las penas era bien marcada, en la sustancia y en el modo, cuando el delito político que por ellas se castigaba era idénticamente el mismo en ambas épocas y casos.

Procedamos por ahora a ver el uso que se hizo del poder extraordinario en 1833.

Desde que triunfó la revolución de 1832 se empezaron a externar por los vencedores algunos proyectos de extrañamientos, respecto de ciertas personas que en el partido vencido se manifestaban profundamente irritados de haber perdido en ella el influjo y el poder que disfrutaban. El general Santa Ana, sin otro título que haber sido el jefe que ocupó la capital y firmó a nombre de la revolución el convenio de Zavaleta, pretendía ejercer por sí mismo, aunque bajo el nombre del presidente Pedraza, este formidable poder. Sus esfuerzos fueron vanos, pues el nuevo presidente, más cuerdo y menos irritado, opuso una resistencia que Santa Ana no esperaba, y que frustró completamente sus proyectos de extrañamiento. Ignoramos si se llegaron a designar personas al señor Pedraza cuando se pretendió hacerlo cómplice de actos, que no merecen otro nombre que el de venganzas, o si solo se le habló de destierros en general, pero es cierto que Santa Ana destinaba a ellos a los generales Morán y Bustamante, a los tres Fagoagas, al doctor Quintero y a don Miguel Santa María, todos enemigos suyos. Lejos de disimular sus designios, Santa Ana los confiaba a cuantos querían escucharlo, reservándose el derecho de negarlos cuando le conviniese hacerlo con el impudor que le es característico. Estos proyectos quedaron por entonces sin efecto, pero no fueron olvidados, reservándolos para la instalación del nuevo gobierno que debía verificarse en abril próximo.

Abiertas las sesiones de las Cámaras algunos diputados y senadores trataron de promover de nuevo el punto, y al efecto tuvieron una reunión en la casa de uno de ellos, don Ignacio Basadre, con el objeto de formar una lista de las personas que debían ser extrañadas, y de hacer proposiciones al efecto en el cuerpo legislativo. El general Mejía era uno de los que promovían estas cosas con más calor, y no perdía diligencia para que se llevasen a efecto; él era el alma de la reunión, y en ella se convino que dicho general haría como hizo la proposición al senado. Cuando esto sucedió, el señor Farías se hallaba gobernando como vicepresidente, por no haberse aún presentado el general Santa Ana a tomar posesión de la presidencia, para que había sido electo; y tan luego como supo lo que pasaba, declaró a Mejía y a los miembros de la reunión que lejos de estar de acuerdo con ellos en los extrañamientos proyectados, se opondría a que tuviesen efecto hasta dejar el puesto si necesario fuese. La resistencia de Farías tuvo el mismo efecto que la de Pedraza; la proposición hecha quedó sin resultado, y los miembros del cuerpo legislativo que estaban por ella plegaron por entonces en sus designios, reservándose para la llegada del presidente Santa Ana que se anunciaba como próxima, y se verificó en efecto a pocos días. Este cambio personal en el gobierno tampoco fue favorable a los proyectos de extrañamiento: fuese que Santa Ana, más frío por el tiempo trascurrido, había depuesto el ardor contra sus enemigos; fuese, lo que es más probable, que pensaba ya constituirse en campeón de las clases privilegiadas, que lo llamaban sin embozo al ejercicio del poder absoluto, objeto único y exclusivo de este general y resultado preciso de las revoluciones militares; lo cierto es que él se negó a autorizar nada que pudiese hostilizar o incomodar a los vencidos.

Entre tanto estalló la rebelión de los privilegios, y en cuatro días se presentó a las puertas de México con aspecto amenazador. Todos creían complicado en ella al presidente Santa Ana, que dejaba el gobierno para salir a atacarla, y el terror se difundía con una rapidez asombrosa entre los que cinco meses antes habían sido vencedores. Considerándose sin fuerzas por la general defección de la milicia privilegiada, y amenazados personalmente por la abolición de toda institución regular a la que se pretendía sustituir un poder arbitrario sin término ni medida y de una indefinida duración, apelaron como era regular a la erección del poder extraordinario, al caveant consules ne quid Respublica detrimenti capiat; las cámaras, pues, lo acordaron al gobierno, o mejor dicho, al Vicepresidente, único que les inspiraba confianza.

Farías, que no desconocía la necesidad inevitable del poder extraordinario, especialmente en aquellas circunstancias, estaba muy lejos de desear ejercerlo; porque, a diferencia de los ambiciosos vulgares que lo solicitan sin oportunidad y sin motivo, él no podía hacerse ilusión sobre los riesgos de confundir al inocente con el culpado, la pena que causa el hacer sufrir a otro y la responsabilidad inmensa que se incurre ante el público por el ejercicio de semejante poder. Estas consideraciones todas morales y honrosas lo determinaron a dar un paso de que hasta ahora no hay ejemplo en los gobiernos: el de rehusar las facultades extraordinarias, devolviendo a las cámaras con observaciones el acuerdo que se las confería. Se deliberó de nuevo sobre la materia según el orden constitucional tomando en consideración las observaciones hechas. El acuerdo se reprodujo reformado, y entonces el señor Farías se resignó, en la acepción propia y verdadera de esta voz, al ejercicio de un poder verdaderamente oneroso para quien conoce los compromisos y disgustos que trae consigo, y a que expone a la autoridad que se halla investida de él.

Una vez establecido el poder discrecionario y la funesta necesidad de ejercerlo, nada debe omitirse para alejar de su aplicación cuanto pueda causar errores, que son siempre de consecuencias funestísimas: las facultades extraordinarias excluyen la responsabilidad legal en la autoridad que las ejerce; pero suponen e implican en una nación donde la prensa es libre la responsabilidad ante la opinión pública; mas claro, los tribunales no pueden encausar ni pedir cuenta de procedimientos emanados del poder discrecionario, pero el público tiene un derecho indisputable para enterarse, más pronto o más tarde, de los motivos que lo han impulsado a obrar de tal manera en determinado caso. Necesario es, pues, que la autoridad se conforme a sufrir esta responsabilidad, que tampoco sería fácil eludir, y que esté dispuesta a dar razón de su conducta cuando el caso lo exigiere. Para lograrlo se aconsejó al señor Farías que no se procediese contra nadie a virtud de simples denuncias, sino de acusaciones formales; que se tomase declaración a los acusados y se oyesen sus descargos; y que, por lo que de ellos y de la acusación resultase, el gobierno formase su juicio discrecional y procediese en consecuencia. Así se acordó hacerlo no para los casos de aprensión con las armas en la mano, en que la notoriedad del hecho hacía menos necesarias estas fórmulas, sino para los casos de conspiración, en que ellas eran indispensables para justificar las providencias que se tomasen. Cuando los conspiradores de México o los acusados de tales fueron arrestados o mandados arrestar el 7 de junio de 1833, no se quiso todavía hacer uso del poder extraordinario; todos aquellos para cuya aprensión se expidieron órdenes de arresto habían sido formalmente acusados e iban a ser puestos a disposición de sus respectivos tribunales. El general Santa Ana era el principal acusador, pues dejó una lista al señor Farías, en la cual se hallaban todos aquellos contra los cuales se expidieron órdenes de arresto, y algunos otros que no fueron molestados, entre ellos se hallaban el doctor Quintero y don José María Fagoaga. Ningún aprecio se hizo de semejante lista, que era la expresión viva de los resentimientos del presidente, y si se procedió contra algunos de los comprendidos en ella, fue para purificar ante los tribunales las acusaciones verdaderas o calumniosas que se hacían por otra parte, y de que el gobierno no podía desentenderse. Los hombres que querían vengar agravios o resentimientos personales, que nunca faltan en un pueblo que se halla en revolución, instaban al señor Farías para que procediese de una manera más expedita, sin exigir acusación previa contra los que eran o llamaban conspiradores; y no habiendo podido lograrlo llamaron para que lo hiciese al general Santa Ana, que de nuevo se hallaba al frente de las fuerzas destinadas a batir los sublevados. Santa Ana correspondió a este llamamiento, volvió a México para encargarse del gobierno, y no solo se prestó a cuanto de él se exigía, sino que él mismo estimuló a los menos resueltos y apresuró la conclusión del negocio.

Por el 20 de junio de aquel año se tuvo una reunión en el apartamento del presidente, a la cual asistieron los ministros del despacho, un cierto número de diputados y senadores, y los presidentes de ambas cámaras: en ella se trató de formar y se formó una lista de desterrados en la cual se fueron poniendo los que eran o se suponían conspiradores según lo que de ellos se sabía por documentos fehacientes, o lo que se conjeturaba por las denuncias vagas de los miembros de la reunión. Se puede asegurar que casi todos los comprendidos en la lista deseaban un cambio de cosas y sobre todo de personas, pero conspiradores no serían la mitad de ellos. Sin embargo todos fueron medidos del mismo modo, y salió una lista monstruosa, en la que al lado de personas temibles por su influjo y concepto se hallaban hombres tan oscuros o insignificantes, que eran enteramente desconocidos. Se examinó también si estos actos de proscripción deberían emanar del Presidente o de las Cámaras; y se convino en que la lista de desterrados para asegurarla más emanase de éstas, y al gobierno se le concediese la facultad de hacer lo mismo con cuantos creyese hallarse en el mismo caso. Se dice que el alma de todas estas cosas era el señor Ramos Arispe, ministro de justicia, y se asegura también que los otros tres ministros se opusieron a todo o a parte de lo que en la reunión se acordó hasta ofrecer su dimisión.

Grandes dificultades ofrecía esta resistencia, no solo por el desconcepto en que debía caer la providencia y el gobierno que la dictaba, por la renuncia de sus ministros, sino porque los oficiales mayores que debían momentáneamente reemplazarlos tenían simpatías muy fuertes por el antiguo orden de cosas, y pocas o ningunas por el nuevo. A todo se creyó ocurrir cambiando de un golpe los oficiales mayores de tres de los ministerios: así es que don José Tornel reemplazó a don Cirilo Anaya en la secretaría de la guerra, don Juan José del Corral a don Juan de Dios Rodríguez en la de hacienda, y don Francisco Lombardo a don Manuel Monasterio en la de relaciones; en la de justicia fue también removido el oficial segundo don José María Cabrera. Dado ya este paso el señor don Carlos García, ministro de relaciones, se allanó por fin, no sin grandes repugnancias a autorizar el decreto con su firma. Pero las dificultades aún no estaban vencidas, pues faltaba la mayoría de ambas Cámaras con la cual era muy dudoso pudiese contarse. Para lograrla se usó de una verdadera sorpresa encerrando a los miembros de cada una de ellas en su respectivo salón, ponderando los grandes riesgos que corrían y la resolución en que se hallaba el presidente de abandonar el puesto si el decreto no se expedía.

A hombres que realmente se hallaban rodeados de peligros y conspiraciones, que no tenían por objeto como las anteriores el simple cambio de personas, sino la ruina total de la sociedad, sobre cuyos escombros debía levantarse el trono del despotismo, no era difícil infundirles temores que los determinasen a entrar por sendas desconocidas; así es que la mayoría se obtuvo, pero tan corta, que no fue, según se dice, sino de dos votos en la Cámara de Diputados y de uno solo en el senado. El vicepresidente Farías fue llamado a la reunión de Palacio cuando todo estaba hecho: entonces supo lo que había; nada positivamente aprobó, habló en favor de don José María Fagoaga que fue borrado de la lista, defendió sin fruto al doctor Quintero, a don Florentino Martínez y algunos otros, y por su cuanta se pusieron en la lista de extrañamiento a los clérigos regulares de S. Camilo que, por la ley vigente de expulsión de Españoles, residían ilegalmente en el país.

Ésta es en compendio la historia de la famosa ley de extrañamiento con que han metido tanto ruido, ¿quiénes?, los que ejercieron el poder discrecionario de una manera tan bárbara como hipócrita para hacer retrogradar a la nación, llamando juicios a las proscripciones militares y a las ejecuciones atroces; los que derramaron profusamente por más de un año la sangre de los Mexicanos; los que compraron la cabeza de un jefe que había hecho servicios importantes a la Independencia, y después lo asesinaron, tratándolo con el mayor vilipendio sin respetar el título de benemérito de la patria, que bien o mal le había acordado el Congreso de la nación; los que, cansados de derramar sangre y concluida la revolución Guerrero, apelaron para sus últimos restos a leyes de destierro peores que la de 1833, y que llamaron de amnistía; los que en plena paz y aun sin la sombra de facultades para hacerlo desterraron al señor Pedraza de la bahía de Veracruz; en una palabra, los que han ejercido el poder público de la manera más bárbara, menos regular y sin títulos legales, para alejar una época que ha de llegar al fin, y para crear y robustecer resistencias, cuyo único resultado será ensangrentar la marcha de un pueblo que caminaba a la civilización, aunque en medio de errores y extravíos. Inútil es decir que hablamos de la oligarquía militar y sacerdotal y de su jefe el señor Alamán. De ninguna manera nos constituimos defensores del modo con que el general Santa Ana ejerció el poder discrecionario; pero si algunos tienen derecho de quejarse no serán por cierto el señor Alamán y los hombres de sacristía y de cuartel, que tienen tantos motivos para callar y sufrir las consecuencias de los principios que han sentado.

La inconsecuencia en las facciones políticas es tan frecuente que a fuerza de reproducirse sus ejemplos, parece una cosa muy natural: los que proclamaban la dictatura perpetua y absoluta, cuando comenzaron a conocer en sí mismos los resultados de otra que no lo era tanto, se desataron en quejas e invectivas contra el poder extraordinario acordado por las Cámaras y ejercido por el gobierno, y es necesario convenir en que se abusó de él con una prodigalidad escandalosa. Ni la lista de desterrados acordada por las cámaras a pesar de las visibles iniquidades que se notaban en ella por la sustancia y por el modo, ni el extrañamiento de los oficiales y jefes aprehendidos con las armas en la mano hubieran causado alarma universal si todo hubiera quedado en esto. Pero no fue así: el general Santa Ana, al publicar la ley de desterrados que confería al gobierno facultades para hacer lo mismo, abusó de éstas sin término ni medida, expidiendo en dos solos días más de trescientos pasaportes a personas por la mayor parte inocentes o de una culpabilidad muy ligera o cuestionable. Este abuso fue todavía mayor en los Estados, cuyos gobiernos autorizados extraordinariamente por sus respectivas legislaturas se hicieron un deber de buscar y tener conspiradores a quienes desterrar, a imitación de los poderes supremos; hasta los prefectos alcaldes y ayuntamientos se creyeron autorizados a hacer lo mismo, y hubo bastantes ejemplos de que esta opinión no quedó siempre ceñida a la línea especulativa. De todo resultó que el gobierno supremo desterraba para fuera de la República las legislaturas, particulares y gobernadores de un Estado para otro, y las autoridades subalternas de un pueblo o ciudad a la otra. Así es como una parte muy considerable de los habitantes de la República se hallaron en pocos días fuera de su casa, de sus negocios y del lugar de su residencia, y concibieron el encono natural y consiguiente contra un estado de cosas que les causaba tamañas vejaciones casi siempre sin motivo. El gobierno general cuando volvió a él el señor Farías hizo poco uso del poder discrecionario, fuera de los casos de aprensión con las armas en la mano, en que se daba pasaporte para fuera de la República a los jefes más notables de entre los sublevados. Verdad es que se sostuvo lo hecho, porque el volver atrás en los primeros momentos se habría interpretado como un acto de temor y debilidad, cuando era más necesario que nunca mantener el prestigio de la energía del gobierno; pero aun en esto se fue cediendo visiblemente por grados, de manera que, a fines de 1833, los extrañados por disposición del general Santa Ana habían logrado casi todos quedarse, y aun muchos de los comprendidos nominalmente en la lista del Congreso permanecían en su casa a sabiendas del gobierno y sin ser por él molestados. Don José Gutiérrez Estrada, don José Antonio Mozo, don Mariano y don Antonio Villaurrutia, don Francisco Fagoaga, y don Joaquín Villa fueron de este número; el gobierno, aunque resuelto ya a no hacerlos salir, no podía darles una garantía positiva, que no estaba en sus facultades y que rehusaban los hombres más ardientes del partido, pero concedió permisos dilatorios a cuantos los solicitaron, y a los otros los dejó en su casa tranquilos.

Con relación a la masa considerable de jefes y oficiales de la milicia privilegiada aprendidos con las armas en la mano, el gobierno fue más duro, como debía serlo. Esta masa, compuesta en su mayor parte de hombres que eran la escoria y desecho de todas las revoluciones, se hallaba sumida en todos los vicios y acostumbrada a vivir de violencias, robos, drogas y estafas. Los cuatro reales que por cuenta del gobierno se les daban diariamente, si bien eran bastantes para sus más precisas necesidades, no podían alcanzar para satisfacer la pasión del juego y de la disolución, que era ya en ellos una segunda naturaleza; y como por otra parte eran hombres sin oficio ni fortuna, sin ningún género de industria lícita, y se hallaban todo el día ociosos, no se ocupaban de otra cosa que de proyectar y fomentar conspiraciones, y de turbar de todas maneras el orden público. Necesario era, pues, vigilarlos continuamente, arrestarlos con frecuencia y usar de medidas severas de precaución y seguridad, medidas que se toman aun en los países más libres contra los vagos y mal entretenidos, o lo que es lo mismo, contra los que no tienen industria ni fortuna. Esta clase de hombres, aunque hayan llegado inculpablemente a tan miserable estado, son condenados por los tribunales de Francia e Inglaterra, como puede verse diariamente en los periódicos de ambas naciones, a una prisión más o menos larga, por la razón sencillísima de que teniendo que satisfacer necesidades no podrán hacerlo sino a fuerza de maldades. Y ¿se admirará nadie que hombres mil veces peores que los vagabundos de Europa hayan sido tratados en la administración del señor Farías con una severidad infinitamente menor? Nada de satisfactorio puede decirse contra esto, sino que el gobierno que veía pesar esta carga sobre la sociedad debía aligerarla procurando ocupación a tales hombres. El señor Farías ni desconoció ni olvidó este deber, pero mientras llegaba el caso y la posibilidad de desempeñarlo, nada era más justo que precaver las turbaciones del orden público por medidas contra los vagos, que son de uso y práctica común en países libres y civilizados. Cuando los inmensos cuidados de la rebelión universal de la fuerza armada cesaron por la derrota y dispersión de la misma, se pensó ya seriamente en convertir en ciudadanos útiles los que, por sus extravíos y los desórdenes consiguientes a un estado de revolución permanente, habían sido y eran todavía hombres perniciosos.

El general don Nicolás Bravo, patriota a quien con más justicia que a ningún otro se ha condecorado con el título honorífico de benemérito de la patria, había permanecido tranquilo y sin tomar parte por la rebelión de los fueros, a pesar de las repetidas e importunas instancias que para determinarlo a ello le hacían los hombres del retroceso. Cuando la tal rebelión estaba casi acabada, el general Santa Ana por motivos que a él mismo toca explicar, y que nosotros no conocemos, dio orden al general Mejía, que mandaba las fuerzas del Sur, para que sorprendiese y arrestase a Bravo. Don José de Tornel, que por falta de ministro despachaba interinamente la secretaría de la guerra, firmó esta orden que después negó Santa Ana y cuya responsabilidad aceptó Tornel sin vergüenza ni pudor, diciendo que había sido expedida por él, a nombre y sin conocimiento del Presidente. Bravo supo, aunque no muy a tiempo, lo que pasaba, y no teniendo otro medio de parar el golpe, se arrojó en la revolución, manejándose en ella como lo tiene de costumbre, es decir, con honradez y, sobre todo, con moderación. La fortuna no fue favorable al señor Bravo; pero el gobierno, que en cumplimiento de sus deberes se veía en la necesidad de atacarlo, lo trató siempre con la consideración a que era acreedor por sus servicios, por su honradez y por lo disculpable que era el paso dado en falso, que provocó la mezquina intriga de la orden expedida para su arresto. El doctor Mora aprovechó la buena disposición que advertía en el señor Farías para arreglar este asunto con el señor Bravo de una manera amigable y pacífica, y cree haber contribuido algún tanto a lograrlo. El Vicepresidente comisionó al ministro de la guerra, don Miguel Barragán, para que saliese a conferenciar con el señor Bravo, que obtuvo cuanto pidió no para sí, pues dijo que nada quería y se conformaba con salir de la República, sino para los que militaban a sus órdenes. Prendado de este desprendimiento el señor Farías, no quiso quedarse atrás y firmó una carta escrita por el doctor Mora, sumamente honorífica, al señor Bravo, en que le declaraba que por disposición del gobierno no tendría que moverse de u casa, y que en cuanto a lo demás todo quedaba arreglado.

El Vicepresidente, que por el avenimiento del señor Bravo terminaba completamente la revolución, aun antes de que éste se verificase y desde que pudo ya racionalmente esperarse, trató de dar ocupación a la multitud de hombres que hacía muchos años carecían de medios de subsistir y habían recientemente tomado parte en la rebelión de los fueros. Al efecto se determinó enviarlos a colonizar a Texas, y se acordó proporcionarles todos los medios de lograrlo, haciendo por ellos las anticipaciones de la empresa. El doctor Mora fue comisionado para extender el decreto y la alocución exhortatoria que debía precederle, y a muy pocos días todo estaba preparado para realizar cuanto en él se prometía, porque como ya hemos dicho otra vez, la administración Farías, a diferencia de las que la precedieron, nada decretaba que no se llevase a puro y debido efecto.

Entre las personas que salieron de la República y fueron comprendidas en el decreto de extrañamiento acordado por las Cámaras, una de ellas fue el doctor don Juan Nepomuceno Quintero, y ésta es una de las más chocantes y menos disculpables iniquidades que entonces se cometieron. Este ciudadano es nativo de la ciudad de Puebla y oriundo de una familia distinguida; su talento profundo y claro, su infatigable tesón en el estudio y su intachable probidad en todas líneas lo constituyen en el número de las notabilidades de primer rango en el país. Quintero es de los pocos que, lejos de ambicionar puestos y empleos, han rehusado constantemente los que se le han ofrecido de todos rangos: sobrio en sus gustos y placeres, y moderado en sus gastos, jamás se ha apresurado a hacer fortuna, mucho menos por los medios poco decentes que son en México tan frecuentes y comunes. Su carácter es fuerte y sumamente desconfiado de la lealtad de sus amigos; esta susceptibilidad impide que el número de ellos sea el que debía esperarse de sus cualidades personales, aunque no le faltan muchos que le son sinceramente adictos. Nombrado diputado de Puebla a las Cámaras de 1831 y 1832, se declaró abiertamente por el partido del progreso, del que no tardó en ser jefe, y condujo la oposición de manera que el partido retrógrado, triunfante en todas las votaciones, se halló completamente derrotado en la opinión pública al fin de la sesión. Cuando Quintero no hubiera prestado otro servicio, éste habría sido bastante para que los hombres que profesaban los mismos principios le hubiesen a lo menos ahorrado el indigno tratamiento que se le hizo sufrir; pero la lógica de las pasiones, especialmente de la envidia y el rencor, tiene procederes inauditos de los que fue víctima este ciudadano. Ninguno reprobó más concienciosamente la rebelión de los fueros, y decimos concienciosamente, porque esta conducta no provenía de temor ni pretensiones, y por ninguno hubo tanto empeño para que fuese desterrado. El señor Farías, que tenía de él el concepto a que es acreedor, hizo cuanto pudo para salvarlo, aun ya salido de México para embarcarse. El doctor Mora fue autorizado por el Vicepresidente a decir, como dijo a don Mariano Galván, que escribiese a Quintero para que se detuviese en Puebla: esta resolución transpiró más de lo que debía ser, y el señor Farías que había querido echarse encima tal responsabilidad, se vio obligado a revocar lo hecho; otro tanto y en los mismos términos se hizo con don Florentino Martínez.

Otra de las personas notables que fue incluida sin mérito en la lista de desterrados, acordada por las Cámaras, fue el general don José Morán. Este ciudadano, nacido de una familia pobre, supo por sí mismo hacerse su fortuna y elevarse a la clase de las notabilidades del país. En la guerra de la insurrección, Morán, como otros muchos, militó por la causa de España y fue uno de los últimos que la abandonaron. El mérito de Morán nada era menos que vulgar: estudioso, aplicado e instruido en su profesión; puntual y exacto en el cumplimiento de sus deberes; humano y accesible en una guerra en que los jefes militares se permitían todo género de excesos, fue apreciado de los pueblos aun defendiendo una causa impopular. El gobierno español a quien servía, aunque celoso y poco dispuesto a dar ascensos y mando en jefe a los Mexicanos de nacimiento, no se atrevió a rehusarle lo uno ni lo otro. Morán abrazó tarde la causa de la Independencia, pero jamás ha sido infiel a ella, y cuanto en este punto se ha dicho por su cuenta, es una formal y verdadera calumnia, originada de las gentes de su clase, cuyos desórdenes ha querido y no ha podido remediar. Esta calumnia, aunque destituida de fundamento, ha producido su efecto, y Morán en México es una persona impopular: liberal, especulativo y con fuertes prevenciones contra el personal de los que promueven prácticamente la causa del progreso. Solo a la caída del imperio ha obrado de concierto con ellos, y después los ha tenido constantemente por enemigos, que han traducido por conspiraciones sus repugnancias y lo han hecho salir de la República; dos veces sus enfermedades y pesadumbres lo han inutilizado para el servicio de su patria, y la generación futura le hará la justicia que le rehúsa la presente.

Entre los actos dictatoriales de la administración de 1833, uno de los que merecen menos disculpa es el de la privación de empleo de generales de división, acordada por las Cámaras contra los señores Negrete y Echavarri. Estos ciudadanos, sobre quienes se había hecho gravitar de años atrás, sin la menor sombra de justicia, todo el peso de un infortunio no merecido, sufrían con resignación un destierro impuesto por el gobierno, después de un juicio absolutorio pronunciado por las comisiones militares que los juzgaron. Bochornoso era para el gobierno mexicano que personas de tan importantes y señalados servicios fuesen, siendo inocentes (pues tanto quiere decir absueltos), recompensados de una manera tan poco digna; a pesar de esto la conducta del gobierno tenía una explicación aparente, ya que no fuese como no lo era satisfactoria: son hombres agraviados y por otra parte temibles, podría decirse, y siendo así menos malo es tenerlos fuera del país. Esto, si no persuade, se entiende a lo menos; pero ¿cómo entender que se quite, sin antecedente, a un hombre, un título estéril para el poder y fecundo en consecuencias para el honor: título ganado sobre el campo de batalla, de donde ha salido la existencia política de la nación? Esta afrenta oficiosa contra hombres inofensivos es acaso la falta más enorme de la administración de 1833. Las de algunos Estados en el ejercicio del poder extraordinario no conocieron términos ni medida. Cuando el poder supremo templaba en el rigor de sus providencias, los gobiernos de México, Jalisco, S. Luis, Oaxaca y Puebla agravaban por una conducta poco prudente la situación ya bien crítica del país. Hoy, a Dios gracias, no hay quien no reconozca estos extravíos, y la lección dura y amarguísima que sufren los liberales no será tal vez pérdida para la marcha del progreso. El poder discrecionario es una necesidad indispensable en ciertos casos; pero es necesario usar de él con sobriedad y, sobre todo, no perder de vista su carácter excepcional, a virtud del cual no puede ser el regulador de la marcha ordinaria.

8.º Principios diplomáticos de la administración de 1833-1834. Garantía de la integridad del territorio por la creación de colonias que tuviesen por base el idioma, usos y costumbres mexicanas

En la administración Farías los asuntos diplomáticos no ofrecieron grandes dificultades ni un aspecto interesante. La probidad y buen sentido del jefe del gobierno hicieron se mantuviesen bajo un pie amigable las relaciones de la República con las potencias extranjeras. Como en México, lo único capaz de interrumpir estas buenas relaciones es la persecución de extranjeros bajo el concepto de tales, que no encontró cabida en la administración de aquella época. Todo siguió en un estado satisfactorio; aun el partido español, que era visiblemente hostil a la administración de entonces, nada tuvo que temer como lo acreditó la experiencia. Las cosas en 1833 no se hacían al acaso y sin pensarse; para todo se establecían principios más o menos acertados, y se obra con más o menos exactitud en consecuencia de ellos y sin perderlos de vista. Las notabilidades gubernativas de la época, y a su frente el señor Farías, tenían como base de su política la de igualdad y reciprocidad en los tratados con las potencias extranjeras, sin predilección ni animosidad por ninguna ni contra alguna de ellas; así es que en aquel período, como podrá advertirlo cualquiera, no hubo en los diarios aquella polémica apasionada que ha sido tan frecuente antes y después de él, deprimiendo una potencia, exaltando a la otra e indisponiendo a los súbditos de todas. Ni el Francés, ni el Inglés, ni el Americano, ni el Ruso, etc., tuvieron de qué quejarse, porque el Clero, cuya intervención en estas materias es fatal, perniciosa y de mal agüero, estaba seguro de que lejos de ser sostenido en sus tentativas, sería reprimido con severidad. En aquella época no hubo cuestiones de menudeo, de préstamos forzosos, de herejía extranjera, y otras muchas irritantes con que regalará siempre al país la clase sacerdotal, por poco que se vea sostenida y apoyada de la autoridad pública.

El gobierno, lejos de estar poseído de la manía de trata- dos, resistió constantemente multiplicar éstos, con potencias poco considerables que no tienen ni tendrán tal vez jamás con la República relaciones comerciales, únicas que pueden justificarlos. El gobierno por sistema, por principios y simpa- tías, deseaba, procuraba y favorecía cuanto le era posible la venida de extranjeros a la República y su establecimiento en ella. No tuvo la necia credulidad de persuadirse que todos los que llegasen de fuera habían de pertenecer a la sociedad culta de Europa y tener maneras de moderación y comedimiento; todo al contrario, contó con que irían muchos hombres sin educación y algunos positivamente viciosos, pero hecha la cuenta y en último resultado, halló que por las ventajas de su establecimiento debían tolerarse estos pequeños inconve- nientes que existen en todas partes y no espantan a naciones acostumbradas a recibir extranjeros. En efecto, la experien- cia, la necesidad y la ilustración de los gobiernos han deste- rrado de todas partes ese espíritu judaico de aislamiento, de manera que no subsiste ya sino en los pueblos de la lengua castellana, que parecen ser los últimos destinados a entrar en la carrera de la civilización.

A pesar de estas tendencias bien pronunciadas en la admi- nistración de aquella época al establecimiento de extranjeros, ella rehusó siempre admitirlos a colonizar en los territorios mexicanos que carecían de una base de población mexicana, y en esto fue también opuesta a las administraciones que la precedieron y que prodigaron las tierras de Texas a cuantos aventureros quisieron irse a establecer en ellas. La administración Farías, que pensaba las cosas antes de hacerlas y estaba siempre sobre sí misma para impedir que se hiciesen al acaso, no podía desconocer que una colonia extranjera establecida en territorio limítrofe y despoblado debía formar un pueblo igualmente extranjero que más tarde o más temprano entraría en lucha con el gobierno de la República, y sería necesario exterminarlo o que acabase por hacerse independiente. Tampoco se fió para dejar ir las cosas de esta manera en el poder real o presunto de la República, ni en el valor y número de sus soldados que podrían reprimir las tentativas de separación; porque esto equivale a la resolución de contraer un mal por la esperanza que se tiene de curarlo, y los hombres de aquella época no estaban acostumbrados a discurrir de una manera tan necia, o si se quiere poco sensata. El señor Farías no gustaba de crearse dificultades para después combatirlas, bien persuadido de que no era seguro poder contar con el triunfo, y poco tocado de esta ridícula heroicidad, se ocupó seriamente de ahorrar a la nación en sus nuevas colonias los amargos frutos que de ella ha recogido en Texas, por la miserable campaña anunciada con tantas bravatas y que acabó por poner en poder de los Americanos una parte tan considerable del territorio mexicano.

El señor Farías se hallaba penetrado de la necesidad de asegurar a la República los territorios que existen dentro de la línea divisoria, reconocida por el gobierno de los Estados Unidos, lo mismo que del inmenso e inminente riesgo en que se hallaban de perderse, por las incursiones frecuentes que en ellos hacían los Americanos con el designio bien poco disfrazado de ocuparlos. Para lograrlo ni aun le pasó por el pensamiento valerse de divisiones militares que, aun suponiéndolas disciplinadas, cosa por cierto bien difícil, costarían mucho y nada dejarían establecido, en razón de que no podrían arraigarse sin familias, en un terreno que tampoco estaban destinadas a cultivar: hombres civiles y sobre todo Mexicanos, sin excluir por eso a los que hubiesen pertenecido a la clase militar, era lo que se buscaba para formar la base de estas colonias, que debían extenderse por toda la línea divisoria entre México y los Estados Unidos. Este plan era muy vasto para que fuese obra de una sola administración, pero era de esperarse que, una vez comenzado, continuaría siguiéndose con más o menos lentitud en razón de lo plausible del motivo, a pesar de la flojedad, abandono y pereza de nuestros hombres de gobierno.

Pensar y hacer en la administración Farías eran cosas que se sucedían la una inmediatamente a la otra; así pues, luego que se proyectó la colonización, se procedió a ejecutarla, empezando por las dos extremidades de la línea divisoria, la una en la Nueva California en el océano Pacífico, y la otra en el desaguadero del Sabina, sobre el golfo de México. Como solo se trataba de formar una base de colonización, y esta base importaba sobre todo que fuese mexicana, para que sobre ella viniesen a implantarse y amoldarse más tarde las empresas verdaderamente productivas compuestas de extranjeros, no se convocó ni admitió en lo general sino familias mexicanas. En la primera colonia, es decir, la de California, se admitió a todos los que se presentaron, por la seguridad que se tenía de que una vez trasladados, aun cuando se arrepintiesen, no les sería posible regresar. En cuanto a las de Texas, se procedió de otra manera: allí no se trataba de poblar, sino de someter la población existente, que no tenía de mexicana sino el nombre, y daba muestras visibles de sus intenciones de sublevarse. Para contenerla era necesario cortar el punto de continuidad que la unía a los Estados Unidos, por hombres que, sin ser soldados, fuesen guerreros, y cuando el caso lo pidiese, una vez ya arraigados, y armados al mismo tiempo, pudiesen imponer respeto y ser un punto de partida para introducir poco a poco el idioma y los usos mexicanos, y contener a la vez las tentativas de sublevación. Por esto fueron especialmente convocados para establecer estas colonias los militares, que en razón de las turbaciones públicas habían quedado sin destino, y de cuyas desgracias y un nuevo género de vida se esperaba sacar partido en favor de ellos mismos y de la integridad del territorio. El decreto de convocación manifiesta en cada una de sus líneas este loable designio, que habría tenido todo su efecto, como lo tuvo el de California, sin el pronto regreso al gobierno del general Santa Ana, incapaz de comprender ni dar importancia a esta vasta combinación.

En los últimos días de la administración que nos ocupa, se inició también, aunque de una manera vaga, la cuestión con España sobre el reconocimiento de la Independencia. A lo que podemos recordarnos, este asunto no llegó a tener consistencia ni formalidad; sin embargo, las ideas dominantes sobre él eran de no hacer, sino de aguardar proposiciones, así para guardar una posición ventajosa, como porque se creía que la España era más interesada que México en el tal reconocimiento. Tampoco sabemos si se dieron, ni en qué sentido, instrucciones sobre este punto a los agentes diplomáticos de la República.

Bajo la administración Farías se hicieron dos solos nombramientos de ministros plenipotenciarios, que recayeron en dos personas que nada tienen de común, a saber: los señores Garro y Basadre, el primero para Inglaterra, y el segundo para Prusia.

El señor don Máximo Garro es oriundo de una familia distinguida que de México pasó a radicarse a la ciudad de Guadalajara. Garro, después de haber hecho los primeros estudios, abrazó la profesión militar, y sirvió al gobierno español militando contra la Insurrección hasta 1812, época en que su opinión cambió a favor de la Independencia. Tal cambio produjo el abandono del servicio y de las esperanzas lisonjeras de ascensos y fortuna que obtuvieron otros de sus compañeros de mucho menos mérito. Éste fue el primero de los sacrificios de fortuna y honores que por una serie no interrumpida ha hecho Garro a su opinión. Venido a Europa por el año de 1818, tomó partido por la causa liberal, entonces perseguida en España, y aunque no rico ni persona influente todavía, la hizo servicios importantes por su constancia y actividad. En 1820 fue uno de los que con más calor promovieron la revolución liberal de la isla de León, y él fue quien formó la de Madrid y obligó a Fernando VII a jurar la Constitución. Nada pidió ni recibió Garro por este género de servicios, y de la revolución no le tocaron sino persecuciones del gobierno liberal por hechos equivocados. Por supuesto que a la caída de la Constitución de España no debió la vida sino a la fuga: emigrado a Inglaterra, el general Michelena le dio colocación en la legación mexicana, y desde entonces estuvo al servicio de la República hasta 1832, en que renunció el empleo de secretario de la legación inglesa, porque los principios del gobierno de México no eran conformes a los suyos. Otros principios eran dominantes en 1833, y entonces fue nombrado por el señor Farías ministro plenipotenciario: nueva caída de los principios liberales, y nueva renuncia de Garro, quedando por ella sin pensión y sin empleo. Y éste es el estado en que hoy se halla uno de los ciudadanos más recomendables por su capacidad para los negocios, su actividad para desempeñarlos, su buen sentido para juzgar rectamente de las cosas, y su desprendimiento para no convertir el servicio público en un negocio de plata.

Ojalá y pudiéramos decir lo mismo del señor Basadre, pero desgraciadamente no es así, pues su conducta es digna de los más severos reproches, y su nombre, aunque poco pronunciado, jamás lo es sino en consorcio de los epítetos más infamantes justamente merecidos. El señor Basadre ha comprometido en Francia el honor de la República, el de su puesto y el de su persona, por hechos que lo habrían conducido a una prisión si no se hubiera fugado, y que hoy mismo dan ocasión a que sean molestados con reclamos desagradables los que en Francia desempeñan la legación mexicana. Triste es, por cierto, que un nombre tan puro como el del señor Farías haya de sufrir por extravíos ajenos, pero es imposible dejar de decir las cosas como pasaron.

Hemos terminado la exposición de los principios que formaron el programa de la administración Farías, y hemos expuesto con candor, buena fe y sinceridad la aplicación buena o mala, errada o acertada que se hizo de ellos. Posible y fácil es que hayamos padecido muchas, pocas o algunas equivocaciones, pero todo ha pasado a nuestra vista, menos lo concerniente al ejercicio del poder extraordinario. Sin embargo, sobre este punto, los actores mismos y promotores de cuanto se hizo, entre los cuales figura en primera línea el general Mejía, nos han dado las noticias más precisas, puntuales y circunstanciadas, y todas han estado de acuerdo en la relación de los hechos, tales como van expuestos en esta revista. Los lectores tienen consignados en ella materiales suficientes para formar su juicio, que será, como sucede en todas las cosas, favorable o adverso, según su sistema político, su posición social y sus compromisos de partido.

Reacción servil del general Santa Ana

La administración Farías, como era necesario e inevitable, se hizo una multitud de enemigos, no solo entre los del partido del retroceso, sino aun entre los hombres mismos de progreso, que sin intentarlo provocaron la reacción que dio en tierra con todo cuanto se había hecho. Aún no acababa la revolución de los fueros cuando ya se iniciaba la oposición a la administración Farías. Los señores Pedraza y Rodríguez Puebla fueron los que la promovieron y empezaron a formarla, en el Fénix de la Libertad y en la Cámara de los Diputados. Esta oposición, cuyo programa nunca pudo saberse, era más bien de repugnancias que de principios; así es que se limitaba a censurar actos de importancia muy secundaria, pero lo hacía con una animosidad bien pronunciada. El verdadero motivo de esta oposición consistía en el nuevo arreglo de la instrucción pública que estaba en conflicto abierto con los deseos, fines y objetos del señor Rodríguez Puebla en orden a la suerte futura de los restos de la raza azteca que aún existen en México. Este señor que pretende pertenecer a dicha raza es una de las notabilidades del país por sus buenas cualidades morales y políticas: su partido, en teoría, es el de progreso, y en el personal el yorkino; pero a diferencia de los hombres que obran en esto de concierto, el señor Rodríguez no limita sus miras a conseguir la libertad, sino que las extiende a la exaltación de la raza azteca, y de consiguiente su primer objeto es mantenerla en la Sociedad con una existencia propia. Al efecto ha sostenido y sostiene los antiguos privilegios civiles y religiosos de los Indios, el statu quo de los bienes que poseían en comunidad, las casas de beneficencia destinadas a socorrerlos y el Colegio en que recibían exclusivamente su educación; en una palabra, sin una confesión explícita, sus principios, fines y objetos tienden visiblemente a establecer un sistema puramente indio.

La administración Farías de acuerdo con todas las que la precedieron pensaba de distinto modo: persuadida de que la existencia de diferentes razas en una misma sociedad era y debía ser un principio eterno de discordia, no solo desconoció estas distinciones proscritas de años atrás en la ley constitucional, sino que aplicó todos sus esfuerzos a apresurar la fusión de la raza azteca en la masa general; así es que no reconoció en los actos del gobierno la distinción de Indios y no Indios, sino que la sustituyó por la de pobres y ricos, extendiendo a todos los beneficios de la Sociedad. En el nuevo arreglo de instrucción pública se hizo, como era necesario hacer, la aplicación de estos principios, formando escuelas, establecimientos y un fondo común en que se refundieron las escuelas, el colegio y el fondo de los Indios. Nada de esto era conforme a los designios del señor Rodríguez y a lo que él creía sus deberes, y desde entonces concibió prevenciones desfavorables contra una administración que hasta allí había sostenido, y que como sucede siempre fueron aumentándose cuando la cuestión pasó a ser personal y de amor propio.

Esta oposición mínima no cambió en nada la marcha de las Cámaras, pero alentó a los hombres vencidos en la revolución de los fueros, y contribuyó al regreso del general Santa Ana, que veía con pena levantarse a su lado la reputación y nombre de un hombre civil (el señor Farías) que eclipsaba la suya. Desde el mes de enero de 1834, empezaron a recibirse en Manga de Clavo cartas de los disgustados de todas clases y colores, invitando al Presidente: los unos, a ponerse al frente de las clases privilegiadas; los otros, a cambiar el personal de la administración, y todos a volver a ocupar la silla presidencial. Estas cartas, como todas las de su género, estaban llenas de quejas por un lado, de lisonjas por el otro, y de esperanzas exageradas fundadas en el poder y las virtudes del Presidente. Éste no se movía, no contestaba; pero seguía recibiendo las noticias que le daban don José Tornel y don Francisco Lombardo, cada uno de los cuales manejaban y conducían por separado pequeñas intrigas, más o menos favorables a las miras de Santa Ana. Se aseguró entonces que lo que acabó de decidirlo a volver al gobierno fueron las instancias de los señores Pedraza y Rodríguez Puebla. Sea como fuere, a mediados de marzo se resolvió al regreso y, para asegurar un cambio que él mismo que lo intentaba no sabía cuál podría ser, se promovió en Orizaba un motín contra ciertos decretos del congreso de Veracruz, que decían ser contrarios a la religión los devotos de aquella villa. Hecho esto, se avisó oficialmente al gobierno: regresaba a ocupar la silla presidencial el general Santa Ana.

El señor Farías no podía hacerse ilusiones sobre lo que quería decir un anuncio semejante. Tenía el poder suficiente para apoderarse de Santa Ana y sumirlo en una fortaleza; pero le faltó la voluntad, y en esto cometió una enorme y la más capital de todas las faltas. Cuando se ha emprendido y comenzado un cambio social, es necesario no volver los ojos atrás hasta dejarlo completo, ni pararse en poner fuera de combate a las personas que a él se oponen, cualesquiera que sea su clase; de lo contrario se carga con la responsabilidad de los innumerables males de la tentativa que se hacen sufrir a un pueblo, y éstos no quedan compensados con los bienes que se esperan del éxito. El señor Farías sabía que toda la fuerza cívica, única existente en la República, estaba a su disposición; que las Cámaras aprobarían su conducta con una mayoría inmensa; que de los veinte Estados de la Federación, dieciocho a lo menos harían ciertamente lo mismo;

y por último, que podía probar con documentos auténticos, uno de los cuales existía en poder del general Mejía, la complicidad de Santa Ana con los que conspiraban a destruir aquel estado de cosas. ¿Por qué, pues, no hizo nada y dejó correr las cosas? Porque el paso era inconstitucional, y porque no se supusiese en el Vicepresidente una ambición de mando que no tenía: famosa razón, por cierto, que ha mantenido a lo más la reputación del señor Farías en un punto muy secundario, y ha hecho recular medio siglo a la nación, haciéndola sufrir sin provecho los males de la reforma, los de la reacción que la derribó y los que le causarán las nuevas e inevitables tentativas que se emprenderán en lo sucesivo para lograr aquélla. No pretendemos hacer cargos al señor Farías, sino hacer ver a los directores de las naciones las tristes consecuencias de un principio de moral mal aplicado. No lo hizo ni lo hace así el general Santa Ana, y por eso en medio de la absoluta incapacidad que (incluso él mismo) le reconoce todo el mundo para regir la Sociedad, se sale con cuanto intenta en aquellas empresas que exigen atrevimiento, y obstinación y terquedad. El desaliento se propagó rápidamente entre los hombres de progreso desde que se supo que el señor Farías había dejado, o estaba resuelto a dejar, el puesto; y en la misma proporción renacían y se fortificaban las esperanzas del partido retrógrado: así se explica cómo hombres que cuatro meses antes eran en todas partes vencedores, cuatro meses después fueron universalmente vencidos.

El regreso de Santa Ana coincidió con la publicación de la malhadada ley de curatos, que procuró a muchos los honores del martirio sin los riesgos que se corrían en otro tiempo, y de los cuales se encargó de libertarlos el Presidente, constituido ya en nuevo campeón de la Iglesia. Cuando esta ley no hubiera tenido otro efecto que poner a los liberales en el caso de humillarse delante de un hombre como don Juan Manuel Irisarri, éste debía ser bastante para que la detestasen cordialmente. Se entabló una negociación humillante con este capitular, a virtud de la cual se convino, por parte de él, en admitir la ley de curatos, y por parte de los que lo solicitaron, en levantarle el destierro que debía sufrir por el decreto de extrañamiento: Irisarri, como era preciso y natural, hizo traición a los que se fiaron de él.

Llegar Santa Ana a México y ponerse en fermentación todos los elementos de discordia fueron cosas de un momento: Santa Ana quería hacerse un partido propio que lo elevase al poder absoluto, cualquiera que fuese por otra parte su programa político, al cual no daba la menor importancia; los hombres de los fueros, a los cuales estaban unidos por sufrimientos comunes los liberales escoceses, ansiaban por un poder que los retirase de los bordes del abismo, sin cuidarse por entonces de definir ni fijar sus facultades. Todo, pues, estaba dispuesto para la reacción militar y sacerdotal, y no faltaban más que amigos comunes que aproximasen y pusiesen en contacto estos elementos de tan fuertes simpatías. Don José Tornel y el licenciado Bonilla fueron los plenipotenciarios para ajustar este tratado, que se concluyó bien pronto a satisfacción de las partes contratantes, y en beneficio sobre todo de los que lo negociaron, que reservaron para sí mismos los principales provechos de que hasta ahora están gozando para honra y gloria de Dios. Este tratado se halla consignado en el devoto plan de Cuernavaca, cuya redacción se atribuían exclusivamente a sí mismos los que lo redactaron en común, y cuya gloria les adjudican hoy todos in solidum, sin haber fuera de ellos uno solo que no procure renunciarla. La religión, los fueros y el general Santa Ana son las cosas proclamadas en este famoso plan; y, por supuesto, las detestadas en él son las reformas o impiedad, la Federación y el vicepresidente Farías. Convenido todo, Tornel se constituyó en espada ejecutiva y Bonilla en cabeza dispositiva del nuevo orden de cosas; Santa Ana era el cadáver del Cid que se ponía a caballo para servir de espantajo al enemigo cuando el caso lo pedía.

Los señores Herrera, Garay y Quintana, ministros de Guerra, Hacienda y Justicia, renunciaron sus puestos, y sucesivamente se separaron de ellos; solo quedó el señor Lombardo para dar el triste ejemplo de inmoralidad, de firmar sucesivamente y por su orden los decretos, providencias y actos dictatoriales diametralmente opuestos a aquellos que él mismo había autorizado con su firma seis meses antes. Las cláusulas del contrato entre Santa Ana, el sacerdocio y la milicia empezaron desde luego a ejecutarse: el autor de los destierros levantó la voz contra ellos, y de hecho los hizo cesar no por motivos de justicia, sino por principios reaccionarios; el Vicepresidente, sobre quien calumniosamente se hacía pesar esta odiosidad, en un documento público, la echó, como era justo, sobre Santa Ana; y no habiendo nada que responder a él, ni quién quisiese encargarse de contestarlo, Tornel, a quien no le tocaba de oficio, se encargó de hacerlo, llenando de injurias al hombre que seis meses antes había tenido valor de nombrarlo general de brigada.

El licenciado Bonilla probaba con el libro en la mano al general Santa Ana y al público, que por supuesto se daba por convencido, que era injusto perseguir a los hombres de los fueros, aunque esto podía hacerse lícitamente con los que los atacaban; que era legítimo el derecho de insurrección en las clases privilegiadas, pero no en la masa de la nación; que era un atentado atacar las facultades del Presidente, presupuestas o establecidas en la Constitución; pero que era un acto meritorio violar ésta, disolviendo las cámaras y cerrando la puerta a los diputados, por el ministerio suave y pacífico de un centinela apostado. Todos estos y algunos otros primores deducía el ingenio feliz del licenciado Bonilla de las doctrinas consignadas en el libro titulado Examen de los delitos de infidelidad a la patria; y don José Tornel, conformándose por convicción con semejante polémica, obraba en consecuencia de ella propagando el plan de Cuernavaca y prometiendo, a nombre del Presidente, montes de oro a los que lo proclamasen, protegiesen, o a lo menos se conformasen con él.

Imposible es ni aun imaginar hasta dónde habría ido esta ridícula y miserable baraúnda, si los Escoceses no se hubiesen insinuado diestramente y poco a poco en el ánimo de Santa Ana: éste los acogió con los brazos abiertos, no por convicción de sus doctrinas ni por amor que les profesase, sino por vanidad y ostentación; desde entonces Tornel y Bonilla quedaron en la clase de bullangueros, contentos con su suerte y con la imponderable ventaja de no tener rivales en ella. Don Francisco Lombardo, sin saber lo que se pasaba, era llamado como de costumbre, y en clase de editor responsable a autorizar con su firma lo que se le ponía delante.

Entre tanto las cosas no caminaban por todas partes de una manera absolutamente satisfactoria, ni las conspiracioncitas surtían todo su efecto a pesar de las cartas comendaticias de Tornel. En Querétaro, en S. Luis, en Jalisco, en Mechoacán y en Oaxaca se hicieron tentativas de resistencia, que si se hubieran combinado con la de Puebla y encontrado apoyo en los Estados de Zacatecas y Durango, habrían hecho vacilar las columnas de Cuernavaca y Orizaba; pero el señor García se equivocó en los medios de sostener la Federación y con ella los Estados, y peleó rigurosamente hablando por el derecho de ser degollado al último, como lo fue más adelante. Puebla, la heroica Puebla, y su gobernador don Cosme Furlong fueron los que sostuvieron con esfuerzos dignos de mejor suerte, pero no menos honrosos, la libertad de la patria y su ley fundamental. Solos y aislados, reducidos al casco de la ciudad, sin víveres ni dinero, teniendo contra sí las tropas del gobierno, el poder del Clero y sobre todo la certidumbre de no ser socorridos, sostuvieron un sitio de más de tres meses batiéndose continuamente contra fuerzas muy superiores, con la certidumbre de que al fin debían sucumbir. En los últimos días del sitio el señor Furlong, compadecido de los sufrimientos de sus soldados, convino con el general Quintanar que sitiaba la plaza en una capitulación; pero los defensores de Puebla rehusaron ratificarla, continuaron la defensa y, al fin, hallándose sin jefe, se dispersaron por los pueblos inmediatos llevándose las armas que nadie se atrevió a disputarles, y abandonando la ciudad que no fue ocupada sino cuando quedó sola. Los primeros actos dictatoriales de Santa Ana, bajo la dirección de Bonilla, la espada virgen de Tornel, el influjo de las clases privilegiadas y la firma de editor responsable de Lombardo, no tuvieron otro objeto que el cambio del personal en toda la República: las Cámaras fueron disueltas y lo mismo los Congresos de los Estados, los gobernadores de los mismos fueron destituidos, los ayuntamientos fueron cambiados, la Corte de Justicia y una parte muy considerable de la magistratura tuvieron que ceder el puesto, y de los jueces inferiores no quedaron en pie sino los que prestaron homenaje a la dictadura.

Los hombres de los fueros corrían por todas partes a bandadas, a conquistar, sobre los que eran enemigos de los privilegios, los puestos públicos que éstos ocupaban: cada cual se ponía en posesión de lo que le venía más a cuento o tenía más cerca, y para dejarlo en ella solo se averiguaba si era adicto al plan de Cuernavaca, que en aquella época era el regulador universal y único del mérito de los funcionarios públicos. Los Mexicanos vieron, y los lectores podrán figurarse, qué es lo que resultó y debía resultar de que los directores de una nación fuesen constituidos por un medio tan acertado. Cuando ya no hubo nada de que apoderarse, ni puesto que conquistar, el reposo se estableció por sí mismo a virtud de la fuerza inercia. Santa Ana, sin cámaras, sin consejo de gobierno, sin legislaturas de Estados, y hasta sin ministros, ejercía la dictatura a que había aspirado, sin oposición ni obstáculo.

Entonces los Escoceses, únicos hombres de sentido común y buen juicio entre los que caminaban con Santa Ana, se presentaron a llenar el inmenso hueco que dejaba en el estado social la violenta supresión de todos los cuerpos constituidos, y se manejaron con tal destreza que no solo lograron salvar las formas constitucionales y lo poco que hoy existe de libertad pública, sino que persuadieron a Santa Ana que esta marcha era la que le convenía. Los Escoceses erigieron en principio la necesidad de conservar las formas federales aunque reformando la Constitución sin atenerse a los términos dilatorios que ella prescribía: la de mantener las reformas eclesiásticas, puestas ya en ejecución, y desistir de las que no se hallaban en este caso; finalmente, la de sostener el nuevo arreglo de la instrucción pública. Don José María Gutiérrez Estrada conducía esta negociación a nombre y con poder implícito de sus copartidarios, y Santa Ana convino en este programa, reservándose por supuesto el derecho de desconocerlo, cuando le viniese a cuento, como lo hizo más adelante. Por sentado que el tal programa nada tuvo menos que la aprobación del Clero, que esperaba resultados más religiosos del bendito y devoto plan de Cuernavaca; pero seguro de triunfar en las próximas elecciones aun de los Escoceses mismos, en lo que no se engañó, aguardó pacientemente a que llegase este período, sin dejar por eso de aprovechar las muchas ocasiones que se le presentaba al paso de recobrar su poder. Entre tanto los principios adoptados eran y se consideraban vigentes; se reprimieron los conatos contra la Federación, y se desconocieron los pronunciamientos hechos en este sentido, entre los cuales se hallaba uno del licenciado Bonilla, que había usurpado el gobierno del Estado de México; y se expidieron las órdenes para que en los períodos constitucionales se verificasen las elecciones para constituir los nuevos congresos que debían continuar la marcha constitucional el año próximo, y efectuar en él las reformas que se pretendían hacer a la ley fundamental.

Este período llegó, y aunque los Escoceses y el partido personal de Santa Ana pretendieron dirigir a los electores, la Milicia y el Clero obtuvieron una inmensa mayoría, que era más de esta última clase que de la primera. Así pues, en 1834 se repitió idénticamente lo mismo que había pasado en 1830, a saber, que el Clero y la Milicia, llamados como auxiliares, acabaron por convertirse en señores, excluyendo de la administración, poco a poco y por operaciones parciales, a los Escoceses que los habían llamado a ella. Éstos, sin embargo, no se desanimaron y continuaron la resistencia contra las tentativas de los devotos, que pretendían anular las reformas eclesiásticas y reponer en sus sillas los canónigos destituidos. El nombre y la autoridad de Santa Ana era lo que se oponía a estas tentativas; y el Clero, para contrabalancearlo, ocurrió (¡cosa pasmosa!) a la detestada Federación y a la soberanía de los Estados. En efecto, los hombres que se llamaban a sí mismos congreso en Guadalajara y en Puebla, y un señor Romero y el licenciado Marín, que se titulaban gobernadores de ambos Estados, procedieron a reponer los capitulares, destituidos por la autoridad federal; y aunque tal procedimiento fue reclamado por don Francisco Lombardo a nombre del general Santa Ana, todo quedó como se había hecho, a virtud por supuesto de la soberanía de los Estados. Ocho meses, desde mayo hasta diciembre, se pasaron en destituciones, anulaciones, promociones, reposiciones, calumnias y dicterios revolucionarios de la oligarquía militar y sacerdotal: al fin, como todas las cosas deben tener un término, esto lo tuvo también, y fue ya necesario pensar en algo más que maldecir y hacer daño. Las elecciones estaban todas hechas bien o mal, los Escoceses habían atenuado un algo el espíritu reaccionario contra la Federación, y los hombres de los privilegios, que de grado o por fuerza dominaban por todas partes, se preparaban a la lucha parlamentaria que iba a abrirse en el año próximo de 1835.

Sesión de 1835 bajo el influjo de la oligarquía militar y sacerdotal

Los Escoceses, que desde agosto del año anterior eran los directores de Santa Ana, trataron desde el principio de constituir un ministerio parlamentario, formado de una vez, y con un programa fijo; pero este negocio ofrecía sus dificultades, en razón de la resistencia del Clero, de la versatilidad de Santa Ana y de que los servidores de éste aspiraban a tener lugar en él. Don José Gutiérrez Estrada era el alma de este negocio, y lo condujo de manera que al fin halagando a unos, contemporizando con otros y ofreciendo a todo el mundo garantías que no siempre pudo prestar, consiguió por fin triunfar de las resistencias y superar los obstáculos que a su arreglo se oponían. La elección recayó en el mismo señor Estrada para secretario de relaciones, en el señor Torres para justicia, en el señor Blasco para hacienda y en don José Tornel para guerra: los tres primeros por sus opiniones y antecedentes pertenecían al partido Escocés; el último era un ciego y obediente servidor del señor Santa Ana, y hacía parte del gabinete tan solo por este título. Estos ministros no entraron a funcionar a la vez, sino sucesivamente; y su programa era: conservar las reformas eclesiásticas ya efectuadas, abandonar las proyectadas, mantener la Federación, restablecer las bases del plan de instrucción pública, salvar al señor Alamán y renunciar al poder discrecionario. Necesario es convenir en que, menos don José Tornel, todos los otros hicieron de buena fe cuanto pudieron para salir con su intento; y cuando de ellos se exigió otra cosa, abandonaron el puesto más pronto o más tarde, hasta dejar solo a Tornel, que no retrocede jamás delante de la voluntad del amo a quien sirve. La nación, sin embargo, poco fruto sacó de estas buenas intenciones, pues los hombres de los privilegios, que contaban en las Cámaras con una mayoría inmensa, espiaban, buscaban y provocaban las ocasiones de abolir la Federación y establecer sobre sus ruinas el imperio de la oligarquía militar y sacerdotal. Reintegrar al Clero y a sus jefes en el poder que antes tenían, poner fuera de combate a los jefes del partido federalista, levantar la fuerza de la milicia privilegiada y destruir a la cívica, era lo que podía llamarse el programa de la mayoría parlamentaria, para arribar al resultado final de la abolición del sistema. El Ministerio se adhirió a muchas de estas medidas sin lograr sacar las suyas, y por una ceguedad inconcebible, rehusando el fin, apoyó todos los medios que a él conducían de una manera infalible.

Los elementos políticos y las fuerzas que obraban sobre la masa de la nación en aquella época podían dividirse en cuatro clases. 1.ª Los partidarios del Clero y de la Milicia, que eran los más fuertes y numerosos; tendían visiblemente a establecer, bajo las formas representativas, una cosa análoga al sistema colonial, y tenían por jefes a los señores Tagle, Alamán, Elizalde, Becerra, etc. 2.ª Los federalistas del partido derrotado, cuyo programa era a poco más o menos el mismo que el de la administración Farías, y reconocían por jefes a los señores García (don Francisco), Pedraza, Quintana, Rejón, Rodríguez Puebla, etc. 3.ª Los Escoceses, cuyo programa era el del ministerio, y que tenían por jefes a los señores don José María y don José Francisco Fagoaga, Gutiérrez Estrada, don Felipe y don Rafael Barrio, Camacho, Cortina y Muzquiz. 4.ª El partido que podremos llamar propio del general Santa Ana, compuesto en su mayor parte de los aspirantes de la milicia privilegiada, sin otro programa que los adelantos personales de fortuna, y cuyos jefes visibles eran don José Tornel, don Francisco Lombardo, el licenciado

Bonilla y el general Valencia. Estos elementos se combinaban de diversa manera en las diferentes cuestiones que se tocaban por la prensa o se trataban en las Cámaras; pero tres de ellos permanecían constantemente unidos contra el partido federalista, heredero de las tradiciones y programa de la administración Farías.

El programa del Clero estaba siempre a discusión, pues era el de la mayoría de las Cámaras; en ellas solo se discutían las cosas, pero la prensa periódica se ocupaba también de las personas. El Clero había hecho ya desde el año anterior la reconquista importante de la educación pública, derribando el plan que se la había quitado; en el presente (1835) obtuvo la reposición de todos los canónigos destituidos; y no salió con su intento en la abolición de las leyes que retiraban la sanción cívica al pago del diezmo y a los votos monásticos. Esto es en cuanto a las cosas; por lo relativo a las personas, sus votos tuvieron un suceso completo con amigos y enemigos. El proceso del señor Alamán terminó por un auto absolutorio, y para obtenerlo se destituyó a la suprema corte de Justicia a petición del interesado; se rehusó admitir las acusaciones que contra el ex ministro se ofrecía hacer el señor Quintana, en ejercicio de la acción popular; por último, se mantuvo como juez de la causa a don Juan Guzmán, que había sido recusado, y con justicia, como un hombre muy parcial en el asunto: ser absuelto de esta manera es peor que ser condenado. Con el señor Farías sucedió al contrario: confesando la legalidad de su nombramiento para la vicepresidencia, las Cámaras lo destituyeron, ¿a virtud de cuál poder?, del extraordinario contra el cual tanto habían clamado y aún clamaban las personas que las componían. Es también de notarse que este acto dictatorial esté firmado por un hombre que habría ido mucho más allá de los mares, y perdido un establecimiento ventajoso, sin la oficiosidad amistosa del señor Farías, que le ahorró todos estos males. Este señor es don Cirilo Gómez Anaya, que podría muy bien haber dejado al vicepresidente de la Cámara de Diputados el triste honor de autorizar con su firma la destitución de un hombre, que había hecho servir el puesto que se le quitaba a la salvación del mismo señor Anaya. Pero todo está compensado en esta vida: el señor Barrio (don Felipe), que era uno de los pocos sobre quienes el señor Farías había querido hacer pesar el poder discrecionario, fue quien se opuso con más empeño a su destitución.

Obtenidas por el Clero estas dos ventajas, en sentido contrario aunque con el mismo resultado, el general Santa Ana que no ama el poder absoluto sino para ejercerlo en pequeñeces, y rehúsa cargar con las molestias que trae consigo el despacho de los negocios, se retiró a su finca dejando en el gobierno al presidente interino don Miguel Barragán, hombre de tamaños mínimos y de una docilidad cual Santa Ana necesitaba. En efecto, aunque el ministerio (Tornel exceptuado) pretendía que se gobernase sin consultar a Manga de Clavo, Barragán ni por descuido se olvidaba de acudir a esta fuente del poder, y si tal hubiera hecho, allí estaba Tornel para recordarle sus deberes, entre los cuales se contaba como el principal ocultar estas consultas al resto del ministerio. Entre tanto el señor Torres, ministro de Justicia y defensor de la regalía, o en términos republicanos de los derechos nacionales, se separó del ministerio, a lo que se cree, por las tracaserías del Clero; y para reemplazarlo se llamó a don Justo Corro, uno de los abogados más devotos de toda la República. Este nuevo golpe que los Escoceses llevaron fue el signo precursor de la ruina de su influencia en el gobierno que no tardó en ser consumada. El Clero, en cuyo favor se había hecho semejante nombramiento, caminaba sin pararse y se dirigía imperturbablemente a su objeto, es decir, a abolir la Federación: un solo paso le faltaba, y éste era desarmar a los Estados, haciendo desaparecer su milicia cívica. El ministerio se halló conforme en este punto con las pretensiones del Clero, el proyecto se aprobó y se publicó una ley que reducía a proporciones muy pequeñas la milicia de los Estados. Zacatecas, que hasta allí había tenido todo género de condescendencia con el régimen de los privilegios, conoció que el tiro era directo contra aquel Estado, único que tenía la milicia cívica en toda la República. Entonces quiso contener el torrente, pero ya no era tiempo, pues la resistencia aislada a su territorio no podía ser eficaz: esto no impidió que se formalizase, y se puso al frente de ella su antiguo gobernador, a quien es preciso dar a conocer.

El señor don Francisco García es uno de los primeros hombres públicos del país y uno de los ciudadanos más virtuosos de la República: desde que apareció en el primer congreso mexicano, se hizo notable por la rectitud de su juicio, la claridad de su talento, y lo positivo de sus ideas y principios administrativos, particularmente en el ramo de hacienda que es su especialidad. Los principios políticos del señor García son los de progreso, que ha adoptado por convicción y seguido con firmeza sin desmentirse jamás, ni aun cuando la fortuna le fue adversa. En el Congreso constituyente fue el autor del sistema de Hacienda federal, y en el senado de 1825 su análisis de la memoria de este ramo, obra pasmosa, de lógica, economía y estadística, levantó victoriosamente el crédito de la República, del abatimiento en que lo había sumido el señor Esteva, autor de dicha memoria. Esto valió al señor García el ministerio de Hacienda en 1827, en el cual solo duró un mes, porque advirtió que los inmensos desórdenes que había en el gabinete no eran ni serían remediables en muchos años. El señor García fue nombrado en seguida gobernador de Zacatecas, y en seis años que desempeñó el gobierno se condujo de manera que aquel Estado, en los últimos días de la Federación, era indisputablemente el primero de toda la República. En efecto, por los esfuerzos de su gobernador, todos los ramos de la administración pública adquirieron un arreglo perfecto, y la prosperidad material se llevó a un grado que parece inconcebible. Cuando en todos los demás Estados se turbaba el orden constitucional, García mantenía el suyo en paz y tranquilidad porque, por manejos diestros y por el respeto que imponía, logró siempre alejar del territorio de Zacatecas la milicia privilegiada y poner la cívica bajo un pie muy respetable. Esta fuerza bien sostenida, y sobre todo bien disciplinada, hacía el servicio interior e imponía respeto al vandalismo de la milicia privilegiada, siendo como era una de las garantías más efectivas del sistema federal, a cuya conservación y salvación sirvió más de una vez. Las clases privilegiadas jamás han podido perdonar al señor García su designio de arrancarles el poder y los rudos golpes que ha descargado sobre ellas como gobernador de Zacatecas. Lo que ha indispuesto sobre todo a estos hombres son las virtudes de García y su desprendimiento, que los aspirantes del Clero y sobre todo de la Milicia consideran como una reprensión viva y severa de sus manejos vergonzosos para vivir de los caudales públicos: a pesar de ser un hombre pobre y de haber prestado a su patria servicios que en nada se parecen a las rebeliones clérico-militares, García jamás ha solicitado para vivir pensiones de ninguna clase; y cuando el congreso de Zacatecas le asignó una de tres mil pesos, rehusó admitirla, dando por razón que los servicios patrióticos no deben recompensarse con dinero.

Los hombres de privilegio, que no se creían seguros mientras quedase en pie un solo centro liberal y deseaban además satisfacer el encono concebido contra el señor García por sentimientos de envidia, proyectaron la expedición contra Zacatecas. La rapacidad de los militares de privilegio y de su jefe el señor Santa Ana, que pensaban apoderarse, como lo hicieron, de los caudales del Fresnillo y de los fondos del Estado, fueron los movibles que determinaron a la fuerza brutal a la conquista del Vellocino. Ésta se efectuó en una sola batalla en que acabó el Estado de Zacatecas y con él la Federación. Desde entonces empezaron los nuevos pronunciamientos para el centralismo, voz de orden y de concierto que se repetía maquinalmente por todas partes sin conocer su significación precisa, ni ocuparse de fijarla. Lo que por ella se pretendía era el universal desconcierto, del cual lo esperaban todos los partidos políticos y los intereses individuales.

Desde que empezó a advertirse la resistencia de Zacatecas a la abolición de la milicia cívica, los partidarios de Santa Ana y los hombres de privilegio empezaron a entenderse entre sí mejor que lo habían hecho antes, no solo para deshacerse de García y de los restos del antiguo partido reformador, sino también para alejar a los Escoceses, que aparecían y obraban como conservadores de la Federación y de lo que se había hecho en la administración Farías. Los señores Alamán y Tagle, jefes del Clero, el general Valencia, que se había constituido a sí mismo representante de la milicia privilegiada, y don José Tornel con el licenciado Bonilla, que se decían representantes de Santa Ana, arreglaron con éste y de acuerdo con los hombres que les estaban sometidos la abolición de la Federación. El dócil y obediente Barragán se prestó a todo; Tornel, Valencia y Bonilla se encargaron de la parte más tosca y grosera de este proyecto, es decir, de los pronunciamientos con todo su cortejo de robos, violencias y borracheras; a Santa Ana se destinó la campaña gloriosa que debía precederlo; y los señores Alamán y Tagle se reservaron la nueva organización central. Este arreglo no fue precisamente explícito, pero cada una de las expresadas personas aceptó el papel que le correspondía según sus antecedentes, y lo desempeñó cumplidamente.

Este proyecto se ejecutó en el mismo orden que se había concebido: Santa Ana triunfó en Zacatecas, y él mismo y sus soldados cometieron en aquel Estado actos de rapacidad inauditos, que provocaron reclamos hasta en el congreso mismo de los privilegios. En seguida vinieron Tornel y Bonilla con sus pronunciamientos y sus actos de violencia: los obispos, los canónigos, los curas y los frailes se prestaron a fomentar esta rebelión, y lo hicieron unas veces solapada y otras públicamente. Don José Tornel, a quien por derecho corresponde la ejecución de las empresas peligrosas y que exigen valor, se encargó de destruir la oposición de la prensa, y desterró valientemente a alguno o algunos de los editores del diario titulado la Oposición; más adelante y bajo la administración del devoto y benignísimo Corro, continuaron estos actos de valor, con los prisioneros de Tampico, de Texas y de Oaxaca, que fueron mandados fusilar por el joven Tornel para destruir la oposición armada.

Entre tanto el ministerio escocés se hallaba completamente dislocado, y al partido que representaba le sucedía lo mismo, pues además de ser poco numeroso, empezaban ya los que lo componían a vacilar en su fe de Federación. El señor Gutiérrez Estrada fue uno de los pocos que permanecieron firmes en sus ideas y, sobre todo, en sus compromisos políticos. Este ciudadano es nativo del Estado de Yucatán, donde reside su familia, distinguida bajo todos aspectos. No es necesario decir que Gutiérrez recibió una educación cuidada y escogida hasta haberlo tratado para conocer que fue así, y que supo aprovecharse de ella en la carrera del servicio público a la que se dedicó y en la cual ha permanecido puro y sin mancha en medio de una clase corrompida. Desde el principio fue destinado a las legaciones de Europa en razón de hablar y escribir corrientemente los idiomas francés e inglés, y es uno de los pocos que han empleado útilmente su tiempo en las capitales del Viejo Mundo: flexible por carácter, honrado por educación y principios, y expedito para los negocios; su servicio ha sido perfecto, y sobre todo leal y concienzudo. Gutiérrez es hombre de progreso por convicción y principios, pertenece al personal del partido escocés, y su conciencia política es firme, segura e ilustrada; por eso, no obstante la suavidad de su carácter, no se le hace ceder en nada de lo que él cree de su obligación aun cuando se atraviesan amistades íntimas y consideraciones de mucho peso. Bajo la administración Alamán dejó el servicio porque la creyó retrógrada, y a la caída de la Federación dejó el ministerio que desempeñaba porque estimó, y justamente, que continuar en él habría sido faltar a sus compromisos. Al separarse del puesto el señor Gutiérrez Estrada legó a la nación una especie de manifiesto, de aquellos que no se hacen sino en un momento de inspiración: obra de lógica, de sensatez y de lenguaje, este documento está destinado a ser inmortal y a pasar en la República mexicana hasta las generaciones más remotas que lo leerán con interés; él es la masa de Hércules que descarga sobre su enemigo golpes rudos que lo destruyen y desbaratan hasta reducirlo a materia informe.

Otro que no fuese don José Tornel habría abandonado el puesto lleno de confusión y cubierto de rubor; pero hay hombres para todo, y no faltan quienes crean que para vivir en el mundo es necesario echarse la vergüenza a las espaldas. Los pronunciamientos por centralismo continuaron haciéndose en todas partes bajo el mismo tenor y forma, que prescribían las comunicaciones del ministerio; y cuando ya se tuvo una masa considerable de papeles de esta clase, se enviaron de montón al congreso, cuya mayoría los deseaba con ahínco para declararse, como se declaró, legislatura constituyente, formada de las dos Cámaras que se reunieron en una. Nada de esto se hizo sin fuertes reclamos de las legislaturas y gobernadores de los Estados, a pesar de ser hechuras de la reacción casi todas y todos ellos; los particulares hicieron también representaciones enérgicas para impedir este trastorno; y en las Cámaras hubo una escisión muy pronunciada entre la mayoría que acordó y la minoría que rehusó la abolición del sistema: ésta no se contentó con votar contra lo hecho, sino que se retiró casi toda, abandonando el templo de las leyes mancillado por tan horrenda traición. Aunque tenemos a la vista los nombres de las personas de que se formó esta minoría patriótica; de todos ellos no conocemos sino a los señores don Luis Gordoa y don José Bernardo Couto, pertenecientes uno y otro a las notabilidades del país, por sus calidades, influjo y circunstancias. El doctor Gordoa es hombre de muy claro talento, de instrucción sólida y profunda, de juicio recto y, sobre todo, de moralidad y honradez; delicado hasta el exceso en conservar su independencia personal, fogoso por carácter y apasionado en las cuestiones políticas, habrá incurrido en algunas faltas, que sería de desear fuesen en otros el resultado de tan nobles principios. Los que Gordoa profesa son de progreso en toda la extensión de la palabra: las convicciones, en esta línea como en todas, han sido constantes, sin que haya tenido parte en ellas ningún motivo extrínseco o menos noble, y no vacilamos en pronosticar que sus luces y su influjo serán en lo sucesivo de grande utilidad a su patria. Don José Bernardo Couto es hombre de comprensión vasta y fácil, de estilo fluido y ameno, de instrucción vastísima para su edad, y de una aplicación incansable al estudio; su carácter es frío, calmado y tímido hasta el exceso en tomar partido por las reformas sociales: este temor no es en él cobardía por los riesgos que pueda correr personalmente, sino por los males públicos que se figura podrían ser el resultado de su voto; por eso está casi siempre por la negativa, y sus propensiones son ordinariamente más bien a conservar que a cambiar. La moralidad de Couto como hombre privado, como ciudadano y como funcionario público es cabal y perfecta en todas líneas; para él no hay distinción entre los deberes públicos y privados que somete a la conciencia, único medio de apreciarlos. Los principios políticos de Couto son de progreso; pero en razón de su carácter se prestará más fácilmente a sostener las reformas hechas, que a promover las que están por hacer: el sí en él siempre es difícil y muchas veces vacilante; el no es constantemente firme y pronunciado con resolución.

Período de tránsito del federalismo al centralismo, bajo el influjo y dominación de la oligarquía militar y sacerdotal

Con la renuncia de los señores Gutiérrez Estrada y Blasco, y con los actos de usurpación del congreso, acabó antes de tiempo el último período constitucional de una administración regular, y se entró en otro discrecionario, que todo ha sido de pérdidas para la República, de anarquía para el gobierno, y de miserias, luto y lágrimas para la multitud. El nuevo ministerio central se compuso, como de justicia, de don José Tornel, el licenciado Bonilla y don Justo Corro: programa no lo tenía, a no ser que se repute tal la voracidad de Tornel y de Bonilla para apoderarse de los caudales públicos, por medios más o menos, pero siempre ilícitos, y el deseo vago del señor Corro de establecer el predominio del Clero. Así pues se caminaba, o mejor dicho, se retrogradaba al azar, y bajo el nombre fastidioso de centralismo que a fuerza de repetirse sin definirlo llegó a ser sinónimo de arbitrario. El licenciado Bonilla no parece entró al ministerio sino para proporcionarse ciertos adelantos de colocación y de bolsa que si no eran útiles o necesarios a la nación, eran por lo menos perfectamente adecuados a los deseos del interesado. Una vez entrado en el ministerio de relaciones, se apoderó también del de Hacienda: en el primero se hizo nombrar ministro plenipotenciario a Roma con instrucciones, entre las cuales ciertas demandas sobre diezmos en abierta oposición con la ley que los abolió civilmente. En el ministerio de Hacienda se hizo pagar cuanto se debía por cualquier título a él mismo y a su suegro residente en Guatemala, prefiriéndose a sí mismos y a su pariente a todos los acreedores nacionales, que para ser pagados tenían a lo menos tanto derecho como él; se adelantó también una cantidad considerable para gastos de viaje, casa, etc., que se asegura fue de cuarenta mil pesos. Venido a Europa empleó algunos meses en pasearse antes de ir a su destino: llegado a Roma se presentó públicamente infringiendo una ley de la República, con el escudo de armas que dice ser de su familia e hizo pintar en su coche, y con los distintivos de primera, segunda y quién sabe cuantas épocas, que no se portan en México y que es muy probable no tiene el mismo Bonilla derecho de portarlos. En cuanto al modo de conducir los negocios de su cargo y la manera de arreglarlos, nada acredita más decisivamente la incapacidad de

Bonilla que la nota que va a la vuelta, copia fiel de la que ha enviado a México. En este documento se ve lo que será difícil encontrar en otro de su clase: pretensiones exorbitantes de su autor a sagacidad y destreza diplomática, destruidas por el documento mismo.

Con la salida de Bonilla para su misión diplomática y el nombramiento del señor Corro para presidente interino a resultas del fallecimiento del general Barragán, Tornel quedó como único y exclusivo regulador de la marcha del gobierno. El centralismo empezaba a producir sus frutos, y el primero que se presentó fue la sublevación de Texas; apenas podrá encontrarse ejemplo de la torpeza con que este asunto fue conducido, entre otras causas, por no haberlo comprendido bien. Sus dificultades consistían en la naturaleza misma de la población, que podría bien ser exterminada, pero no sometida, y en los obstáculos naturales del suelo y del clima, que habían de producir como produjeron su efecto. Tornel y los hombres de privilegio se figuraron que en lucha de soldados mexicanos contra colonos texanos, la ventaja siempre quedaría por los primeros, aun puesta la cuestión de esta manera, la resolución que se le daba no era acertada: los Mexicanos peleaban fuera de su país, por decirlo así, y a más de doscientas leguas de él, cuando los Texanos lo hacían en su casa y por defender sus hogares; así pues ni la posición ni los intereses eran los mismos en los partidos beligerantes, y de consiguiente los resultados podían muy bien no ser los que se esperaban. Pero el aturdimiento era tal, que no se veían los obstáculos naturales y casi insuperables con que se iba a luchar y saltaban a la vista; por eso no se contó ni con los ríos, ni con las lluvias y hielos, ni con los pantanos, y, por último, ni con la absoluta falta de provisiones, sustancias y alojamientos en un territorio devastado. Solo se trató de aproximar y poner en marcha la milicia, sin contar con que, falta de todo, hasta de los medios de defenderse, debía necesariamente perecer en el primer revés que sufriese como sucedió. Aun esta fuerza era muy corta e insuficiente para vencer y mantenerse sobre el terreno: la expedición no llegó jamás a seis mil hombres cuando la República gasta catorce millones de pesos en sostener soldados que la tiranicen sin defenderla. El resultado fue el que era natural temer, el invencible Santa Ana fue derrotado; y por salvar su vida y la de sus compañeros de armas, firmó sin poderes varios tratados en que se reconocía la independencia de Texas. ¡He aquí ejemplos de patriotismo y de valor para imitación de la posteridad!

Entre los proyectos de don José Tornel, uno de ellos fue el de la creación de una legión de honor para recompensar los servicios (pronunciamientos) de nuestros honrados militares. ¡Una legión de honor creada por Tornel!, pues ¿qué hay de común entre Tornel y el honor, entre estas dos ideas que parece como que se excluyen? ¡Un hombre que se ha echado a cuestas la librea de cuantos han querido ocuparlo como lacayo! ¡Triste suerte la de México de haber venido a parar en tales manos!

Don Justo Corro, por su parte y sin buscar el concurso de ministros, infringía devotamente las leyes, haciendo se asesinasen sin forma de proceso los prisioneros de Oaxaca, de Texas y de Tampico, violentando a una monja para que continuase en el convento, desconociendo la autoridad del gobernador de México, e intervirtiendo en los alcaldes del ayuntamiento el orden establecido por las leyes para suplir las faltas de este funcionario. Hemos dicho antes que don José Tornel acabó violentamente con el periódico titulado la Oposición, que defendía la causa del progreso y hasta cierto punto el personal de la administración Farías. Este diario, redactado como pocos lo han sido en la República, a la que hace honor en todas sus páginas, así en lo político como en lo literario, era obra de los señores Ortega, Ulaguibel (don Francisco) y Pesado. Los principales trabajos fueron de este último, que nada omitió para ilustrar a las masas sobre sus verdaderos intereses, señalando con dedo certero sus males y los medios de hacerlos cesar.

Don José Joaquín Pesado es nativo de Orizaba e hijo único de una familia rica de aquella villa: sus disposiciones naturales para las ciencias morales y políticas, lo mismo que para la literatura, son verdaderamente portentosas. Su familia no lo dedicó a la carrera literaria, pero él se formó por sí mismo y por sus solos esfuerzos debidos a su estudio privado, hasta llegar a ser, como es, uno de los primeros literatos del país. Pesado escribe en prosa con exactitud, con facilidad y corrección: sus producciones poéticas son acaso las más perfectas que han salido hasta ahora de la pluma de un mexicano. Los principios políticos de este ciudadano son los de progreso rápido y radical, que jamás ha abandonado; pero suave y dulce por carácter, nunca ha pensado insinuarlos ni sostenerlos por castigos u otros medios que tengan el carácter de apremio o de violencia. El señor Pesado fue diputado al congreso de Veracruz, bajo la administración Farías; fue también electo para el gobierno del Estado, que no aceptó, y hoy vive en México para honor de la República, que a mayor edad debería elevarlo a la primera magistratura, para cuyo desempeño tiene fuerzas y capacidad sobradas. Ciudadanos de esta clase son raros, y la nación que llega a tenerlos debe colocarlos en posición proporcionada a sus talentos y virtudes.

Entre tanto la miseria pública, consecuencia precisa de tantos desórdenes, se difunde por toda la República; no circula sino moneda de cobre con un desmérito de setenta y cinco por ciento: la deuda se aumenta todos los días por préstamos forzosos o voluntarios, y a pesar de eso solo se paga, y mal, a los soldados.

Sin embargo, ciertos hombres todo lo esperaban de la nueva Constitución; pero no promete ella nada para alentar las esperanzas abatidas, porque no contenta a ninguna de las fuerzas públicas provenientes de los diversos partidos que contienden por la posesión del poder. El partido de progreso federalista, o escocés, ve en ella una retrogradación notable; el Clero no puede desconocer que, aunque muy restringidos y limitados, quedan en esta ley septiforme los principios que tarde o temprano darán en tierra con su poder; la Milicia, que no conoce otro poder que el de las bayonetas y lo busca sin hallarlo en la nueva ley, la ve con desconfianza y aversión. La nueva Constitución no cuenta, pues, con más apoyo que el que podrán prestarle los que la compusieron y votaron; ella, pues, está destinada a perecer, si alguna circunstancia extrínseca no viene en su apoyo, pues choca con todos los intereses reales y, además, su organización es viciosa, sin esperanza de que se mejore. En ella se monopolizan el poder, las elecciones, la propiedad de todo género, la enseñanza y el fomento; las masas, pues, que no le deberán beneficio ninguno, puesto que ella está basada bajo el concepto de mantenerlas en el embrutecimiento y degradación, tampoco podrán amarla. Entre tanto la República, que había mantenido su integridad y permanecía en paz con todo el mundo bajo el sistema federal, ha sido desmembrada bajo el régimen central, y se halla expuesta a las hostilidades de tres potencias que no acabarán con ella, merced a solo las defensas que le ha dado la naturaleza; pero que le causarán males que la harán retrogradar al siglo de la conquista Actum est de Republica, nosotros no podemos aún saber los males que lloverán aún todavía sobre nuestra patria, ni los designios de la Providencia, a la cual hacemos fervientes votos por ella.

Conclusión

Los que han visto esta revista ya tienen a qué atenerse para poder juzgar con menos parcialidad al doctor José María Luis Mora. En tanto como ha escrito bien o mal jamás ha hablado de sí mismo, ni se ha valido de otros para que lo elogien o defiendan como hacen no pocos: ha sufrido la censura de sus contrarios porque tienen la reflexión y tolerancia necesaria para conocer que habrá errado y puede errar muchas veces, en el juicio que haya formado o pueda formar de las cosas; y ha despreciado las calumnias de sus enemigos, porque desde que el Sol empezó a calentar la tierra jamás ha faltado a las pasiones el idioma de los dicterios, ni éstas han dejado una sola vez de desatarse contra los promotores de reformas.

Mora ha nacido de una familia muy decente y que ha tenido su fortuna en el Estado de Guanajuato y pueblo de Chamacuero. Cuando empezó la insurrección un ranchero, llamado Montaño, se presentó de parte del cura Hidalgo en casa de su padre (don José Ramón de Mora), y comenzó por hacerse entregar dieciocho mil pesos; para salvar otros setenta y tres mil, que quedaban en la casa, se trasladaron a Celaya y depositaron en el Carmen de donde los tomó Hidalgo, arruinando en un día completamente la familia de Mora, a la cual pertenecía a lo menos la mitad de estas cantidades. Sin embargo, cuando todo el mundo se ha hecho pagar tal vez más de lo que se le había quitado, la familia de Mora nada ha reclamado de lo que perdió, y ni aun siquiera se ha ocupado de hacerse reconocer el todo ni parte de esta deuda. La educación que Mora recibió fue cuidada; a ella debe su amor a las letras, a las ciencias sagradas y jurídicas, y sobre todo a las morales, políticas y económicas; y los que lo han tratado y visto sus producciones le reconocen alguna capacidad para formar juicio de las cosas, y para escribir lógicamente. Su carácter naturalmente ha sido, es y espera será independiente hasta la muerte; en consecuencia, jamás ha adoptado por base de su juicio la autoridad sino en materias religiosas, jamás ha solicitado ni consentido entrar en relaciones con los que se estiman superiores a él en cualquier línea, reservando las suyas para sus iguales e inferiores; finalmente, jamás ha acordado a nadie el derecho de protegerlo, ni ha aceptado otra importancia en el mundo que la que pueda venirle de él mismo.

Convencido por la persuasión más íntima, debida a sus propias reflexiones, de que los puestos públicos, mucho más cuando como en México se hallan envilecidos por la clase de personas que los han ocupado, no pueden dar por sí mismos importancia ninguna a quien no la tiene personalmente, no ha solicitado ninguno de palabra ni por escrito desde que entró en la carrera política; de los que se le han ofrecido, que tampoco han sido muchos, aunque sí de todos rangos, ha rehusado todos aquellos que, por su naturaleza o por las circunstancias, podían comprometerlo a causar directamente mal, a alguna o algunas personas: porque si bien es verdad que en la Sociedad debe haber verdugo, mientras haya crímenes que castigar, ésta no es una razón para que lo sea todo el mundo.

Mora ha adoptado el partido del progreso, tal como va expuesto en esta Revista, desde que pudo pensar, y la elección de sus conciudadanos lo puso en el caso de obrar; nada retracta ni desconoce de cuanto ha hecho y dicho en sentido de estos principios, por la única pero eficacísima razón de que hasta hoy (27 de marzo de 1837) no encuentra motivo para hacerlo, y también porque no es decente ni moral abandonar una causa cuando se halla perseguida. La adopción de este partido ha sido obra de pura convicción; los hombres del partido contrario, especialmente los de su clase, lo exaltaban y aun mimaban, cuando se separó de ellos de hecho, pues por convicción lo estaba mucho tiempo antes, de donde debe inferirse naturalmente que no fue el disgusto sino una causa más pura la que lo obligó a obrar así en 1820.

Mora, por combinaciones que sería difícil exponer, se constituyó en una clase cuyas obligaciones de conciencia no le son en manera alguna onerosas y que está resuelto a guardar, porque así lo exige su deber y el respeto a que sus conciudadanos son acreedores. Creyéndose primero ciudadano que miembro de esta clase, y hallándose por otra parte convencido de los males políticos que ella causa, por el estado civil que se le ha dado, ha pedido su reforma como escritor, y la ha votado y promovido como diputado y funcionario público. Esto ha creado entre él y los hombres de su clase, que jamás lo han acometido de frente, enconos y animosidades que se han robustecido y fortificado por el espacio de diecisiete años, y que no es posible deponer ni racional esperarlo. En tal estado de cosas todos los vínculos civiles que hayan existido o podido existir, de una y otra parte, son de hecho y deben considerarse de derecho enteramente disueltos. Mora, pues, renuncia y rehúsa para sí todos los privilegios civiles de su clase, que ninguna ley positiva le obliga a aceptar, y que en su caso resiste la ley de la naturaleza anterior a todas las otras, y a la vez superior a ellas: protesta que por su parte nada hará que sea o pueda interpretarse como un acto de reconocimiento de la existencia de estos vínculos civiles; y desde ahora anticipa, para cuando llegue el caso, si llegar debe, que resistirá hasta donde alcancen sus fuerzas a las pretensiones que otros puedan tener para imponerle privilegios que está resuelto a no aceptar.

Como funcionario público, Mora ha trabajado sin descanso en el despacho y expedición de los negocios que le han sido confiados; y en los congresos, juntas, comisiones y demás cuerpos colegiados a que ha pertenecido, ha sido incansable en agitar y promover la marcha del progreso tal como él mismo la entendía y va expuesta en la presente Revista. Para lograrlo ha aceptado el echarse sobre sí no solo la responsabilidad de sus actos delante del cual jamás ha retrocedido, sino también lo más grande y penoso del trabajo de dichos cuerpos. Ni como funcionario, ni como particular, Mora ha pedido ni aconsejado jamás que se haga mal, se castigue o se haga sufrir a nadie, y tampoco lo ha hecho él mismo; bajo uno y otro aspecto jamás se ha ocupado de las personas sino para hacerles servicios a que no estaba por otra parte obligado. Los generales Bravo, Negrete, Echavarri y Arana, el coronel Castro y los hermanos Morenos, cuando se hallaban proscritos y abandonados, han sido defendidos por él con conciencia, con lealtad y exponiendo él mismo a grandes riesgos su persona, sin haber recibido servicios compensatorios sino de la familia de Negrete; de la misma manera ha obrado con la masa de los Españoles y con muchos de ellos en particular cuando se hallaban durísimamente perseguidos en los tres años corridos de 1827 a 1830. En este año en que los Yorkinos empezaron a estar de caída, hizo cuanto pudo para disminuir y atenuar la violenta persecución que contra ellos se desató; testigos son de ello los señores don Cayetano Ibarra, don Mariano Villaurrutia, don Antonio Gortari, don Joaquín Villa y otros muchísimos a quienes solicitaba en favor de los procesados, especialmente don Manuel Reyes Veramendi, a quien Mora no ha saludado una sola vez.

En la administración Farías, Mora no se ocupó de los que sufrían con justicia o sin ella, sino para procurarles alivios que no siempre pudo lograr. Conociendo los riesgos que corrían muchas personas, algunas por injustas prevenciones que había contra ellas, otras por sus imprudencias, y las más porque realmente conspiraban; nada omitió de cuanto podía contribuir a que el señor Farías formase de ellas un concepto enteramente contrario al que por otra parte le inspiraban. Las relaciones de Mora con el personal de este partido eran muy poca cosa, por lo mismo no podía dirigirse sino a muy pocas personas; pero lo hizo constantemente, aunque siempre sin fruto, para procurarse el mismo resultado. Don José María, don Francisco y don José Francisco Fagoaga, don Eulogio, don Mariano y don Antonio Villaurrutia, don José Antonio Mozo, don José Batres, don Joaquín Correa, don José Domínguez, el doctor Quintero, don Florentino Martínez, don José Gutiérrez Estrada, don Domingo Pozo, don Manuel Ecala, dos clérigos Ochoa de Querétaro, don Joaquín Villa, don Manuel Cortázar, los generales Morán y Michelena, el doctor Osores y don Miguel Santa María, deben a Mora servicios y oficiosidades que hasta hoy ignoran tal vez muchos de ellos, y de que podrá deponer el señor Farías. Mora lo importunaba todas las horas del día en favor de alguna o algunas de estas personas, sin fatigarse de las repulsas, ni arredrarse por las dificultades insuperables que era preciso y natural encontrar: a algunas de estas personas las escondió en su casa, a otras les dio avisos importantes de que se aprovecharon, y a todas ellas y a otras muchas, que no sería posible enumerar, las sirvió con celo y empeño, que era lo único que estaba de su parte. Por estos servicios no ha exigido, pedido ni admitido recompensa de ningún género, ni ha ocupado en nada posteriormente a ninguna de las expresadas personas. Algunas de ellas, y son las menos, han continuado con él en relaciones amistosas, otras, y son las más, se han mostrado indiferentes, y dos se han portado de una manera que se llama indecente en el diccionario de la lengua; éstas son don Manuel Cortázar y, sobre todo, don Miguel Santa María, que en sus arrebatos de furor ha atribuido a Mora su persecución y desgracias. Quien piensa de esta manera de sus amigos es sin duda porque él mismo haría, en igual caso, lo que sospecha de los otros y, ciertamente, quien tal hace no merece tener amigos: la amistad de Mora valdrá mucho, poco o nada; pero tal cual ella es, no será en lo sucesivo de don Miguel Santa María.

Con relación a las personas, Mora no tiene otra falta de qué reprenderse a sí mismo que el haber señalado sin nombrarlo, como uno de los hombres más perniciosos a la República (en el Indicador de la Federación Mexicana) a don Felipe Neri del Barrio. Esta oficiosidad podía ser en aquella época de consecuencias fatales, y por eso fue una falta, pero no a la amistad que no existía entre Mora y el señor Barrio: Mora, cuando se venía para Europa, tuvo el buen sentido de no aceptar las ofertas, que cree sinceras, y se le hicieron de parte del señor Barrio por conducto de don Fernando Batres.

Se dijo y repitió hasta el fastidio que cuanto se hacía en aquella época era por influjo de Mora: mal conoce al señor Farías quien da crédito a estos desvaríos; este hombre, uno de los más independientes de la posteridad de Adam, es incapaz de sufrir tal influjo: uno es que Mora pensase y desease lo mismo que el señor Farías en los puntos capitales, y que en consecuencia se encargase de estudiarlos para facilitar su ejecución, y otro es que hiciese ceder o doblegase esta voluntad de fierro que hasta ahora nadie ha podido someter. El señor Farías podrá tomar consejo de éste o aquél, podrá tener más confianza de uno que de otro, pero la resolución buena o mala es siempre suya y parte de él exclusivamente, así es que siempre ha sido tachado de obstinación y jamás de debilidad.

Preciso es que Mora haya cometido cien mil faltas que por desgracia no conoce cómo sucede ordinariamente; pero éstas no son ciertamente las de que le hacen cargo sus enemigos, pues consintiendo en hechos falsos sobre los cuales no puede haber ilusión, él mismo ha podido no aceptarlas sin temor de equivocarse aunque parcial y muy parcial en el asunto.

Cuando otros menos instruidos que él mismo, de los hechos en cuestión, se han creído con el derecho y la instrucción necesaria para hacerlo, se le concederá a lo menos un derecho igual para ocuparse de una materia que le tocaba de cerca. Así lo ha hecho aunque por capítulos generales y en un breve resumen, para no dar a la materia la importancia que no puede tener por sí misma. Mora debe al cielo el inmenso beneficio de haber conocido desde sus primeros años todo el ridículo de un carácter pretencioso, y por lo mismo ha aplicado todos sus esfuerzos a alejar de sí este vicio que es la plaga mortal de la República. Para alejarse de sí esta falta, lo más posible, ha tomado el partido de no hablar jamás de sí, ni comprar elogios ajenos; por eso no se encuentra nada de esto en las publicaciones periódicas que en México dispensan sus elogios hasta la peste. Hoy ha faltado por la primera o acaso la última vez a su propósito, es porque no ha podido resistir a la tentación de dar algunas explicaciones a hechos falsos o constantemente tergiversados. Si este artículo no declina en elogio, sino que se limita al objeto dicho, se felicita por haber logrado su intento; pero si fuere lo contrario, esto es una nueva prueba de la debilidad humana y de la necesidad de mantener el propósito que cada uno debe hacer de no hablar jamás de sí mismo. En todo caso la cosa ya está hecha bien o mal, y el público juzgará.

Libros a la carta

A la carta es un servicio especializado para
empresas,
librerías,
bibliotecas,
editoriales
y centros de enseñanza;
y permite confeccionar libros que, por su formato y con-
cepción, sirven a los propósitos más específicos de estas instituciones.

Las empresas nos encargan ediciones personalizadas para
marketing editorial o para regalos institucionales. Y los interesados solicitan, a título personal, ediciones antiguas, o
no disponibles en el mercado; y las acompañan con notas y
comentarios críticos.

Las ediciones tienen como apoyo un libro de estilo con
todo tipo de referencias sobre los criterios de tratamiento ti-
pográfico aplicados a nuestros libros que puede ser consultado en Linkgua-ediciones.com.

Linkgua edita por encargo diferentes versiones de una
misma obra con distintos tratamientos ortotipográficos (ac-
tualizaciones de carácter divulgativo de un clásico, o versiones estrictamente fieles a la edición original de referencia).

Este servicio de ediciones a la carta le permitirá, si usted
se dedica a la enseñanza, tener una forma de hacer pública
su interpretación de un texto y, sobre una versión digitaliza-
da «base», usted podrá introducir interpretaciones del texto
fuente. Es un tópico que los profesores denuncien en clase
los desmanes de una edición, o vayan comentando errores de
interpretación de un texto y esta es una solución útil a esa
necesidad del mundo académico.

Asimismo publicamos de manera sistemática, en un mismo catálogo, tesis doctorales y actas de congresos académicos, que son distribuidas a través de nuestra Web.

El servicio de «libros a la carta» funciona de dos formas.

1. Tenemos un fondo de libros digitalizados que usted puede personalizar en tiradas de al menos cinco ejemplares. Estas personalizaciones pueden ser de todo tipo: añadir notas de clase para uso de un grupo de estudiantes, introducir logos corporativos para uso con fines de marketing empresarial, etc. etc.

2. Buscamos libros descatalogados de otras editoriales y los reeditamos en tiradas cortas a petición de un cliente.

www.ingramcontent.com/pod-product-compliance
Lightning Source LLC
Chambersburg PA
CBHW030258100426
42812CB00002B/480